PRIME 에듀넷

▶ 동영상강의
프라임에듀넷

프라임 동영상강의

프라임 손해평가사

2차 1과목

|홍덕기·한용호 공저|

기출편

쉬운 이해와 암기로 손해평가사 완전 정복

1과목 농작물 및 가축재해보험의 이론과 실무

▶ 동영상 강의
프라임에듀넷 www.primeedunet.com

| 업무방법서에서 정한 최신 기준 반영 | 실전 대비에 적합한 적정 난이도 | 기출문제와 예제를 통한 학습내용 확인, 숙달 | 가독률과 기억력을 높이는 방식의 편집 구성 |

PREFACE
머리말

    손해평가사 시험이 어느덧 9회를 맞이하고 있습니다.

    손해평가사는 농작물재해보험 및 가축재해보험에 관하여 피해사실의 확인, 보험가액 및 손해액의 평가 그리고 그 밖의 손해평가에 필요한 사항을 행하는 자격사입니다.

    이 자격제도는 농어업재해로 인하여 발생하는 농작물, 임산물, 양식수산물, 가축과 농어업용 시설물의 피해에 따른 손해를 보상하기 위한 농어업재해보험에 관한 사항을 농어업재해보험법으로 규정함으로써 농어업 경영의 안정과 생산성 향상에 이바지하고 국민경제의 균형 있는 발전에 기여함을 목적으로 만들어졌습니다.

    현재 재해보험사업자는 보험목적물에 관한 지식과 경험을 갖춘 사람 또는 그 밖의 관계 전문가를 손해평가인으로 위촉하여 손해평가를 담당하게 하거나 손해평가사 또는 손해사정사에게 손해평가를 담당하게 할 수 있도록 하고 있습니다. 하지만 앞으로 이러한 제반 업무를 손해평가사가 담당하게 될 것이므로 업무량 증가에 따른 보다 많은 손해평가사를 필요로 하게 되었습니다. 이 시험이 시행된 지 얼마 되지 않았음에도 불구하고 손해평가사에 관한 관심이 급격히 커지는 이유가 여기에 있습니다.

    이 교재는 최근 업무방법서를 기초로 개정사항을 빠짐없이 반영하여 집필되었습니다. 기존의 수험서들이 수식을 단순히 나열하여 수험생이 그 내용을 습득하는 데에 많은 애로가 있다는 점을 고려하여 각종 공식의 틀을 한눈에 볼 수 있도록 집필하는 데 보다 많은 시간을 할애하였습니다.

    아무쪼록 이 교재를 통해 시험을 준비하시는 수험생 모두 노력한 만큼의 결실을 꼭 가져가실 수 있기를 바랍니다.

프라임 손해평가사 집필진 드림

시험 안내

❶ 시험일정

※ 원서접수시간은 원서접수 첫날 09:00부터 마지막 날 18:00까지임

구분	접수기간	시험 일정	의견제시 기간	합격자 발표기간
2023년 (9회) 1차	05.08 ~ 05.12 빈자리 추가접수 06.01 ~ 06.02	06.10	06.10 ~ 06.16	07.12 ~
2023년 (9회) 2차	07.24 ~ 07.28 빈자리 추가접수 08.24 ~ 08.25	09.02	09.02 ~ 09.08	11.22 ~

❷ 응시자격

■ 제한 없음

※ 단, 부정한 방법으로 시험에 응시하거나 시험에서 부정한 행위를 해 시험의 정지/무효 처분이 있은 날 부터 2년이 지나지 아니하거나, 손해평가사의 자격이 취소된 날부터 2년이 지나지 아니한 자는 응시할 수 없음[농어업재해보험법 제11조의4제4항]

❸ 시험과목 및 배점

구분	시험과목	문항수	시험 시간	시험방법
제1차 시험	1. 「상법」 보험편 2. 농어업재해보험법령 (「농어업재해보험법」, 「농어업재해보험법 시행령」 및 농림축산식품부 장관이 고시하는 손해평가 요령을 말한다.) 3. 농학개론 중 재배학 및 원예작물학	과목별 25문항 (총 75문항)	90분	객관식 4지 택일형
제2차 시험	1. 농작물재해보험 및 가축재해보험의 이론과 실무 2. 농작물재해보험 및 가축재해보험 손해평가의 이론과 실무	과목별 10문항	120분	단답형, 서술형

❹ 합격기준 (농어업재해보험법 시행령 제12조의6)

구분	합격결정기준
제1차 시험	매 과목 100점을 만점으로 하여 매 과목 40점 이상과 전 과목 평균 60점 이상을 득점한 사람을 합격자로 결정
제2차 시험	매 과목 100점을 만점으로 하여 매 과목 40점 이상과 전 과목 평균 60점 이상을 득점한 사람을 합격자로 결정

❺ 응시수수료 [농림축산식품부고시 제2016-78호(2016.8.25. 시행)]

- 제1차 시험 : 20,000원
- 제2차 시험 : 33,000원

❻ 통계자료(최근 5년)

구분		2018	2019	2020	2021	2022
1차	대 상	3,716명	6,614명	9,752명	15,385명	15,796명
	응 시	2,594명	3,901명	8,193명	13,230명	13,361명
	응시율	69.8%	59.0%	84.0%	85.9%	84.5%
	합 격	1,949명	2,486명	5,748명	9,508명	9,067명
	합격률	75.1%	63.7%	70.2%	71.8%	67.8%
2차	대 상	2,372명	3,254명	5,855명	10,136명	10,686명
	응 시	1,934명	2,712명	4,937명	8,699명	9,016명
	응시율	81.5%	83.3%	84.3%	85.8%	84.3%
	합 격	129명	153명	566명	2,233명	1,017명
	합격률	6.7%	5.6%	11.5%	25.6%	11.2%

CONTENTS 목차

CHAPTER 1 보험의 이해 _ 008
- 제1절 위험과 보험 ·· 008
- 제2절 보험의 의의와 원칙 ··· 019
- 제3절 보험의 기능 ·· 023
- 제4절 손해보험의 이해 ··· 025

CHAPTER 2 농업재해보험 특성과 필요성 _ 039

CHAPTER 3 농작물재해보험 제도 _ 042
- 제1절 용어의 정리 ·· 042
- 제2절 제도 일반 ·· 061
- 제3절 적과전 종합위험 ··· 074
- 제4절 과수(종합위험방식) ··· 107
- 제5절 논작물 ··· 138
- 제6절 밭작물(종합위험 수확감소보장방식) ······························· 165
- 제7절 밭작물(종합위험 생산비보장) ·· 198
- 제8절 밭작물(인삼) ··· 216
- 제9절 농업수입보장 ·· 232
- 제10절 농업용 시설물 및 시설작물(버섯재배사 및 버섯작물) ········· 252

CHAPTER 4 가축재해보험 제도 _ 284

제1절 사업시행 주요 내용 ·· 284
제2절 가축재해보험 약관 ·· 286
제3절 특별약관 ·· 296

부록 _ 322

제1회 기출문제 ·· 322
제2회 기출문제 ·· 329
제3회 기출문제 ·· 337
제4회 기출문제 ·· 344
제5회 기출문제 ·· 352
제6회 기출문제 ·· 359
제7회 기출문제 ·· 364
제8회 기출문제 ·· 372

제1장 보험의 이해

제1절 위험과 보험

1. 위험의 정의('앞으로 안 좋은 일이 일어날 수 있는 가능성'을 뜻함)

① 손실의 기회(손실의 가능성), ② 불확실성, ③ 실제 결과와 기대했던 결과와의 차이

2. 위험 관련 개념

① 위태(hazard)	위태(위험상황 또는 위험한 상태)는 특정한 사고로 인하여 발생할 수 있는 손해의 가능성을 새로이 창조하거나 증가시킬 수 있는 상태
② 손인(Peril)	손인(손해의 원인)은 화재, 폭발, 지진, 태풍 등 일반적으로 '사고'라고 부르는 것
③ 손해(Loss)	손해는 손인의 결과로 발생하는 가치의 감소(물리적·경제적·정신적 손해)

[[위태, 손인 및 손해의 관계]]

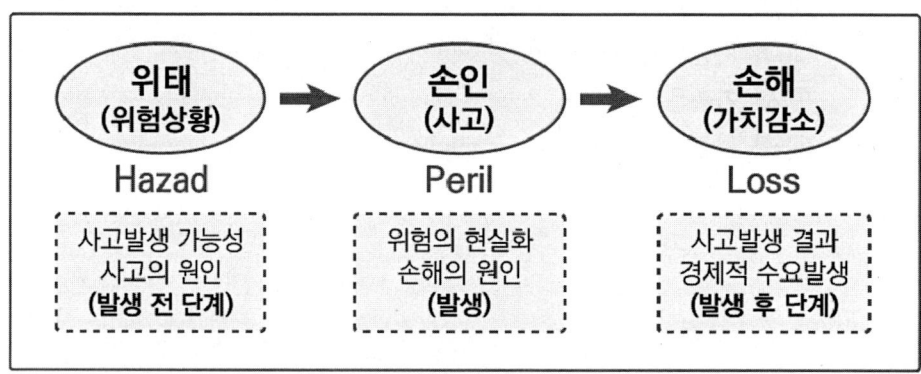

3. 위험의 분류

① 관점에 따른 위험의 분류(객관적 위험, 순수위험, 정태적 위험 및 특정적 위험)

구 분	종 류	내 용
1. 위험 속성의 측정 여부	객관적 위험	실증자료 등이 있어 확률 또는 표준편차와 같은 수단을 통해 측정 가능한 위험
	주관적 위험	개인의 특성에 따라 평가가 달라져 측정이 곤란한 위험
2. 이득의 기회 존재 여부	순수위험	손실의 기회만 있고 이득의 기회는 없는 위험
	투기적 위험	손실의 기회도 있지만 이익을 얻는 기회도 있는 위험
3. 위험의 발생 정도·규모가 시간경과에 따라 변하는지 여부	정태적 위험	성격이나 발생정도가 크게 변하지 않을 것으로 예상되는 위험(화산폭발, 지진발생 등)
	동태적 위험	성격이나 발생정도가 변하여 예상하기가 어려운 위험(가격변동, 기술의 변화, 환율변동 등)
4. 위험이 미치는 범위 여부	특정적 위험 (한정적 위험)	피해 당사자에게 한정되거나 매우 제한적 범위 내에서 손실을 초래하는 위험(주택화재나 도난, 가족의 사망이나 부상 등)
	기본적 위험 (근원적 위험)	불특정 다수나 사회 전체에 손실을 초래하는 위험(태풍, 코로나 질병 등)
5. 보험계약상 보험자가 책임을 부담하는지 여부	담보위험	보험자가 책임을 부담하는 위험(자동차보험)
	비담보위험	보험자가 담보하는 위험에서 제외한 위험
	면책위험	보험자가 책임을 면하기로 한 위험 (계약자 등의 고의에 의한 사고, 전쟁위험 등)

② 순수위험의 종류

구 분	내 용
1. 재산손실위험	각종 재산상 손실을 초래하는 위험
2. 간접손실위험	재산손실위험에서 파생되는 2차적인 손실위험(공장화재로 인한 영업중단, 소득감소 등)
3. 배상책임위험	위법행위로 타인에게 손해를 입힌 경우에 부담하는 법적 손해 배상책임위험
4. 인적손실위험	개인의 사망, 부상, 질병, 실업 등으로 인해 초래되는 위험

4. 위험관리

1. 위험관리 의의	① 위험을 발견하고 그 발생빈도나 심도를 분석하여 가능한 최소의 비용으로 손실 발생을 최소화하기 위한 제반활동 ② 우연적인 손실이 개인이나 조직에 미칠 수 있는 바람직하지 않은 영향을 최소화하기 위한 합리적, 조직적인 관리 또는 경영활동의 한 형태이다.
2. 위험관리의 일반적인 목표	첫째, 최소의 비용으로 손실(위험비용)을 최소화하는 것 둘째, 개인이나 조직의 생존을 확보하는 것
3. 위험관리의 목적	① 사전적 : 경제적 효율성 확보, 불안의 해소, 타인에 전가할 수 없는 법적 의무의 이행 그리고 기업의 최고 경영자에게 예상되는 위험에 대하여 안심을 제공하는 것 등 ② 사후적 : 생존, 활동의 계속, 수익의 안정화, 지속적 성장, 사회적 책임의 이행 등
4. 위험관리의 중요성	보험사업은 위험을 대상으로 하고 위험을 이용하여 사업을 운용할 뿐만 아니라 신용사업의 성격을 가지고 있어 사업을 안정적이고 건실하게 운영하여야 한다. 따라서 보험사업을 운영하는 과정에서 잠재하고 있는 각종 위험을 인식, 분석, 평가하여 그러한 위험의 발생 원인과 발생 결과에 대하여 사전적으로나 사후적으로 대처하는 위험관리가 매우 중요하다.

5. 위험관리 방법

가. 물리적 위험관리(위험 통제를 통한 대비)

① 위험회피		가장 기본적인 위험 대비 수단으로서 손실의 가능성을 원천적으로 회피해 버리는 방법
② 손실통제	손실예방	특정 손실의 발생 가능성 또는 손실 발생의 빈도를 줄이려는 조치
	손실감소	특정 손실의 규모를 줄이는 조치
③ 위험요소의 분리 (위험분산)		㉠ 잠재적 손실의 규모가 감당하기 어려울 만큼 커지지 않도록 하는 데 초점을 두는 것(복제와 격리) ㉡ 위험결합을 통한 위험관리 방법도 가능
④ 위험전가		발생 손실로부터 야기될 수 있는 법적, 재무적 책임을 계약을 통해 제3자에게 전가하는 방법
⑤ 위험인수		위험에 대해 어떠한 조치도 취하지 않고 방치하여 스스로 감당하는 것

나. 재무적 위험관리(위험자금 조달을 통한 대비)

① 위험보유	위험을 스스로 인수하여 경제적 위험을 완화하는 것 (준비금, 기금의 적립, 자가보험 등)
② 위험전가	계약을 통해 제3자에게 위험을 전가하는 것(보험)
③ 위험결합	다수의 동질적 위험을 결합하여 위험 발생에 대비하는 것(보험)

6. 위험관리 방법의 선택

① 위험관리 방법을 선택할 경우 고려할 사항

첫째, 예상 손실의 발생빈도와 손실규모를 예측

둘째, 각각의 위험통제기법과 위험재무기법이 위험의 속성(발생빈도 및 손실규모)에 미칠 영향과 예정손실예측에 미칠 영향을 고려

셋째, 각각의 위험관리 기법에 소요될 비용을 예측

② 위험 특성에 따른 위험관리 방법

손실규모(심도) \ 손실횟수(빈도)	적음(少)	많음(多)
작음(小)	① 보유 - 자가보험	③ 손실통제
큼(大)	② 전가 - 보험	④ 위험회피

문제로 확인하기

01. 다음은 보험과 관련한 용어에 대한 설명이다. 괄호 안에 들어 갈 알맞은 용어를 쓰시오.

> ○ (①) : 앞으로 안 좋은 일이 일어날 수 있는 가능성
> ○ (②) : 특정한 사고로 인하여 발생할 수 있는 손해의 가능성을 새로이 창조하거나 증가시킬 수 있는 상태
> ○ (③) : 손해의 원인인 사고로 발생하는 가치의 감소
> ○ (④) : 손해의 직접적인 원인

해설

① 위험(Risk)　② 위태(Hazard)　③ 손해(Loss)　④ 손인(Peril)

02. 다음의 예를 보고 물음에 알맞은 답을 하시오(언급된 내용으로만 판단하시오).

> 홍길동씨는 친구들과 동창 모임을 갖고 집으로 돌아 오는 중 대리운전기사를 부르지 않고 직접 운전을 하다가 음주운전으로 인한 교통사고를 내고 전치 4주의 부상을 입어 200만원의 치료비가 들었고 자동차는 폐차 수준으로 파손되었다.

① 위태(Hazard):

② 손인(Peril) :

③ 손해(Loss) :

해설

① 위태(Hazard) : 음주운전
② 손인(Peril) : 교통사고
③ 손해(Loss) : 치료비, 차량파손

※ 위험은 위험이 지니는 속성에 따라 다양하게 분류할 수 있다.
다음 보기를 참고하여 질문에 답하시오. (3 ~ 4)

[보기]

㉠ 객관적 위험(objective risk)	㉡ 주관적 위험(subjective risk)
㉢ 순수위험(pure risk)	㉣ 투기적 위험(speculative risk)
㉤ 정태적 위험(static risk)	㉥ 동태적 위험(dynamic risk)
㉦ 특정적 위험(specific risk)	㉧ 기본적 위험(fundamental risk)

03. 다음 괄호 안에 들어갈 위험을 보기에서 고르시오.

○ (①) : 실증자료 등이 있어 확률 또는 표준편차와 같은 수단을 통해 측정 가능한 위험
○ (②) : 화산 폭발, 지진 발생, 사고와 같이 시간의 경과에 따라 성격이나 발생 정도가 크게 변하지 않을 것으로 예상되는 위험
○ (③) : 불특정 다수나 사회 전체에 손실을 초래하는 위험

해설
① 객관적 위험(objective risk)
② 정태적 위험(static risk)
③ 기본적 위험(fundamental risk)

04. 보기에서 일반적으로 보험에 적합한 위험을 4가지 정도 고르시오.

해설
㉠ 객관적 위험(objective risk)   ㉢ 순수위험(pure risk)
㉤ 정태적 위험(static risk)   ㉦ 특정적 위험(specific risk)

05. 다음은 위험의 분류에 대한 내용이다. 괄호 안에 들어 갈 알맞은 용어를 쓰시오.

> 위험의 속성에 손실의 기회(chance of loss)만 있는가, 이득의 기회(chance of gain)도 함께 존재하는가에 따라 (   )과 투기적 위험(speculative risk)으로 구분한다. (   )은 손실의 기회만 있고 이득의 기회는 없는 위험이다.

해설
순수위험(pure risk)

06. 위험의 속성과 관련하여 위험을 다양하게 분류할 수 있는데 그 중 순수위험은 손실의 기회만 있고 이득의 기회는 없는 위험을 말한다. 순수위험에 해당하는 종류 4가지를 쓰시오.

해설
① 재산손실위험(property loss risk)
② 간접손실위험(indirect loss risk)
③ 배상책임위험(liability risk)
④ 인적손실위험(human risk)

07. 다음은 순수위험의 종류에 대한 내용이다. 해당 위험을 쓰시오.

> 화재로 공장 가동이 중단되거나 영업활동을 못 하게 되는 경우 생산을 못하고 영업을 할 수 없더라도 고정비용은 지출되어야 하고 추가적인 비용도 발생한다. 그분만 아니라 생산 중단이나 영업 중단으로 순소득도 감소하게 되는데, 이러한 손해에 대한 위험을 말한다.

해설
간접손실위험

08. 위험관리의 일반적인 목표에 대해 쓰시오.

> [해설]
> 첫째, 최소의 비용으로 손실(위험비용)을 최소화하는 것이며,
> 둘째, 개인이나 조직의 생존을 확보하는 것이다.

09. 보험사업을 운영하는 과정에서 잠재하고 있는 각종 위험을 인식, 분석, 평가하여 그러한 위험의 발생 원인과 발생 결과에 대하여 사전적으로나 사후적으로 대처하는 위험관리가 매우 중요하다. 위험관리의 목적을 사전적 목적과 사후적 목적으로 구분할 경우 다음의 보기에서 ① 사전적 목적과 ② 사후적 목적에 해당하는 내용을 각각 고르시오.

㉠ 경제적 효율성 확보	㉡ 타인에 전가할 수 없는 법적 의무의 이행
㉢ 생존	㉣ 수익의 안정화
㉤ 사회적 책임의 이행	㉥ 불안의 해소
㉦ 기업의 최고 경영자에게 예상되는 위험에 대하여 안심을 제공하는 것	
㉧ 활동의 계속	㉨ 지속적 성장,

① 사전적 목적 :

② 사후적 목적 :

> [해설]
> ① 사전적 목적 : ㉠, ㉡, ㉥, ㉦
> ② 사후적 목적 : ㉢, ㉣, ㉤, ㉧, ㉨

10. 보험사업에 있어서 위험관리의 중요성을 서술하시오.

> **해설**
> 보험사업은 위험을 대상으로 하고 위험을 이용하여 사업을 운용할 뿐만 아니라 신용사업의 성격을 가지고 있어 사업을 안정적이고 건실하게 운영하여야 한다. 따라서 보험사업을 운영하는 과정에서 잠재하고 있는 각종 위험을 인식, 분석, 평가하여 그러한 위험의 발생 원인과 발생 결과에 대하여 사전적으로나 사후적으로 대처하는 위험관리가 매우 중요하다.

11. 위험관리 방법은 발생할 위험에 어떻게 대응하느냐에 따라 위험통제를 통한 대비 방법(물리적 방법)과 위험자금 조달을 통한 대비 방법(재무적 방법)으로 구분할 수 있다. 두 가지 방법에 대한 구체적인 내용을 3가지 이상 쓰시오.

① 위험통제를 통한 대비 방법(물리적 방법) :

② 위험자금 조달을 통한 대비 방법(재무적 방법) :

> **해설**
> ① 위험통제를 통한 대비 방법(물리적 방법)
>   ㉠ 위험회피
>   ㉡ 손실통제(손실예방, 손실감소)
>   ㉢ 위험 요소의 분리
>   ㉣ 위험전가
>   ㉤ 위험인수
> ② 위험자금 조달을 통한 대비 방법(재무적 방법)
>   ㉠ 위험보유
>   ㉡ 위험전가
>   ㉢ 위험 결합을 통한 위험 발생 대비

12. 개인이나 기업 차원에서 위험관리에 동원할 수 있는 방법은 다양하지만 각자에게 가장 바람직한 위험관리 방법을 선택하기 위해 고려(예측)해야 할 세 가지 사항을 쓰시오.

> **해설**
> 첫째, 예상 손실의 발생빈도와 손실규모를 예측해야 한다.
> 둘째, 각각의 위험통제기법과 위험재무기법이 위험의 속성(발생빈도 및 손실규모)에 미칠 영향과 예정손실 예측에 미칠 영향을 고려해야 한다.
> 셋째, 각각의 위험관리 기법에 소요될 비용을 예측해야 한다.

13. 다음은 위험특성에 따른 위험관리 방법을 도식화 한 것이다. 다음 도표를 보고 주어진 ( )에 적합한 위험관리 방법을 보기에서 선택하시오.

손실규모(심도) \ 손실횟수(빈도)	적음(少)	많음(多)
작음(小)	①	③
큼(大)	②	④

[보기]

㉠ 보유 – 자가보험	㉡ 전가 – 보험	㉢ 위험회피	㉣ 손실통제

① (   ), ② (   ), ③ (   ), ④ (   )

> **해설**
> ① : ㉠   ② : ㉡   ③ : ㉣   ④ : ㉢

14. 다음은 위험특성에 따른 위험관리 방법을 도식화 한 것이다. 다음 도표를 보고 주어진 조건에 적합한 위험관리 방법을 선택하시오.

손실규모(심도) \ 손실횟수(빈도)	적음(少)	많음(多)
작음(小)	㉠	㉡
큼(大)	㉢	㉣

① 개인이나 조직 스스로 발생 손실을 부담하는 자가보험과 같은 보유가 적절한 경우 : (　)

② 외부의 보험기관에 보험을 가입함으로써 개인이나 조직의 위험을 전가하는 것이 바람직한 경우 : (　)

③ 손실통제를 위주로 한 위험보유 기법이 경제적인 경우 : (　)

④ 위험회피가 적절한 경우 : (　)

해설

① : ㉠　　② : ㉢　　③ : ㉡　　④ : ㉣

제2절 보험의 의의와 원칙

1. 보험의 정의

위험관리의 한 방법으로 자신의 위험을 제3자에게 전가하는 제도
(보험은 다수가 모여 보험료를 갹출하여 공동재산을 조성하고, 우연적으로 사고가 발생한 경우 손실을 입은 자에게 일정한 방법으로 보험금을 지급하는 제도·수단)

① 경제적 관점	재무적 손실에 대한 불확실성 즉, 위험을 감소시키는 것(위험결합을 이용)
② 사회적 관점	사회의 구성원에게 발생한 손실을 다수인이 부담하는 것(기금을 형성, 상부상조 원리)
③ 법적인 관점	보험자와 피보험자 또는 계약자 사이에 맺어진 재무적 손실의 보전을 목적으로 하는 법적 계약
④ 수리적 관점	확률이론과 통계적 기법을 바탕으로 미래의 손실을 예측하여 배분하는 수리적 제도

2. 보험의 특성

① 예기치 못한 손실의 집단화	예기치 못한 손실을 집단화함으로써 개별위험을 손실집단으로 전환시킨다.
② 위험분담(위험분산)	위험을 서로 나누어 분담하는 것이다.(개별적으로 부담하기 힘든 손실을 나누어 분담함으로써 손실로부터의 회복을 보다 용이하게 한다)
③ 위험전가	계약에 의해 위험을 전가시키는 것이다.
④ 실제손실에대한 보상	보험자의 보상은 실제로 발생한 손실을 원상회복하거나 교체할 수 있는 금액으로 한정되며 보험보상을 통해 이익을 보는 경우는 없다.
⑤ 대수의 법칙	계약자가 많아질수록 보험자는 보다 정확하게 손실을 예측할 수 있다.

3. 보험의 성립 조건

① 동질적 위험의 다수 존재	㉠ 동질적 위험 : 발생빈도와 피해규모가 같거나 유사한 위험 ㉡ 손실예측을 정확하게 하기 위해 대수의 법칙이 적용될 수 있을 정도로 사례가 많아야 한다. ㉢ 동질적 위험은 각각 독립적이어야 한다.
② 손실의 우연적 발생	손실이 인위적이거나 의도적이지 않고, 예기치 못한 우연적으로 발생한 것이어야 한다.
③ 한정적 손실	피해원인과 발생시간, 장소 및 피해정도 등을 명확하게 판별하고 측정할 수 있는 위험이어야 한다.
④ 비재난적 손실	손실 규모가 지나치게 크지 않아야 한다.
⑤ 확률적으로 계산 가능한 손실	손실 발생 가능성(손실발생 확률)을 추정할 수 있는 위험이어야 한다.
⑥ 경제적으로 부담 가능한 보험료	산출되는 보험료 수준이 보험가입 대상자들에게 부담 가능한 수준이어야 한다.

문제로 확인하기

01. 다음은 보험의 정의에 대한 다양한 설명이다. 괄호 안에 들어 갈 알맞은 말을 쓰시오.

> ○ 보험은 (①)의 한 방법으로 자신의 위험을 제3자에게 전가하는 제도이다.
> ○ 보험은 다수의 동질적인 위험을 한 곳에 모으는 (②) 행위를 통해 가계나 기업이 우연적인 사고 발생으로 입게 되는 (③)을 다수의 동질적 위험의 결합으로 얻게 되는 (④)로 대체하는 것이다.
> ○ 보험은 다수가 모여 (⑤)를 갹출하여 공동재산을 조성하고, 우연적으로 사고가 발생한 경우 손실을 입은 자에게 일정한 방법으로 (⑥)을 지급하는 제도(수단)라고 정의할 수 있다.

해설

① 위험관리   ② 위험결합   ③ 실제손실   ④ 평균손실   ⑤ 보험료   ⑥ 보험금

02. 보험의 정의에 대해 다음에서 제시하고 있는 각각의 관점에서 간략하게 서술하시오.

① **경제적 관점** :

② **사회적 관점** :

③ **법적인 관점** :

④ **수리적 관점** :

해설

① 경제적 관점 : 재무적 손실에 대한 불확실성 즉, 위험을 감소(reduction of risk)시키는 것을 말한다.
② 사회적 관점 : 사회의 구성원에게 발생한 손실을 다수인이 부담하는 것을 말한다.
③ 법적인 관점 : 보험자와 피보험자 또는 계약자 사이에 맺어진 재무적 손실의 보전(indemnity of financial loss)을 목적으로 하는 법적 계약을 말한다.
④ 수리적 관점 : 확률이론과 통계적 기법을 바탕으로 미래의 손실을 예측하여 배분하는 수리적 제도를 말한다.

03. 보험은 다양한 특성을 지니고 있는 바 그 특성에 대해 3가지 이상 쓰시오.

> **해설**
> ① 예기치 못한 손실을 집단화함으로써 개별위험을 손실집단으로 전환시킨다.
> ② 위험을 서로 나누어 분담하는 것이다.(개별적으로 부담하기 힘든 손실을 나누어 분담함으로써 손실로부터의 회복을 보다 용이하게 한다)
> ③ 계약에 의해 위험을 전가(risk transfer)시키는 것이다.
> ④ 실제손실에 대한 보상을 원칙으로 한다.
> ⑤ 계약자가 많아질수록 보험자는 보다 정확하게 손실을 예측할 수 있는 대수의 법칙이 적용된다.

04. 보험이 성립될 수 있는 손실조건을 3가지 정도 쓰시오.

> **해설**
> ① 우연적으로 발생한 손실
> ② 한정적 손실
> ③ 비재난적 손실
> ④ 확률적으로 계산 가능한 손실

제3절 보험의 기능

1. 보험의 순기능과 역기능

보험의 순기능	보험의 역기능
① 손실 회복 ② 불안 감소 ③ 신용력 증대 ④ 투자 재원 마련 ⑤ 자원의 효율적 이용 기여 ⑥ 안전(위험 대비)의식 고양	① 사업비용의 발생 ② 보험사기의 증가 ③ 손실 과장으로 인한 사회적 비용 초래

2. 역선택 및 도덕적 위태

역선택	보험자는 계약자의 위험을 정확하게 파악하고 측정할 수 있어야 손실을 정확히 예측할 수 있으며, 적정한 보험료를 책정·부과할 수 있다. 계약자가 보험자보다 더 많은 정보를 가지고 있는 상태가 되면, 오히려 계약자 측에서 손실 발생 가능성이 커 자신에게 이득이 되는 보험을 선택하게 되는데 이를 역선택이라고 한다.
도덕적 위태	계약자(피보험자)가 고의나 과실로 보험사고의 발생 가능성을 높이거나 손해액을 확대하려는 성향을 의미한다.

3. 역선택과 도덕적 위태의 비교

유사점	차이점
① 실손보상 계약의 경우 거의 발생하지 않음 ② 보험가액에 비해 보험금액의 비율이 클수록 발생 가능성이 높다. ③ 이익은 역선택이나 도덕적 위태를 야기한 당사자에게 귀착되는 반면, 피해는 보험자와 다수의 선의의 계약자들에 돌아간다. ④ 보험사업의 정상적 운영에 악영향을 미친다.	① 역선택은 계약체결 전에 예측한 위험보다 높은 위험(집단)이 가입하여 사고발생률을 증가시킨다. ② 도덕적 위태는 계약체결 후 고의나 인위적 행동으로 사고 발생률을 증가시킨다.

문제로 확인하기

01. 보험의 순기능과 역기능에 대해 각각 3가지 정도 쓰시오.

해설
① 순기능 : 손실회복, 불안감소, 신용력 증대, 투자재원 마련, 자원의 효율적 이용 기여, 안전 의식 고양
② 역기능 : 사업비용의 발생, 보험사기의 증가, 손실과장으로 인한 사회적 비용 초래

02. 역선택과 도덕적 위태의 유사점을 서술하시오.

해설
① 실손을 보상하는 계약의 경우에는 거의 발생하지 않는다.
② 보험가액에 비해 보험금액의 비율이 클수록 발생 가능성이 높다.
③ 이익은 역선택이나 도덕적 위태를 야기한 당사자에게 귀착되는 반면, 피해는 보험자와 다수의 선의의 계약자들에 돌아간다.
④ 보험사업의 정상적 운영에 악영향을 미친다.

03. 역선택과 도덕적 위태의 차이점을 서술하시오.

해설
① 역선택은 계약체결 전에 예측한 위험보다 높은 위험(집단)이 가입하여 사고 발생률을 증가시킨다.
② 도덕적 위태는 계약 체결 후 고의나 인위적 행동으로 사고 발생률을 증가시킨다.

제4절 손해보험의 이해

1. 손해보험의 의의

보험사고 발생 시 손해가 생기면 생긴 만큼 손해액을 산정하여 보험금을 지급하는 보험.
손해보험은 재산보험을 말하지만, 생명보험을 제외한 대부분의 보험을 포괄한다.

2. 손해보험의 원리

구 분	내 용
① 위험의 분담	계약자가 보험단체를 구성하여 위험을 분담하는 제도이다.
② 위험 대량의 원칙	위험이 대량으로 모여서 하나의 위험단체를 구성함으로써 일정기간 중에 그 위험집단에서 발생할 사고의 확률과 사고에 의해 발생할 손해의 크기를 파악할 수 있어야 안정적인 보험경영이 가능해진다.
③ 급부 반대급부 균등의 원칙	위험집단 구성원 각자가 부담하는 보험료는 지급보험금에 사고 발생의 확률을 곱한 금액과 같다(계약자 개개인의 관점에서 본 원칙). 보험료 = 지급보험금 × 사고발생확률
④ 수지상등의 원칙	보험자가 받아들이는 수입 보험료 총액과 사고 시 지급하는 지급보험금 총액이 같아져야 한다는 것이다(계약자 전체 관점에서 본 보험 수리적 원칙). 수입 보험료 합계 = 지출 보험금의 합계 계약자 수 × 보험료 = 사고 발생 건수 × 평균 지급보험금
⑤ 이득금지의 원칙	피보험자는 보험사고 발생 시 실제로 입은 손해만을 보상받아야 하며, 그 이상의 보상을 받아서는 안 된다(초과보험, 중복보험, 보험자대위 등).

3. 손해보험계약

가. 손해보험계약의 의의

보험계약은 당사자 일방이 약정한 보험료를 지급하고 재산 또는 생명이나 신체에 불확정한 사고가 발생할 경우에 상대방이 일정한 보험금이나 그 밖의 급여를 지급할 것을 약정함으로써 효력이 생기는 계약을 말한다(상법 제638조). 손해보험계약은 상법상 보험계약의 일종

나. 손해보험계약의 법적 특성

① 낙성·불요식 계약성	계약자의 청약과 보험자의 승낙으로만 성립하는 낙성계약이며, 특별한 방식을 요하지 않는 불요식계약이다.
② 유상계약성	계약자의 보험료 지급에 대하여 보험자는 일정한 보험금을 지급할 것을 약정하는 유상계약이다.
③ 쌍무계약성	보험자인 손해보험회사의 손해보상 의무와 계약자의 보험료 납부 의무가 대가(對價) 관계에 있는 쌍무계약이다.
④ 상행위성	보험자는 주식회사로서 상인에 해당하며 보험의 인수는 영리를 목적으로 하는 상행위이다(상법 제46조 : 기본적 상행위에 보험이 포함됨).
⑤ 부합계약성	보험회사가 미리 그 계약내용을 정형화한 약관을 제시하고 계약자가 이를 포괄적으로 승인함으로써 성립하는 부합계약성의 성질을 갖는다.
⑥ 선의계약성	보험계약의 특성상 계약자의 역선택이나 도덕적 해이가 있을 수 있으므로 계약자에게 윤리성 및 신의성실이 요구되는 선의계약성을 갖는다.
⑦ 계속계약성	보험기간 중 계약당사자의 권리·의무는 계속 유지되는 계속적계약이다.

다. 보험계약의 법적 원칙

① 실손보상의 원칙	㉠ 실손보상은 보험을 통해 이득을 얻을 수 없도록 하고, 계약자의 도덕적 위태를 감소시키고자 함이다. ㉡ 실손보상 원칙의 예외 : ⓐ 기평가계약 ⓑ 대체비용보험 ⓒ 생명보험	
② 보험자대위의 원칙 (상법상 인정)	ⓐ 목적물대위 (잔존물대위)	보험의 목적이 전부 멸실한 경우 보험금액의 전부를 지급한 보험자는 그 목적에 대한 피보험자의 권리를 취득하는 것(상법 제681조)
	ⓑ 제3자에 대한 보험대위 (청구권대위)	손해가 제3자의 행위로 인하여 발생한 경우 보험금을 지급한 보험자는 그 지급한 금액의 한도에서 그 제3자에 대한 계약자 또는 피보험자의 권리를 취득하는 것(상법 제682조)
	《보험자대위의 원칙의 3가지 목적》 ① 피보험자가 동일한 손실에 대해 책임이 있는 제3자와 보험자로부터 이중보상을 받아 이익을 얻는 것을 방지한다. ② 보험자가 보험자대위권을 행사하게 함으로써 과실이 있는 제3자에게 손실 발생의 책임을 묻는 효과가 있다. ③ 보험자대위권은 계약자나 피보험자의 책임 없는 손실로 인해 보험료가 인상되는 것을 방지한다.	
③ 피보험이익의 원칙	㉠ 피보험이익은 계약자가 보험담보물에 대해 가지는 경제적 이해관계 피보험이익이 존재해야 보험에 가입할 수 있으며, 피보험이익이 없으면 보험에 가입할 수 없다. ㉡ 피보험이익의 원칙의 3가지 목적 첫째, 도박을 방지한다. 둘째, 도덕적 위태를 감소시킨다. 셋째, 계약자의 손실의 크기를 측정하게 해 준다.	
④ 최대선의의 원칙	㉠ 보험계약의 특성상 계약당사자에게 일반 계약보다는 높은 정직성과 선의 또는 신의성실이 요구되는 원칙 ㉡ 고지, 은폐 및 담보 등의 원리에 의해 유지되고 있다.	

4. 보험계약 당사자의 의무

(1) 보험자의 의무	① 보험상품에 대한 설명의무 ② 보험사고 발생시 신속하게 손해사정 절차를 거쳐 피보험자에게 보험금 지급할 의무 ③ 보험경영을 건실하게 하여야 할 의무 ④ 계약자 또는 피보험자의 이익을 보호하기 위해 최선을 다해야 할 의무
(2) 보험계약자 (피보험자)의 의무	① 고지의무 ② 위험유지 의무(보험수익자 포함) ③ 위험변경·증가통지 의무 ④ 보험사고 발생통지 의무(보험수익자 포함) ⑤ 손해방지경감 의무

5. 손해 방지·경감 의무

(1) 의 의	손해보험계약에서 보험사고가 발생한 경우 보험계약자와 피보험자가 손해의 방지와 경감을 위하여 노력하여야 할 의무(상법 제680조).
(2) 인정이유	① 보험계약은 일종의 사행계약으로써 도덕적 위험의 우려가 있다. ② 손해방지·경감의무를 이행하지 아니함으로써 늘어난 손해는 우연성을 결여한 것으로 볼 수 있다. ③ 보험자에 대한 보험계약자 등의 신의성실의 원칙과 공익상의 요청에 의하여 상법에서는 이를 인정

(3) 내용	① 대상자 : 보험계약자, 피보험자, 대리인과 지배인(인보험상 수익자는 ×)
	② 발생시기 : '보험사고가 생긴 때', '보험사고가 생긴 것을 안 때'라고 해석
	③ 발생종기 : 더 이상 손해방지 및 경감의 가능성이 존재하지 않는 때, (보험자가 직접 손해방지·경감 조치를 취할 수 있는 때까지 존속)
	④ 범위
	  ㉠ 손해방지·경감의무는 보험자가 담보하고 있는 보험사고의 발생을 방지할 뿐만 아니라 이미 발생한 손해가 확대되지 않도록 경감을 위한 노력을 이행하는 것이지 사고자체를 막아야 하는 것은 아니다.
	  ㉡ 보험자가 책임을 지지 않는 손해에 대해서는 의무부담 ×
	⑤ 의무이행의 방법과 노력의 정도
	  ㉠ 직·간접적인 방법 불문, 의무이행을 위한 노력은 보험계약자나 피보험자가 그들의 이익을 위하여 할 수 있는 정도이면 충분하고 손해방지 및 경감의 효과가 반드시 나타나야만 하는 것은 아니다.
	  ㉡ 보험사고 발생시 사고통보를 받은 보험자가 손해방지를 위하여 계약자나 피보험자에게 지시한 경우, 계약자 등이 이를 따라야 하는가 하는 문제와 보험자가 직접 손해 방지 행위를 하는 경우 계약자 등이 이를 허용하여야 하는가 하는 문제가 있을 수 있다.

		손해 방지 경감 의무가 보험단체와 공익 보호 측면에서 인정되고 있다는 점에서 허용되는 것으로 보아야 한다.
(4) 의무위반의 효과		① 보험계약상 보험가입자에게 윤리성 및 신의성실이 요구됨에 따라 인정되는 의무이므로 보험계약자와 피보험자가 손해방지·경감의무를 위반한 경우의 그 효과에 대해 상법상 명시적인 규정은 없다. ② 손해보험약관에서 보험계약자와 피보험자가 고의 또는 중대한 과실로 해당 의무를 게을리 한 때에는 증가된 손해를 보험자의 지급책임에서 면제하고 있다.
(5) 손해방지·경감 비용의 부담		① 손해방지·경감비용이란 손해의 방지 또는 경감을 위하여 필요 또는 유익하였던 비용을 말하는데, 비용지출 결과 실질적으로 손해의 경감이 있었던 것만을 의미하지는 않고 그 상황에서 손해경감 목적을 가지고 한 타당한 행위에 대한 비용이 포함된다고 본다. ② 보험금액을 초과한 경우 : 이 비용과 보상액의 합계액이 보험금액을 초과한 경우라도 보험자가 부담한다(상법 제680조). 이는 공익적 이유와 보험자의 이익을 위해서도 필요하다는 데에 근거를 두고 있다. ③ 일부보험의 경우 : 손해방지 비용은 보험금액의 보험가액에 대한 비율에 따라서 보험자가 부담하고 그 잔액은 피보험자가 부담한다.

6. 보험증권

① 의의		보험계약 체결에서 그 계약이 성립되었음과 그 내용을 증명하기 위하여 보험자가 작성하여 기명·날인 후 계약자에게 교부하는 증서
② 특성		보험계약 성립의 증거로서 보험계약이 성립한 때 교부
③ 성격	㉠ 요식증권성	일정사항을 기재(상법 제666조)해야 하는 요식증권의 성격
	㉡ 증거증권성	보험계약의 성립을 증명하기 위해 보험자가 발행하는 증거증권
	㉢ 면책증권성	보험자는 보험증권을 제시한 사람에 대해 악의 또는 중대한 과실이 없이 보험금 등을 지급한 때에는 그가 비록 권리자가 아니더라도 그 책임을 면하는 면책증권
	㉣ 상환증권성	보험자는 보험증권과 상환으로 보험금 등을 지급하므로 상환증권
	㉤ 유가증권성	운송보험·적하보험의 경우에 보험증권은 유가증권의 성격

7. 보험약관

① 의미	보험자와 계약자 또는 피보험자 간에 권리 의무를 규정하여 약속하여 놓은 것으로 통상 표준화하여 사용하고 있다.
② 유형	㉠ 보통보험약관 : 보험자가 일반적인 보험계약의 내용을 미리 정형화 한 약관 ㉡ 특별보험약관 : 보통보험약관을 보충·변경·배제하기 위한 약관 　(특별보험약관이 보통보험약관에 우선하여 적용)
③ 해석	㉠ 기본 원칙 　ⓐ 당사자의 개별적인 해석보다는 법률의 일반해석 원칙에 따라 보험계약의 단체성·기술성을 고려하여 각 규정의 뜻을 합리적으로 해석해야 한다. 　ⓑ 보험약관은 보험계약의 성질과 관련하여 신의성실의 원칙에 따라 공정하게 해석되어야 하며, 계약자에 따라 다르게 해석되어서는 안 된다. 　ⓒ 보험약관상 인쇄조항과 수기조항 간에 충돌이 발생 경우 수기조항이 우선 ㉡ 작성자 불이익의 원칙 : 보험약관의 내용이 모호하거나 해석상 의문이 있는 경우에는 보험자에게 엄격·불리하게 계약자에게 유리하게 풀이해야 한다는 원칙

8. 재보험

1) 의의	▶ 보험자가 계약자 또는 피보험자와 계약을 체결하여 인수한 보험계약 책임의 일부 또는 전부를 다른 보험자에게 넘김으로써 보험계약의 위험을 분산시키기 위해 보험자가 가입하는 보험(상법상 책임보험 관련 규정의 준용, 상법 제726조)	
2) 독립성	재보험과 원보험은 경제상으로는 동질적인 위험을 부담하므로 같은 성격의 보험이지만 법률상으로는 전혀 별개의 계약이므로 재보험계약은 원보험계약의 효력에 영향을 미치지 아니한다(상법 제661조).	
3) 성질	재보험계약은 손해보험계약에 속한다. 따라서 원보험이 손해보험인 계약의 재보험은 당연히 손해보험이 되지만 원보험이 인보험인 계약의 재보험도 손해보험이 된다.	
4) 기능	① 위험 분산	㉠ 양적 분산 : 원보험자가 인수한 위험의 전부 또는 일부를 분산시킴으로써 커다란 위험을 인수할 수 있도록 한다. ㉡ 질적 분산 : 위험률이 높은 보험 종목의 위험을 인수한 경우 이를 재보험으로 분산시켜 원보험자의 재정적 곤란을 구제할 수 있도록 한다. ㉢ 장소적 분산 : 장소적으로 편재한 다수의 위험을 인수한 경우, 이를 공간적으로 분산시킬 수 있도록 한다.
	② 원보험자의 인수능력의 확대로 마케팅 능력 강화	인수할 수 있는 금액보다 훨씬 더 큰 금액의 보험을 인수할 수 있게 된다.(대규모 리스크에 대한 인수능력 제공)
	③ 경영의 안정화	각종 대형, 거액의 위험으로부터 실적의 안정화를 지켜주므로 보험자의 경영 안정성에 큰 도움을 준다.
	④ 신규 보험상품의 개발 촉진	재보험자가 재보험사업에 참여함으로써 원보험자의 신규 보험상품 개발을 지원하는 기능을 한다.

문제로 확인하기

01. 다음은 손해보험의 원리 중 하나인 위험 대량의 원칙에 대해 설명한 내용이다. 괄호 안에 들어갈 말을 쓰시오.

> 수학이나 통계학에서 적용되는 대수의 법칙을 보험에 응용한 것이 위험 대량의 원칙이다. 보험이 성립하기 위해서는 일정 기간 중에 그 위험집단에서 발생할 사고의 확률과 함께 사고에 의해 발생할 (①)의 크기를 파악할 수 있어야 한다. 위험 대량의 원칙은 보험에 있어서 사고 발생 확률이 잘 적용되어 합리적 경영이 이루어지려면 위험이 대량으로 모여서 하나의 (②)를 구성해야 한다는 것이다. 이로 인해 보험계약은 (③)의 특성을 갖게 된다.

해설
① 손해
② 위험단체
③ 단체성

02. 다음의 공식과 관련이 있는 손해보험의 원리는 무엇인가?

> 수입 보험료 합계 = 지출 보험금의 합계
> 계약자 수 × 보험료 = 사고 발생 건수 × 평균 지급보험금

해설
수지상등의 원칙

03. 법적으로 초과보험, 중복보험, 보험자대위 등을 규정하는 것은 손해보험의 무슨 원리를 실현하기 위함인가?

> **해설**
> 이득금지의 원칙

04. 다음의 내용이 의미하는 손해보험 계약의 특성은?

> 손해보험 계약에서 동질(同質)의 많은 계약을 간편하고 신속하게 처리하기 위해 보험자인 손해보험회사가 계약조건을 미리 정형화(定型化)하여 만들어 놓은 계약조건에 상대방 당사자는 그대로 따르는 계약을 말한다. 보험계약의 이러한 특성으로 인해 약관이 존재하게 된다.

> **해설**
> 부합계약성

05. 다음은 손해보험계약의 성격에 대해 설명한 것이다. 괄호 안에 알맞은 말을 쓰시오.

○ 손해보험계약은 보험계약의 특성상 계약자의 역선택이나 도덕적 해이가 있을 수 있으므로 계약자에게 윤리성 및 신의성실이 요구되는 (①)을 갖는다.
○ 손해보험계약은 보험계약자의 보험료 지급의무와 보험회사의 보험금지급의무가 대가관계에 있는 (②)이다.
○ 손해보험계약은 보험기간 중 계약당사자의 권리의무가 계속하여 유지되는 (③)이다.
○ 손해보험계약은 계약자의 보험료 지급에 대하여 보험자는 일정한 보험금을 지급할 것을 약정하므로 (④)이다.

해설
① 선의계약성(최고선의성)　② 쌍무계약　③ 계속(적)계약　④ 유상계약

06. 보험계약의 법적 원칙 4가지를 쓰시오.

해설
① 실손보상(實損補償)의 원칙
② 보험자대위의 원칙
③ 피보험이익의 원칙
④ 최대선의의 원칙

07. 실손보상의 원칙에 대한 예외 3가지를 쓰시오.

해설
기평가계약, 대체비용보험, 생명보험

08. 상법상 ① 목적물 대위(잔존물대위)와 ② 제3자에 대한 보험대위(청구권 대위)에 대한 정의를 쓰시오.

> 해설
>
> ① 목적물 대위(잔존물대위)란 보험의 목적이 전부 멸실한 경우 보험금액의 전부를 지급한 보험자는 그 목적에 대한 피보험자의 권리를 취득하는 것을 말한다.
> ② 제3자에 대한 보험자대위란 손해가 제3자의 행위로 인하여 발생한 경우 보험금을 지급한 보험자는 그 지급한 금액의 한도 내에서 그 제3자에 대한 계약자 또는 피보험자의 권리를 취득하는 것을 말한다.

09. 보험자대위의 원칙의 3가지 목적을 서술하시오.

> 해설
>
> 첫째, 피보험자가 동일한 손실에 대해 책임이 있는 제3자와 보험자로부터 이중보상을 받아 이익을 얻는 것을 방지한다.
> 둘째, 보험자가 보험자대위권을 행사하게 함으로써 과실이 있는 제3자에게 손실 발생의 책임을 묻는 효과가 있다.
> 셋째, 보험자대위권은 계약자나 피보험자의 책임 없는 손실로 인해 보험료가 인상되는 것을 방지한다.

10. 다음 괄호 안에 공통으로 들어갈 말을 쓰시오.

> ( )은 계약자가 보험담보물에 대해 가지는 경제적 이해관계를 의미한다. 즉, 계약자가 보험목적물에 보험사고가 발생하면 경제적 손실을 입게 될 때 ( )이 있다고 한다. ( )이 존재해야 보험에 가입할 수 있으며, ( )이 없으면 보험에 가입할 수 없다.

> 해설
>
> 피보험이익(insurable interest)

11. 피보험이익의 원칙(principle of insurable interest)의 3가지 목적을 서술하시오.

> **해설**
> 첫째, 피보험이익은 도박을 방지하는 데 필수적이다.
> 둘째, 피보험이익은 도덕적 위태를 감소시킨다.
> 셋째, 피보험이익은 결국 계약자의 손실 규모와 같으므로 손실의 크기를 측정하게 해 준다.

12. 다음은 보험증권의 법적 성격을 설명한 내용이다. 빈 칸에 해당하는 법적 성격을 쓰시오.

> ① ( ) : 보험자는 보험증권을 제시한 사람에 대해 악의 또는 중대한 과실이 없이 보험금 등을 지급한 때에는 그가 비록 권리자가 아니더라도 그 책임을 부담하지 않는다.
> ② ( ) : 보험증권은 보험자와 보험계약자 간의 보험계약의 성립을 증명하기 위해 보험자가 발행하는 것으로 보험계약자가 이의 없이 보험증권을 수령하는 경우 그 기재가 보험관계의 성립 및 내용에 대해 사실상의 추정력을 갖는다.
> ③ ( ) : 보험증권은 일정한 증권적 기재사항이 요구되고 따라서 상법은 보험의 종류에 따라 각각 별도의 기재 사항을 규정하고 있다.

> **해설**
> ① 면책증권(성)   ② 증거증권(성)   ③ 요식증권(성)

13. 다음은 재보험에 대한 설명이다. 괄호 안에 들어갈 말을 쓰시오.

> 재보험이란 보험자가 계약자 또는 피보험자와 계약을 체결하여 인수한 보험의 (①)를 다른 보험자에게 넘기는 것으로 보험기업 경영에 중요한 역할을 한다. 즉, 재보험은 원보험자가 인수한 위험을 또 다른 보험자에게 분산함으로써 (②) 간에 위험을 줄이는 방법이다. 이러한 재보험 계약은 책임보험의 일종으로서 (③) 계약에 속한다.

해설
① 일부 또는 전부
② 보험자
③ 손해보험

14. 다음은 보험약관의 해석에 대한 설명이다. 괄호 안에 들어갈 해석원칙을 쓰시오.

> 보험약관은 보험계약의 성질과 관련하여 (①)에 따라 공정하게 해석되어야 하며, 계약자에 따라 다르게 해석되어서는 안 된다. 따라서 보험약관의 내용이 모호하여 하나의 규정이 객관적으로 여러 가지 뜻으로 풀이되는 경우나 해석상 의문이 있는 경우에는 보험자에게 엄격·불리하게 계약자에게 유리하게 풀이해야 한다는 (②)이 적용된다.

해설
① 신의성실의 원칙
② 작성자 불이익의 원칙

15. 다음은 재보험에 대한 설명이다. 괄호 안에 들어갈 말을 쓰시오.

> 재보험이란 보험자가 계약자 또는 피보험자와 계약을 체결하여 인수한 보험의 (①)를 다른 보험자에게 넘기는 것으로 보험기업 경영에 중요한 역할을 한다. 즉, 재보험은 원보험자가 인수한 위험을 또 다른 보험자에게 분산함으로써 (②) 간에 위험을 줄이는 방법이다. 이러한 재보험 계약은 책임보험의 일종으로서 (③) 계약에 속한다.

해설
① 일부 또는 전부, ② 보험자, ③ 손해보험

16. 재보험의 기능에 대해 3가지 이상 쓰시오.

해설
① 위험 분산(양적, 질적, 장소적 분산)
② 원보험자의 인수 능력의 확대로 마케팅 능력 강화
③ 원보험사업 경영의 안정화
④ 신규 보험상품의 개발 촉진

제2장 농업재해보험 특성과 필요성

구 분	내 용
1. 농업재해의 특성	① 불예측성 ② 광역성 ③ 동시성·복합성 ④ 계절성 ⑤ 피해의 대규모성 ⑥ 불가항력성
2. 농업재해보험의 필요성	① 국가적 재해대책의 한계 ② 농업(재해)의 특수성 : 대규모성 및 불가항력성 ③ WTO협정의 허용 대상 정책 ④ 시장 실패와 정책보험
3. 농작물재해보험의 특징	① 보험 대상 재해가 자연재해임 ② 손해평가의 어려움 ③ 위험도에 대한 차별화 곤란 ④ 경제력이 낮은 농업인을 대상으로 함 ⑤ 물(物)보험-손해보험 ⑥ 단기 소멸성 보험 ⑦ 국가재보험 운영
4. 농업재해보험의 기능	① 재해농가의 손실 회복 ② 농가의 신용력 증대 ③ 농촌지역경제의 안정화 ④ 농업정책의 안정적 추진 ⑤ 농촌지역사회의 안정 ⑥ 재해 대비 의식 고취

문제로 확인하기

01. 다음 괄호 안에 들어갈 적절한 말을 쓰시오.

> ○ 농작물을 재배하는 농업은 물(水), 불(火, 光), 땅(土)과 바람(風) 같은 자연조건이 알맞아야 한다. 농작물 생육기간에 이러한 자연요소들이 조화를 이루면서 적절하게 주어질 때 풍성한 수확을 기대할 수 있다. 이러한 자연요소들 중 어느 하나라도 과다하거나 과소하면 수확량의 감소를 초래하게 되는데 이것을 (①)라고 할 수 있다.
>
> ○ 농업은 자연조건을 얼마나 잘 활용하느냐에 성패가 달려 있다. 과학기술의 발달로 어느 정도의 부정적인 자연조건은 극복하거나 줄일 수 있지만 자연의 영향으로부터 완전히 벗어날 수는 없으므로 자연에 순응하는 농업을 영위하게 된다. 지역마다 토질은 물론 기온 및 강수량 등의 여건이 다르기 때문에 해당 지역의 자연조건에 적합한 작물과 품종을 선택하는 것이 바람직하다. 지역 여건에 적합한 작물을 선택하는 (②)이 중요하며, 이렇게 하다 보면 자연스럽게 동일 작물 또는 유사 작물을 재배하는 농가가 일정 지역에 모여 단지를 형성하게 되는데 이렇게 형성되는 것이 (③)이다.

[해설]
① 재해(災害, disaster), ② 적지적작, ③ 주산지

02 농업재해의 특성에 대해 3가지 이상 쓰시오.

[해설]
| ① 불예측성 | ② 재해지역의 광역성 | ③ 동시성·복합성 |
| ④ 계절성 | ⑤ 피해의 대규모성 | ⑥ 불가항력성 |

03. 농업재해보험의 필요성에 대해 쓰시오

> [해설]
> ① 국가적 재해대책의 한계
> ② 농업(재해)의 특수성 : 대규모성 및 불가항력성
> ③ WTO협정의 허용 대상 정책
> ④ 시장 실패와 정책보험

04. 농업재해보험의 특징에 대해 3가지 이상 쓰시오

> [해설]
> ① 보험 대상 재해가 자연재해임
> ② 손해평가의 어려움
> ③ 위험도에 대한 차별화 곤란
> ④ 경제력이 낮은 농업인을 대상으로 함
> ⑤ 물(物)보험-손해보험
> ⑥ 단기 소멸성 보험
> ⑦ 국가재보험 운영

05. 농업재해보험의 기능에 대하여 3가지 이상 쓰시오.

> [해설]
> ① 재해농가의 손실 회복
> ② 농가의 신용력 증대
> ③ 농촌지역경제의 안정화
> ④ 농업정책의 안정적 추진
> ⑤ 농촌지역사회의 안정
> ⑥ 재해대비 의식 고취

제3장 농작물재해보험 제도

제1절 용어의 정리

1) 농어업재해보험 관련 용어

1. 농어업재해

농작물·임산물·가축 및 농업용 시설물에 발생하는 자연재해·병충해·조수해·질병 또는 화재와 양식수산물 및 어업용 시설물에 발생하는 자연재해·질병 또는 화재

2. 농어업재해보험

농어업재해로 발생하는 재산 피해에 따른 손해를 보상하기 위한 보험

3. 보험가입금액

보험가입자의 재산 피해에 따른 손해가 발생한 경우 보험에서 최대로 보상할 수 있는 한도액으로서 보험가입자와 재해보험사업자 간에 약정한 금액

4. 보험가액

재산보험에 있어 피보험이익을 금전으로 평가한 금액으로 보험목적에 발생할 수 있는 최대 손해액
*재해보험사업자가 실제 지급하는 보험금은 보험가액을 초과할 수 없음

5. 보험기간

계약에 따라 보장을 받는 기간

6. 보험료

보험가입자와 재해보험사업자 간의 약정에 따라 보험가입자가 재해보험사업자에게 내야하는 금액

7. 계약자부담보험료

국가 및 지방자치단체의 지원보험료를 제외한 계약자가 부담하는 금액

8. 보험금

보험가입자에게 재해로 인한 재산 피해에 따른 손해가 발생한 경우 보험가입자와 재해보험사업자 간의 약정에 따라 재해보험사업자가 보험가입자에게 지급하는 금액

9. 시범사업

보험사업을 전국적으로 실시하기 전에 보험의 효용성 및 보험 실시 가능성 등을 검증하기 위하여 일정 기간 제한된 지역에서 실시하는 보험사업

2) 농작물재해보험 관련 용어

(1) 농작물재해보험 계약관련 용어

1. 가입(자)수

   보험에 가입한 농가, 과수원(농지)수 등

2. 가입률

   가입대상면적 대비 가입면적을 백분율(100%)로 표시한 것

   $$가입률 = \frac{가입면적}{가입대상면적} \times 100$$

3. 가입금액

   보험에 가입한 금액으로, 재해보험사업자와 보험가입자간에 약정한 금액으로 보험사고가 발생할 때 재해보험사업자가 지급할 최대 보험금 산출의 기준이 되는 금액

4. 계약자

   재해보험사업자와 계약을 체결하고 보험료를 납부할 의무를 지는 사람

5. 피보험자

   보험사고로 인하여 손해를 입은 사람
   *사람 : 법인인 경우에는 그 이사 또는 법인의 업무를 집행하는 그 밖의 기관

6. 보험증권

   계약의 성립과 그 내용을 증명하기 위하여 재해보험사업자가 계약자에게 드리는 증서

7. 보험의 목적

   보험의 약관에 따라 보험에 가입한 목적물로 보험증권에 기재된 농작물의 과실 또는 나무, 시설작물 재배용 농업용시설물, 부대시설 등

8. 농지

   한 덩어리의 토지의 개념으로 필지(지번)에 관계없이 실제 경작하는 단위로 보험가입의 기본단위임. 하나의 농지가 다수의 필지로 구성될 수도 있고, 하나의 필지(지번)가 다수의 농지로 구분될 수도 있음

9. 과수원

   한 덩어리의 토지의 개념으로 필지(지번)와는 관계없이 과실을 재배하는 하나의 경작지

10. 나무

    계약에 의해 가입한 과실을 열매로 맺는 결과주

11. 농업용시설물

    시설작물 재배용으로 사용되는 구조체 및 피복재로 구성된 시설

12. 구조체

    기초, 기둥, 보, 중방, 서까래, 가로대 등 철골, 파이프와 이와 관련된 부속자재로 하우스의 구조적 역할을 담당하는 것

13. 피복재

    비닐하우스의 내부온도 관리를 위하여 시공된 투광성이 있는 자재

14. 부대시설

    시설작물 재배를 위하여 농업용시설물에 설치한 시설

15. 동산시설

    저온저장고, 선별기, 소모품(멀칭비닐, 배지, 펄라이트, 상토 등), 이동 가능(휴대용) 농기계 등 농업용 시설물 내 지면 또는 구조체에 고정되어 있지 않은 시설

16. 계약자부담 보험료

    국가 및 지방자치단체의 지원보험료를 제외한 계약자가 부담하는 보험료

17. 보험료율

    보험가입금액에 대한 보험료의 비율

    $$보험료율 = \frac{보험료}{보험가입금액} \times 100$$

18. 환급금

    무효, 효력상실, 해지 등에 의하여 환급하는 금액

19. 자기부담금

    손해액 중 보험가입 시 일정한 비율을 보험가입자가 부담하기로 약정한 금액. 즉, 일정비율 이하의 손해는 보험가입자 본인이 부담하고, 손해액이 일정비율을 초과한 금액에 대해서만 재해보험사업자가 보상

    *자기부담제도 : 소액손해의 보험처리를 배제함으로써 비합리적인 운영비 지출의 억제, 계약자 보험료 절약, 피보험자의 도덕적 위험 축소 및 방관적 위험의 배재 등의 효과를 위하여 실시하는 제도로, 가입자의 도덕적 해이를 방지하기 위한 수단으로 손해보험에서 대부분 운용

20. 자기부담비율

보험사고로 인하여 발생한 손해에 대하여 보험가입자가 부담하는 일정 비율로 보험가입금액에 대한 비율

$$\text{자기부담비율} = \frac{\text{보험가입자 부담액}}{\text{보험가입금액}} \times 100$$

(2) 농작물 재해보험 보상관련 용어

1. 보험사고

   보험계약에서 재해보험사업자가 어떤 사실의 발생을 조건으로 보험금의 지급을 약정한 우연한 사고(사건 또는 위험이라고도 함)

2. 사고율

$$\text{사고율} = \frac{\text{사고수(농가 또는 농지수)}}{\text{가입수(농가 또는 농지수)}} \times 100$$

3. 손해율

   보험료에 대한 보험금의 백분율

$$\text{손해율} = \frac{\text{보험금}}{\text{보험료}} \times 100$$

4. 피해율

   보험금 계산을 위한 최종 피해수량의 백분율

5. 식물체피해율

   경작불능조사에서 고사한 식물체(수 또는 면적)를 보험가입식물체(수 또는 면적)으로 나누어 산출한 값

$$\text{식물체피해율} = \frac{\text{고사한 식물체(수 또는 면적)}}{\text{보험가입식물체(수 또는 면적)}} \times 100$$

6. 전수조사

   보험가입금액에 해당하는 농지에서 경작한 수확물을 모두 조사하는 방법

7. 표본조사

보험가입금액에 해당하는 농지에서 경작한 수확물의 특성 또는 수확물을 잘 나타낼 수 있는 일부를 표본으로 추출하여 조사하는 방법

8. 재조사

보험가입자가 손해평가반의 손해평가결과에 대하여 설명 또는 통지를 받은 날로부터 7일 이내에 손해평가가 잘못되었음을 증빙하는 서류 또는 사진 등을 제출하는 경우 재해보험사업자가 다른 손해평가반으로 하여금 실시하게 할 수 있는 조사

9. 검증조사

재해보험사업자 또는 재보험사업자가 손해평가반이 실시한 손해평가결과를 확인하기 위하여 손해평가를 실시한 보험목적물 중에서 일정 수를 임의 추출하여 확인하는 조사

(3) 수확량 및 가격 관련 용어

1. 평년수확량

가입년도 직전 5년 중 보험에 가입한 연도의 실제 수확량과 표준수확량을 가입 횟수에 따라 가중 평균하여 산출한 해당 농지에 기대되는 수확량

2. 표준수확량

가입품목의 품종, 수령, 재배방식 등에 따라 정해진 수확량

3. 평년착과량

가입수확량 산정 및 적과 종료 전 보험사고 시 감수량 산정의 기준이 되는 착과량

4. 평년착과수

평년착과량을 가입과중으로 나누어 산출한 것

5. 가입수확량

보험 가입한 수확량으로 평년수확량의 일정범위(50% ~ 100%) 내에서 보험계약자가 결정한 수확량으로 가입금액의 기준

6. 가입과중

보험에 가입할 때 결정한 과실의 1개당 평균 과실무게

7. 기준착과수

보험금을 산정하기 위한 과수원별 기준 과실의 수

8. 기준수확량

    기준착과수에 가입과중을 곱하여 산출한 양

9. 적과후 착과수

    통상적인 적과 및 자연낙과 종료 시점의 착과수

10. 적과후 착과량

    적과후 착과수에 가입과중을 곱하여 산출한 양

11. 감수과실수

    보장하는 자연재해로 손해가 발생한 것으로 인정되는 과실수

12. 감수량

    감수과실수에 가입과중을 곱한 무게

13. 평년결실수

    가입연도 직전 5년 중 보험에 가입한 연도의 실제결실수와 표준결실수(품종에 따라 정해진 결과모지 당 표준적인 결실수)를 가입 횟수에 따라 가중평균하여 산출한 해당 과수원에 기대되는 결실수

    ※ 결과지 : 과수에 꽃눈이 붙어 개화 결실하는 가지(열매가지라고도 함)
    ※ 결과모지 : 결과지보다 1년이 더 묵은 가지

14. 평년결과모지수

    가입연도 직전 5년 중 보험에 가입한 연도의 실제결과모지수와 표준결과모지수(하나의 주지에서 자라나는 표준적인 결과모지수)를 가입 횟수에 따라 가중 평균하여 산출한 해당 과수원에 기대되는 결과모지수

15. 미보상감수량

    감수량 중 보상하는 재해 이외의 원인으로 감소한 양

16. 생산비

    작물의 생산을 위하여 소비된 재화나 용역의 가치로 종묘비, 비료비, 농약비, 영농광열비, 수리비, 기타 재료비, 소농구비, 대농구 상각비, 영농시설 상각비, 수선비, 기타 요금, 임차료, 위탁 영농비, 고용노동비, 자가노동비, 유동자본용역비, 고정자본용역비, 토지자본용역비 등을 포함

17. 보장생산비

    생산비에서 수확기에 발생되는 생산비를 차감한 값

18. 가입가격

   보험에 가입한 농작물의 kg당 가격

19. 표준가격

   농작물을 출하하여 통상 얻을 수 있는 표준적인 kg당 가격

20. 기준가격

   보험에 가입할 때 정한 농작물의 kg당 가격

21. 수확기가격

   보험에 가입한 농작물의 수확기 kg당 가격

   ※ 올림픽 평균 : 연도별 평균가격 중 최대값과 최소값을 제외하고 남은 값들의 산술평균

   ※ 농가수취비율 : 도매시장 가격에서 유통비용 등을 차감한 농가수취가격이 차지하는 비율로 사전에 결정된 값

(4) 조사 관련 용어

1. 실제결과주수

   가입일자를 기준으로 농지(과수원)에 식재된 모든 나무의 수. 다만, 인수조건에 따라 보험에 가입할 수 없는 나무(유목 및 제한 품종 등)의 수는 제외

2. 고사주수

   실제결과나무수 중 보상하는 손해로 고사된 나무의 수

3. 미보상주수

   실제결과나무수 중 보상하는 손해 이외의 원인으로 고사되거나 수확량(착과량)이 현저하게 감소된 나무의 수

4. 기수확주수

   실제결과나무수 중 조사일자를 기준으로 수확이 완료된 나무의 수

5. 수확불능주수

   실제결과나무수 중 보상하는 손해로 전체주지·꽃(눈) 등이 보험약관에서 정하는 수준이상 분리되었거나 침수되어, 보험기간 내 수확이 불가능하나 나무가 죽지는 않아 향후에는 수확이 가능한 나무의 수

6. 조사대상주수

   실제결과나무수에서 고사나무수, 미보상나무수 및 수확완료나무수, 수확불능나무수를 뺀 나무수로 과실에 대한 표본조사의 대상이 되는 나무의 수

7. 실제경작면적

가입일자를 기준으로 실제 경작이 이루어지고 있는 모든 면적을 의미하며, 수확불능(고사)면적, 타작물 및 미보상면적, 기수확면적을 포함

8. 수확불능(고사)면적

실제경작면적 중 보상하는 손해로 수확이 불가능한 면적

9. 타작물 및 미보상면적

실제경작면적 중 목적물 외에 타작물이 식재되어 있거나 보상하는 손해 이외의 원인으로 수확량이 현저하게 감소된 면적

10. 기수확면적

실제경작면적 중 조사일자를 기준으로 수확이 완료된 면적

(5) **재배 및 피해형태 구분 관련 용어**

1. 꽃눈분화

영양조건, 기간, 기온, 일조시간 따위의 필요조건이 다차서 꽃눈이 형성되는 현상

2. 꽃눈분화기

과수원에서 꽃눈분화가 50%정도 진행된 때

3. 낙과

나무에서 떨어진 과실

4. 착과

나무에 달려있는 과실

5. 적과

해거리를 방지하고 안정적인 수확을 위해 알맞은 양의 과실만 남기고 나무로부터 과실을 따버리는 행위

6. 열과

과실이 숙기에 과다한 수분을 흡수하고 난 후 고온이 지속될 경우 수분을 배출하면서 과실이 갈라지는 현상

7. 나무

보험계약에 의해 가입한 과실을 열매로 맺는 결과주

8. 발아

(꽃 또는 잎) 눈의 인편(鱗片 : 비늘 모양의 얇은 조각)이 1~2mm 정도 밀려나오는 현상

9. 발아기

과수원에서 전체 눈이 50% 정도 발아한 시기

10. 신초발아

신초(당년에 자라난 새가지)가 1~2mm 정도 자라기 시작하는 현상을 말한다.

11. 신초발아기

과수원에서 전체 신초(당년에 자라난 새가지)가 50% 정도 발아한 시점을 말한다.

12. 수확기

농지(과수원)가 위치한 지역의 기상여건을 감안하여 해당 목적물을 통상적으로 수확하는 시기

13. 유실

나무가 과수원 내에서의 정위치를 벗어나 그 점유를 잃은 상태

14. 매몰

나무가 토사 및 산사태 등으로 주간(主幹)부의 30% 이상이 묻힌 상태

15. 도복

나무가 45° 이상 기울어지거나 넘어진 상태

16. 절단

나무의 주간부가 분리되거나 전체 주지·꽃(눈) 등의 2/3 이상이 분리된 상태

17. 절단(1/2)

나무의 주간부가 분리되거나 전체 주지·꽃(눈) 등의 1/2 이상이 분리된 상태

18. 신초 절단

단감, 떫은감의 신초의 2/3 이상이 분리된 상태

19. 침수

나무에 달린 과실(꽃)이 물에 잠긴 상태

20. 소실

화재로 인하여 나무의 2/3 이상이 사라지는 것

21. 소실(1/2)

    화재로 인하여 나무의 1/2 이상이 사라지는 것

22. 이앙

    못자리 등에서 기른 모를 농지로 옮겨심는 일

23. 직파(담수점파)

    물이 있는 논에 파종 하루 전 물을 빼고 종자를 일정 간격으로 점파하는 파종방법

24. 종실비대기

    두류(콩, 팥)의 꼬투리(콩과(科) 식물의 열매를 싸고 있는 껍질) 형성기

25. 출수

    벼(조곡)의 이삭이 줄기 밖으로 자란 상태

26. 출수기

    농지에서 전체 이삭이 70% 정도 출수한 시점

27. 정식

    온상, 묘상, 모밭 등에서 기른 식물체를 농업용 시설물 내에 옮겨 심는 일

28. 정식일

    정식을 완료한 날

29. 작기

    작물의 생육기간으로 정식일(파종일)로부터 수확종료일 까지의 기간

30. 출현

    농지에 파종한 씨(종자)로부터 자란 싹이 농지표면 위로 나오는 현상

31. (버섯)종균접종

    버섯작물의 종균(種菌 : 씨로 쓸 홀씨나 팡이실 따위)을 배지(培地) 혹은 원목에 접종하는 것

(6) 기타 보험 용어

1. 연단위 복리

   재해보험사업자가 지급할 금전에 이자를 줄 때 1년마다 마지막 날에 그 이자를 원금에 더한 금액을 다음 1년의 원금으로 하는 이자 계산방법

2. 영업일

   재해보험사업자가 영업점에서 정상적으로 영업하는 날을 말하며, 토요일, '관공서의 공휴일에 관한 규정'에 따른 공휴일과 근로자의 날을 제외

3. 잔존물제거비용

   사고 현장에서의 잔존물의 해체비용, 청소비용 및 차에 싣는 비용. 다만, 보장하지 않는 위험으로 보험의 목적이 손해를 입거나 관계 법령에 의하여 제거됨으로써 생긴 손해에 대해서는 미보상

4. 손해방지비용

   손해의 방지 또는 경감을 위하여 지출한 필요 또는 유익한 비용

5. 대위권 보전비용

   제3자로부터 손해의 배상을 받을 수 있는 경우에는 그 권리를 지키거나 행사하기 위하여 지출한 필요 또는 유익한 비용

6. 잔존물 보전비용

   잔존물을 보전하기 위하여 지출한 필요 또는 유익한 비용

7. 기타 협력비용

   재해보험사업자의 요구에 따르기 위하여 지출한 필요 또는 유익한 비용

   ※ 청소비용 : 사고 현장 및 인근 지역의 토양, 대기 및 수질 오염물질 제거 비용과 차에 실은 후 폐기물 처리비용은 포함되지 않는다.

3) 가축재해보험 관련 용어

(1) 가축재해보험 계약관련

1. 보험의 목적

   보험에 가입한 물건으로 보험증권에 기재된 가축 등

2. 보험계약자

   재해보험사업자와 계약을 체결하고 보험료를 납입할 의무를 지는 사람

3. 피보험자

   보험사고로 인하여 손해를 입은 사람

   ※ 법인인 경우에는 그 이사 또는 법인의 업무를 집행하는 그 밖의 기관

4. 보험기간

   계약에 따라 보장을 받는 기간

5. 보험증권

　계약의 성립과 그 내용을 증명하기 위하여 재해보험사업자가 계약자에게 드리는 증서

6. 보험약관

　보험계약에 대한 구체적인 내용을 기술한 것으로 재해보험사업자가 작성하여 보험계약자에게 제시하는 약정서

7. 보험사고

　보험계약에서 재해보험사업자가 어떤 사실의 발생을 조건으로 보험금의 지급을 약정한 우연한 사고(사건 또는 위험)

8. 보험가액

　피보험이익을 금전으로 평가한 금액으로 보험목적에 발생할 수 있는 최대 손해액
　※ 재해보험사업자가 실제 지급하는 보험금은 보험가액을 초과할 수 없음

9. 자기부담금

　보험사고로 인하여 발생한 손해에 대하여 계약자 또는 피보험자가 부담하는 일정 금액

10. 보험금 분담

　보험계약에서 보장하는 위험과 같은 위험을 보장하는 다른 계약(공제계약 포함)이 있을 경우 비율에 따라 손해를 보상

11. 대위권

　재해보험사업자가 보험금을 지급하고 취득하는 법률상의 권리

12. 재조달가액

　보험의 목적과 동형, 동질의 신품을 재조달하는데 소요되는 금액

13. 가입률

　가입대상 두(頭)수 대비 가입두수의 백분율(100%)

$$\text{가입률} = \frac{\text{가입두수}}{\text{가입대상 두수}} \times 100$$

14. 손해율

보험료에 대한 보험금의 백분율(100%)

$$손해율 = \frac{보험금}{보험료} \times 100$$

15. 사업이익

1두당 평균가격에서 경영비를 뺀 잔액

$$사업이익 = 1두당\ 평균가격 - 경영비$$

16. 경영비

통계청에서 발표한 최근의 비육돈 평균 경영비

17. 이익률

손해발생 시에 다음의 산식에 의해 얻어진 비율

*단, 이 기간 중에 이익률이 16.5% 미만일 경우 이익률은 16.5%

$$이익률 = \frac{1두당\ 비육돈(100kg\ 기준)의\ 평균가격 - 경영비}{1두당\ 비육돈(100kg\ 기준)의\ 평균가격} \times 100$$

(2) 가축재해 관련

1. 풍재·수재·설해·지진

태풍, 홍수, 호우, 강풍, 풍랑, 해일, 대설, 조수, 우박, 지진, 분화 등으로 인한 피해

2. 폭염

대한민국 기상청에서 내려지는 폭염특보(주의보 및 경보)

3. 소(牛)도체결함

도축장에서 도축되어 경매시까지 발견된 도체의 결함이 경락가격에 직접적인 영향을 주어 손해 발생한 경우

4. 축산휴지

보험의 목적의 손해로 인하여 불가피하게 발생한 전부 또는 일부의 축산업 중단을 말함

5. 축산휴지손해

   보험의 목적의 손해로 인하여 불가피하게 발생한 전부 또는 일부의 축산업 중단되어 발생한 사업이익과 보상위험에 의한 손해가 발생하지 않았을 경우 예상되는 사업이익의 차감금액을 말한다.

6. 전기적장치위험

   여자기(정류기 포함), 변류기, 변압기, 전압조정기, 축전기, 개폐기, 차단기, 피뢰기, 배전반 및 이와 비슷한 전기장치 또는 설비 중 전기장치 또는 설비가 파괴 또는 변조되어 온도의 변화로 보험의 목적에 손해가 발생한 경우

(3) **가축질병 관련**

1. 돼지 전염성 위장염(TGE)

   Coronavirus 속에 속하는 전염성 위장염 바이러스의 감염에 의한 돼지의 전염성 소화기병 구토, 수양성 설사, 탈수가 특징으로 일령에 관계없이 발병하며 자돈일수록 폐사율이 높게 나타남, 주로 추운 겨울철에 많이 발생하며 전파력이 높음

2. 돼지 유행성 설사병(PED)

   Coronavirus에 의한 자돈의 급성 유행성설사병으로 포유자돈의 경우 거의 100%의 치사율을 나타남(로타바이러스감염증) 레오바이러스과의 로타바이러스 속의돼지 로타바이러스가 병원체이며, 주로 2 ~ 6주령의 자돈에서설사를 일으키며 3주령부터 폐사가 더욱 심하게 나타남

3. 구제역

   구제역 바이러스의 감염에 의한 우제류 동물(소·돼지 등 발굽이 둘로 갈라진 동물)의 악성가축전염병(1종법정가축전염병)으로 발굽 및 유두 등에 물집이 생기고, 체온상승과식욕저하가 수반되는 것이 특징

4. AI(조류인플루엔자, Avian Influenza)

   AI 바이러스 감염에 의해 발생하는 조류의 급성 전염병으로 병원의 정도에 따라고병원성과 저병원성으로 구분되며, 고병원성 AI의 경우 세계 동물보건기구(OIE)의 관리대상질병으로 지정되어 있어 발생 시 OIE에 의무적으로 보고해야 함

5. 돼지열병

   제1종 가축전염병으로 사람에 감염되지 않으나, 발생국은 돼지 및 돼지고기의 수출이 제한
   ※ '01년 청정화 이후, '02년 재발되어 예방접종 실시

6. 난계대 전염병

조류의 특유 병원체가 종란(種卵 : 새끼를 까기 위하여 쓰는 알)에 감염하여 부화 후 초생추(初生雛 : 부화한 지 얼마 되지 않은 병아리)에서 병을 발생시키는 질병(추백리(雛白痢 : 병아리가 흰 설사를 하며 여위는 급성 전염병 등)

(4) 기타 축산 관련

1. 가축계열화

가축의 생산이나 사육·사료공급·가공·유통의 기능을 연계한 일체의 통합 경영활동을 의미
*가축계열화 사업 : 농민과 계약(위탁)에 의하여 가축·사료·동물용 의약품·기자재·보수 또는 경영지도 서비스 등을 공급(제공)하고, 당해 농민이 생산한 가축을 도축·가공 또는 유통하는 사업방식

2. 돼지 MSY(Marketing per Sow per Year)

어미돼지 1두가 1년간 생산한 돼지 중 출하체중(110kg)이 될 때까지 생존하여 출하한 마리 수

3. 산란수

산란계 한 계군에서 하루 동안에 생산된 알의 수를 의미하며, 산란계 한 마리가 산란을 시작하여 도태 시까지 낳는 알의 총수는 산란지수로 표현

4. 자조금관리위원회

자조금의 효과적인 운용을 위해 축산업자 및 학계·소비자·관계 공무원 및 유통 전문가로 구성된 위원회이며 품목별로 설치되어 해당 품목의 자조금의 조성 및 지출, 사업 등 운용에 관한 사항을 심의·의결
※ 축산자조금(9개 품목) : 한우, 양돈, 낙농, 산란계, 육계, 오리, 양록, 양봉, 육우

5. 축산물 브랜드 경영체

특허청에 브랜드를 등록하고 회원 농가들과 종축·사료·사양관리 등 생산에 대한 규약을 체결하여 균일한 품질의 고급육을 생산·출하하는 축협조합 및 영농조합법인

6. 쇠고기 이력제도

소의 출생부터 도축, 포장처리, 판매까지의 정보를 기록·관리하여 위생·안전에 문제가 발생할 경우 이를 확인하여 신속하게 대처하기 위한 제도

7. 수의사 처방제

항생제 오남용으로 인한 축산물 내 약품잔류 및 항생제 내성문제 등의 예방을 위해 동물 및 인체에 위해를 줄 수 있는 "동물용 의약품"을 수의사의 처방에 따라 사용토록 하는 제도

문제로 확인하기

01. 다음은 농어업재해보험 관련 용어의 정의에 대한 내용이다. ( )에 들어갈 내용을 답란에 쓰시오.

> ○ "보험가입금액"이란 보험가입자의 재산 피해에 따른 손해가 발생한 경우 보험에서 (①)로 보상할 수 있는 (②)으로서 보험가입자와 재해보험사업자 간에 약정한 금액
> ○ "보험가액"이란 재산보험에 있어 (③)을(를) (④)으로 평가한 금액으로 보험목적에 발생할 수 있는 (⑤)
> ○ "시범사업"이란 보험사업을 전국적으로 실시하기 전에 (⑥) 및 (⑦) 등을 검증하기 위하여 일정 기간 제한된 지역에서 실시하는 보험사업

해설
① 최대   ② 한도액   ③ 피보험이익   ④ 금전
⑤ 최대 손해액   ⑥ 보험의 효용성   ⑦ 보험 실시 가능성

02. 다음은 농작물재해보험 계약관련 용어의 정의에 대한 내용이다. ( )에 들어갈 내용을 답란에 쓰시오.

> ○ 가입금액이란 보험에 가입한 금액으로, 재해보험사업자와 보험가입자간에 약정한 금액으로 보험사고가 발생할 때 재해보험사업자가 지급한 (①)의 기준이 되는 금액
> ○ "보험의 목적"은 (②)에 따라 보험에 가입한 목적물로 (③)에 기재된 농작물의 과실 또는 (④), (⑤), 부대시설 등을 말한다.
> ○ "농지"란 한 덩어리의 토지의 개념으로 필지(지번)에 관계없이 실제 경작하는 단위로 (⑥)의 기본 단위임.
> ○ "자기부담비율"이란 보험사고로 인하여 발생한 손해에 대하여 (⑦)가 부담하는 일정 비율로 (⑧)에 대한 비율

해설
① 최대 보험금 산출   ② 보험의 약관   ③ 보험증권   ④ 나무
⑤ 시설작물 재배용 농업용시설물   ⑥ 보험가입   ⑦ 보험가입자
⑧ 보험가입금액

03. 다음은 농작물재해보험 보상관련 용어의 정의에 대한 내용이다. ( )에 들어갈 내용을 답란에 쓰시오.

> ○ (①)란 보험가입금액에 해당하는 농지에서 경작한 수확물을 모두 조사하는 방법을 말한다.
> ○ "재조사"란 보험가입자가 손해평가반의 손해평가결과에 대하여 설명 또는 통지를 받은 날로부터 (②) 이내에 손해평가가 잘못되었음을 증빙하는 서류 또는 사진 등을 제출하는 경우 (③)가 다른 손해평가반으로 하여금 실시하게 할 수 있는 조사를 말한다.
> ○ (④)란 재해보험사업자 또는 재보험사업자가 손해평가반이 실시한 손해평가결과를 확인하기 위하여 손해평가를 실시한 보험목적물 중에서 일정수를 임의 추출하여 확인하는 조사

해설

① 전수조사　　② 7일　　③ 재해보험사업자　　④ 검증조사

04. 다음은 농작물재해보험 수확량 및 가격 관련 용어의 정의에 대한 내용이다. ( )에 들어갈 내용을 답란에 쓰시오.

> ○ "평년수확량"이란 가입년도 직전 5년 중 보험에 가입한 연도의 (①)과 (②)을 가입 횟수에 따라 가중 평균하여 산출한 해당 농지에 기대되는 수확량
> ○ "표준수확량"이란 가입품목의 (③), (④), (⑤) 등에 따라 정해진 수확량
> ○ "평년착과량"이란 (⑥) 산정 및 적과 종료 전 보험사고 시 (⑦) 산정의 기준이 되는 착과량을 말한다.

해설

① 실제수확량　　② 표준수확량　　③ 품종　　④ 수령
⑤ 재배방식　　⑥ 가입수확량　　⑦ 감수량

05. 종합위험방식 벼 상품 및 업무방법에서 정하는 용어를 순서대로 답란에 쓰시오.

○ (　　) : 못자리 등에서 기른 모를 농지로 옮겨 심는 일
○ (　　) : 물이 있는 논에 파종 하루 전 물을 빼고 종자를 일정간격으로 점파하는 파종방법
○ (　　) : 벼의 이삭이 줄기 밖으로 자란 상태
○ (　　) : 개간, 복토 등을 통해 논으로 변경한 농지
○ (　　) : 자연현상으로 인하여 간석지 등 연안지대에 바닷물의 유입으로 발생하는 피해

해설

이앙, 직파(담수점파), 출수, 전환지, 조해

06. 다음은 농작물재해보험 재배 및 피해형태 구분 관련 용어의 정의에 대한 내용이다. ( )에 들어갈 내용을 순서대로 답란에 쓰시오.

○ (　　) : 영양조건, 기간, 기온, 일조시간 따위의 필요조건이 다차서 꽃눈이 형성되는 현상
○ (　　) : 신초(당년에 자라난 새가지)가 1~2mm 정도 자라기 시작하는 현상
○ (　　) : 작물의 생육기간으로 정식일(파종일)로부터 수확종료일 까지의 기간

해설

꽃눈분화, 신초발아, 작기

07. 농작물재해보험의 이론에서 정하는 용어의 정의로 ( )에 들어갈 내용을 쓰시오.

○ "과수원"이라 함은 (①)의 토지의 개념으로 (②)와는 관계없이 과실을 재배하는 하나의 경작지를 말한다.
○ (③)이란 보험사고로 인하여 발생한 손해에 대하여 보험가입자가 부담하는 일정비율로 보험가입금액에 대한 비율을 말한다.
○ "적과후착과수"란 통상적인 (④) 및 (⑤) 종료시점의 나무에 달린 과실수(착과수)를 말한다.

해설
① 한덩어리　② 필지(지번)　③ 자기부담비율　④ 적과　⑤ 자연낙과

08. 농작물재해보험의 이론에서 정하는 용어의 정의로 ( )에 들어갈 내용을 쓰시오.

○ 발아기 : 과수원에서 전체 눈이 (①) 정도 발아한 시기
○ 출수기 : 농지에서 전체 이삭이 (②) 정도 출수한 시점
○ 신초 발아기 : 과수원에서 전체 신초(당년에 자라난 새가지)가 (③) 정도 발아한 시점
○ 꽃눈분화기 : 과수원에서 꽃눈분화가 (④) 정도 진행된 때

해설
① 50%　② 70%　③ 50%　④ 50%

제2절 제도 일반

1. 사업시행 주요 내용

구 분	내 용
(1) 계약자(피보험자)	① 사업대상자 : 사업 실시지역에서 보험 대상 작물을 경작하는 개인 또는 법인 ② 사업대상자 중 재해보험에 가입할 수 있는 자 　농업재해보험법에 따른 농작물·임산물 재배 및 가축을 사육하는 자
(2) 가입자격 및 요건	① 보험에 가입하려는 농작물을 재배하는 지역이 해당 농작물에 대한 농작물재해 보험 사업이 실시되는 지역이어야 한다. ② 경작 규모가 일정 규모 이상이어야 한다. ③ 가입 시에 보험료의 50% 이상의 정책자금 지원 대상에 포함되기 위해서는 농업경영체 등록이 되어야 한다.

2. 농작물재해보험 대상 품목 및 가입자격

품목명	가입자격
옥수수, 콩, 팥, 배추, 무 ,파, 당근, 단호박, 시금치(노지)	농지의 보험가입금액(생산액 또는 생산비) 100만 원 이상
벼, 밀, 보리, 메밀	농지의 보험가입금액(생산액 또는 생산비) 50만 원 이상
농업용 시설물 및 시설작물 버섯재배사 및 버섯작물	단지 면적이 300㎡ 이상
비가림시설(포도, 대추, 참다래)	시설 면적이 200㎡ 이상
차(茶), 조사료용 벼, 사료용 옥수수	농지의 면적이 1,000㎡ 이상

3. 보험대상 농작물(보험의 목적물)

① 식량작물(9개 품목)	벼, 콩, 감자, 고구마, 옥수수, 밀, 보리, 팥, 메밀
② 과수작물(12개 품목)	사과, 배, 단감, 감귤, 참다래, 자두, 매실, 포도, 복숭아, 유자, 살구, 무화과,
③ 채소작물(11개 품목)	양파, 마늘, 고추, 양배추, 브로콜리, 배추, 무, 호박, 파, 당근, 시금치
④ 특용작물(3개 품목)	인삼, 차, 오디
⑤ 임산물(7개 품목)	떫은감, 대추, 밤, 호두, 오미자, 복분자, 표고버섯
⑥ 버섯작물류(3개 품목)	느타리버섯, 양송이버섯, 새송이버섯
⑦시설작물(22개 품목)	화훼류	국화, 장미, 백합, 카네이션
	비화훼류	딸기, 오이, 토마토, 참외, 풋고추, 호박, 수박, 멜론, 파프리카, 부추, 시금치, 상추, 가지, 배추, 파(대파, 쪽파), 무, 미나리, 쑥갓

4. 보험사업 실시지역

① 보험사업 실시지역은 시범사업은 주산지 등 일부 지역(특정 품목의 경우 전국)에서 실시하며, 시범사업을 거쳐 전국적으로 확대된 본사업은 주로 전국에서 실시한다.

② 재해보험사업자는 시범사업 실시지역의 추가, 제외 또는 변경이 필요한 경우 그 내용을 농림축산식품부장관과 사전 협의하여야 한다.

③ 시범사업은 전국적으로 보험사업을 실시하기 전에 일부 지역에서 보험설계의 적정성, 사업의 확대 가능성, 농가의 호응도 등을 파악하여 미비점을 보완함으로써 전국적 본사업 실시 시의 시행착오를 최소화하기 위한 것이다. 3년차 이상 시범사업 품목 중에서 농업재해보험심의회에 심의에 따라 본사업으로 전환될 수 있다.

5. 자기부담비율 또는 자기부담금

품목	자기부담비율(자기부담금)
생산비보장품목 (고추, 브로콜리 제외) 수입보장품목 벼 간척농지, 팥, 보리 유자, 살구, 호두	20%, 30%, 40%
양배추	15%, 20%, 30%, 40%
브로콜리, 고추	잔존보험가입금액의 3% 또는 5%
해가림시설(인삼)	최소 10만원에서 최대 100만원 한도 내에서 손해액의 10%를 적용
농업용시설물, 버섯재배사, 부대시설	① 최소 30만원에서 최대 100만원 한도 내에서 손해액의 10%를 적용
비가림시설	② 피복재 단독사고는 최소 10만원에서 최대 30만원 한도 내에서 손해액의 10%를 적용 ③ 화재로 인한 손해는 자기부담금을 적용하지 않음
시설작물·버섯작물	손해액이 10만 원을 초과하는 경우 손해액 전액 보상

6. 정부의 농가부담보험료 지원 비율

① 일반품목 : 계약자의 납입 순보험료의 50%
② 적과전종합위험, 벼

구 분	품 목	보장수준(%)				
		60	70	80	85	90
국고보조율(%)	사과, 배, 단감, 떫은감	60	60	50	38	35
	벼	60	55	50	46	44

⟨방재시설 판정기준⟩

방재시설	판정기준
방상팬	• 방상팬은 팬 부분과 기둥 부분으로 나뉘어짐 • 팬 부분의 날개 회전은 원심식으로 모터의 힘에 의해 돌아가며 좌우 180도 회전가능하며 팬의 크기는 면적에 따라 조정 • 기둥 부분은 높이 6m 이상 • 1,000㎡당 1마력은 3대, 3마력은 1대 이상 설치 권장(단, 작동이 안 될 경우 할인 불가)
서리방지용 미세살수장치	• 서리피해를 방지하기 위해 설치된 살수량 500~800ℓ/10a의 미세살수장치 *점적관수 등 급수용 스프링클러는 포함되지 않음
방풍림	• 높이가 6미터 이상의 영년생 침엽수와 상록활엽수가 5미터 이하의 간격으로 과수원 둘레 전체에 식재되어 과수원의 바람 피해를 줄일 수 있는 나무
방풍망	• 망구멍 가로 및 세로가 6~10㎜의 망목네트를 과수원 둘레 전체나 둘레 일부(1면 이상 또는 전체둘레의 20% 이상)에 설치
방충망	• 망구멍이 가로 및 세로가 6㎜ 이하 망목네트로 과수원 전체를 피복
방조망	• 망구멍의 가로 및 세로가 10㎜를 초과하고 새의 입출이 불가능한 그물 • 주 지주대와 보조 지주대를 설치하여 과수원 전체를 피복
비가림 바람막이	• 비에 대한 피해를 방지하기 위하여 윗면 전체를 비닐로 덮어 과수가 빗물에 노출이 되지 않도록 하고 바람에 대한 피해를 방지하기 위하여 측면 전체를 비닐 및 망 등을 설치한 것
트렐리스 2,4,6선식	• 트렐리스 방식 : 수열 내에 지주를 일정한 간격으로 세우고 철선을 늘려 나무를 고정해 주는 방식 • 나무를 유인할 수 있는 재료로 철재 파이프(강관)와 콘크리트를 의미함 • 지주의 규격 : 갓지주 ⇨ 48~80㎜~2.2~3.0m 　　　　　　　중간지주 ⇨ 42~50㎜~2.2~3.0m • 지주시설로 세선(2선, 4선 6선) 숫자로 선식 구분 *버팀목과는 다름
사과 개별지주	• 나무주간부 곁에 파이프나 콘크리트 기둥을 세워 나무를 개별적으로 고정시키기 위한 시설 *버팀목과는 다름
단감·떫은감 개별지주	• 나무주간부 곁에 파이프를 세우고 파이프 상단에 연결된 줄을 이용해 가지를 잡아주는 시설 *버팀목과는 다름
덕 및 Y자형 시설	• 덕 : 파이프, 와이어, 강선을 이용한 바둑판식 덕시설 • Y자형 시설 : 아연도 구조관 및 강선 이용 지주설치

문제로 확인하기

01 농작물재해보험에 가입하기 위한 자격요건 3가지에 대하여 간략히 쓰시오.

해설
첫째. 보험에 가입하려는 농작물을 재배하는 지역이 해당 농작물에 대한 농작물재해보험 사업이 실시되는 지역이어야 한다.
둘째. 경작 규모가 일정 규모 이상이어야 한다.
셋째. 가입 시에 보험료의 50% 이상의 정책자금 지원 대상에 포함되기 위해서는 농업경영체 등록이 되어야 한다.

02 농작물재해보험에 가입하기 위해서는 경작규모가 일정규모 이상이어야 한다. 다음 도표를 보고 해당 품목 및 가입자격을 쓰시오.

품목명	가입자격
① (, ,), 배추, 무, 파, 단호박, 당근, 시금치(노지)	농지의 보험가입금액(생산액 또는 생산비) 100만원 이상
②	농지의 보험가입금액(생산액 또는 생산비) 50만원 이상
농업용 시설물 및 시설작물 버섯재배사 및 버섯작물	단지 면적이 (③)이상
④	농지의 면적이 1,000㎡ 이상
비가림시설(포도, 대추, 참다래)	단지 면적이 (⑤)이상

해설
① 옥수수, 콩, 팥
② 벼, 밀, 보리, 메밀
③ 300㎡
④ 차(茶), 조사료용 벼, 사료용 옥수수
⑤ 200㎡

03. 보험 대상 농작물은 2022년 현재 67개 품목이며, 이외에 농업시설물로는 버섯재배사, 농업용 시설물 등이 있다. 다음 각각의 물음에 답하시오

① 작물재해보험에 가입할 수 있는 식량작물 9개 품목을 쓰시오.

② 작물재해보험에 가입할 수 있는 임산물 7개 품목을 쓰시오.

③ 작물재해보험에 가입할 수 있는 특용작물 3개 품목을 쓰시오.

④ 작물재해보험에 가입할 수 있는 시설작물 품목 중 화훼류에 해당하는 품목을 모두 쓰시오.

> **해설**
> ① 벼, 밀, 보리, 감자, 고구마, 옥수수, 콩, 팥, 메밀
> ② 떫은감, 대추, 밤, 호두, 복분자, 오미자, 표고버섯
> ③ 인삼, 차, 오디
> ④ 국화, 장미, 백합, 카네이션

04. 다음 내용의 괄호 안에 들어갈 말을 순서대로 쓰시오.

> (①)는 시범사업 실시지역의 추가, 제외 또는 변경이 필요한 경우 그 내용을 농림축산식품부장관과 사전 협의하여야 한다. 시범사업은 전국적으로 보험사업을 실시하기 전에 일부 지역에서 보험설계의 적정성, (②), 농가의 호응도 등을 파악하여 미비점을 보완함으로써 전국적 본사업 실시 시의 시행착오를 최소화하기 위한 것이다. (③) 이상 시범사업 품목 중에서 농업재해보험심의회에 심의에 따라 본사업으로 전환될 수 있다.

> **해설**
> ① 재해보험사업자　② 사업의 확대 가능성　③ 3년차

05. 다음 내용의 괄호 안에 들어갈 품목을 순서대로 쓰시오.

> 보험 대상 범위를 어떻게 정하느냐에 따라 특정위험방식과 종합위험방식으로 구분한다. 특정위험방식은 (①)에 해당되며, 종합위험방식은 다시 적과전 종합위험방식과 수확전 종합위험방식, 종합위험방식으로 구분하는데 수확전 종합위험방식은 (②), (③)에 해당된다.

해설
① 인삼   ② 복분자   ③ 무화과

06. 다음은 농작물재해보험에서 품목별 보상하는 재해에 대한 것이다. 괄호 안에 알맞은 말을 쓰시오.

구분	대상 품목	대상 재해
특정위험	인삼	(①)
적과전 종합위험	사과, 배, 단감, 떫은감	적과 후 : (②)
수확전 종합위험	(③)	(5.31일 이전) 자연재해, 조수해(鳥獸害), 화재 (6.1일 이후) 태풍(강풍)·우박
	무화과	8월 1일 이후 : (④)
종합위험	감귤	특약 : 동상해 : (⑤)이후

해설
① 태풍(강풍), 폭설, 집중호우, 침수, 화재, 우박, 폭염, 냉해
② 태풍(강풍), 우박, 화재, 지진, 집중호우, 일소피해, 가을동상해
③ 복분자
④ 태풍(강풍), 우박
⑤ 12월 1일

07. 농작물재해보험 보장유형에 대한 설명이다. 괄호 안에 알맞은 말을 쓰시오.

> 농작물재해보험 상품은 크게 3가지 유형의 상품으로 구성되어 있다. 사과·배 등 과수작물, 벼·밀 등 식량작물, 마늘·감자 등 밭작물의 경우처럼 (①)를 보장하는 상품과 고추·브로콜리·시설작물 등과 같이 (②)를 보장하는 상품과 농업시설과 같이 시설의 (③)을 보장하는 상품으로 구분된다. 수확량을 보장하는 상품의 경우 평년수준의 가입수확량과 가입가격을 기준으로 하여 (④)을 산출하고 이를 기준으로 보장유형을 설정한다. 현재 농작물재해보험의 보장유형은 (⑤) 사이에서 품목에 따라 다양하다.

해설

① 수확량의 감소 ② 생산비 ③ 원상 복구액 ④ 보험가입금액 ⑤ 60%~90%

08. 농작물재해보험 대상 품목에 대해 다음 질문에 답하시오.

① 최대 보장 수준이 보험가입금액의 80%인 과수품목을 모두 쓰시오.

② 최대 보장 수준이 보험가입금액의 85%인 수확감소보장 밭작물 품목을 쓰시오.

③ 최대 보장 수준이 보험가입금액의 80%인 수확감소보장 밭작물 품목을 쓰시오.

④ 최대 보장 수준이 보험가입금액의 80%인 수확감소보장 논작물 품목을 쓰시오.

⑤ 보험 대상 재해 중 주계약에서 병충해로 인한 손해를 보장하는 품목을 모두 쓰시오.

⑥ 벼 상품에서 특별약관 가입시 보장받는 병충해를 모두 쓰시오.

> **해설**
> ① 유자, 살구, 호두
> ② 양배추
> ③ 팥
> ④ 보리
> ⑤ 복숭아, 고추, 감자
> ⑥ 흰잎마름병, 줄무늬잎마름병, 세균성벼알마름병, 도열병, 깨씨무늬병, 먹노린재, 벼멸구

09. 다음 물음에 답하시오.

① 인삼 해가림시설의 자기부담금

② 농업용시설물의 자기부담금

③ 농업용시설물 피복재 단독사고의 경우 자기부담금

> **해설**
> ① 인삼 해가림시설의 자기부담금 : 최소 10만원에서 최대 100만원 한도 내에서 손해액의 10%를 적용한다.
> ② 농업용시설물의 자기부담금 : 최소 30만원에서 최대 100만원 한도 내에서 손해액의 10%를 적용하고 화재로 인한 손해는 자기부담금을 적용하지 않는다.
> ③ 농업용시설물의 피복재 단독사고는 최소 10만원에서 최대 30만원 한도 내에서 손해액의 10%를 적용하고 화재로 인한 손해는 자기부담금을 적용하지 않는다.

10. 다음은 농작물재해보험의 보장유형에 대한 설명이다. 괄호 안에 들어 갈 내용을 쓰시오.

> ○ 농작물은 필지에 관계없이 논두렁 등으로 (①)이 가능한 농지별로 가입한다. 농지는 필지에 관계없이 실제 경작하는 단위이므로 동일인의 한 덩어리 농지가 여러 필지로 나누어져 있더라도 하나의 농지로 취급한다.
> ○ 농업용 시설물·시설작물, 버섯재배사·버섯작물은 하우스 (②) 단위로 가입 가능하며 단지 내 인수제한 목적물 및 타인 소유 목적물은 제외된다. 단지는 도로, 둑방, 제방 등으로 경계가 명확히 구분되는 (③) 내에 위치한 시설물이다.

해설
① 경계구분　　② 1단지　　③ 경지

11. 다음은 농작물재해보험에 가입하는 절차에 대한 내용이다. 괄호 안에 들어 갈 알맞은 말을 쓰시오.

> 보험가입안내(지역 대리점 등) ⇨ 가입신청(계약자) ⇨ (①) ⇨ 청약서 작성 및 보험료 수납(보험가입금액 및 보험료 산정) ⇨ (②)

해설
① 현지확인(농지원장 작성 등)
② 보험증권 발급

12. 농작물재해보험 다음 품목에 대한 보험료 산정식을 쓰시오.

　① 과수 4종(사과, 배, 단감, 떫은감) 과실손해보장 보통약관(주계약) 적용보험료

　② 벼 품목의 수확감소보장 보통약관(주계약) 적용보험료

해설
① 보통약관 가입금액 × 지역별 보통약관 영업요율 × (1 - 부보장 및 한정보장 특별약관 할인율) × (1 + 손해율에 따른 할인·할증률) × (1 - 방재시설할인율)
② 주계약 보험가입금액 × 지역별 기본 영업요율 × (1 + 손해율에 따른 할인·할증률) × (1 + 친환경 재배시 할증률) × (1 + 직파재배 농지할증률)

13. 다음은 농작물재해보험의 보험가입금액에 대한 설명이다. 괄호 안에 들어 갈 내용을 쓰시오.

> ○ 버섯(표고, 느타리, 새송이, 양송이)의 보험가입금액은 하우스 단지별 연간 재배 예정인 버섯 중 생산비가 가장 (①) 버섯가액의 (②) 범위 내에서 보험가입자(계약자)가 10% 단위로 가입금액을 결정한다.
> ○ 농업용 시설물의 보험가입금액은 단지 내 하우스 1동 단위로 설정하며, 산정된 재조달 기준가액의 (③) 범위 내에서 결정한다(10% 단위). 단, 기준금액 산정이 불가능한 콘크리트조, 경량철골조, 비규격 하우스 등은 (④) 및 관련 서류를 기초로 보험가액을 추정하여 보험가입금액을 결정한다.
> ○ 인삼의 보험가입금액은 (⑤)에 재배면적(㎡)을 곱하여 결정하며, 인삼 해가림시설의 보험가입금액은 재조달가액에 (⑥)을 감하여 결정한다.

[해설]

① 높은
② 50% ~ 100%
③ 90% ~ 130%
④ 계약자의 고지사항
⑤ 연근별 (보상)가액
⑥ 감가상각률

14. 다음은 농작물재해보험의 손해평가에 대한 설명이다. 괄호 안에 들어 갈 내용을 쓰시오.

○ (①)는 농어업재해보험법 및 농림축산식품부장관이 정하여 고시하는 (②)에 따라 손해평가를 실시하여야 하며, 손해평가시 고의로 진실을 숨기거나 허위로 손해평가를 해서는 안 된다.
○ 손해평가에 참여하고자 하는 손해평가사는 (③)에게, 손해평가인은 (④)에게 정기적으로 교육을 받아야 하며, 손해평가사는 1회 이상 (⑤)을 이수하고 (⑥)마다 1회 이상의 보수교육을 이수하여야 한다. 손해평가인 및 손해사정사, 손해사정사 보조인은 연 1회 이상 (⑦)을 필수적으로 받아야 하며, 필수 교육을 이수하지 않았을 경우에는 손해평가를 할 수 없다.

해설

① 재해보험사업자
② 농어업재해보험 손해평가요령
③ 농업정책보험금융원
④ 재해보험사업자
⑤ 실무교육
⑥ 3년
⑦ 정기교육

15. 다음은 정부의 농가부담보험료 지원 비율에 대한 내용이다. 괄호 안에 들어 갈 내용을 쓰시오.

구분	품목	보장 수준 (%)				
		60	70	80	85	90
국고보조율	사과, 배, 단감, 떫은감	60	60	50	(①)	(②)
	벼	60	(③)	50	(④)	(⑤)

해설

① 38
② 35
③ 55
④ 46
⑤ 44

제3절 적과전 종합위험

1. **대상품목 : 과수 4종(사과, 배, 단감, 떫은감)**
2. **상품 내용**

   가. 보상하는 손해

   ① **적과종료 이전 : 자연재해, 조수해, 화재**

   특정위험 5종 한정보장 특별약관 가입 : 태풍(강풍), 우박, 집중호우, 지진, 화재만 보장

   ② **적과종료 이후 특정위험**

(1) 태풍(강풍)	기상청에서 태풍에 대한 기상특보(태풍주의보 또는 태풍경보)를 발령한 때 발령지역 바람과 비를 말하며, 최대순간풍속 14m/sec이상의 바람(이하 "강풍")을 포함. 이때 강풍은 과수원에서 가장 가까운 3개 기상관측소(기상청 설치 또는 기상청이 인증하고 실시간 관측자료를 확인할 수 있는 관측소)에 나타난 측정자료 중 가장 큰 수치의 자료로 판정함
(2) 우박	적란운과 봉우리적운 속에서 성장하는 얼음알갱이 또는 얼음덩어리가 내리는 현상
(3) 집중호우	기상청에서 호우에 대한 기상특보(호우주의보 또는 호우경보)를 발령한 때 발령지역의 비 또는 과수원에서 가장 가까운 3개소의 기상관측장비(기상청 설치 또는 기상청이 인증하고 실시간 관측 자료를 확인할 수 있는 관측소)로 측정한 12시간 누적강수량이 80mm이상인 강우상태
(4) 화재	화재로 인하여 발생하는 피해
(5) 지진	지구 내부의 급격한 운동으로 지진파가 지표면까지 도달하여 지반이 흔들리는 자연지진을 말하며, 대한민국 기상청에서 규모 5.0이상의 지진통보를 발표한 때 - 지진통보에서 발표된 진앙이 과수원이 위치한 시군 또는 그 시군과 인접한 시·군에 위치하는 경우에 피해를 인정
(6) 가을동상해	서리 또는 기온의 하강으로 인하여 과실 또는 잎이 얼어서 생기는 피해를 말하며, 육안으로 판별 가능한 결빙증상이 지속적으로 남아 있는 경우에 피해를 인정 - 잎 피해는 단감, 떫은감 품목에 한하여 10월 31일까지 발생한 가을동상해로 나무의 전체 잎 중 50%이상이 고사한 경우에 피해를 인정
(7) 일소피해	폭염(暴炎)으로 인해 보험의 목적에 일소(日燒)가 발생하여 생긴 피해를 말하며, 일소는 과실이 태양광에 노출되어 과피 또는 과육이 괴사되어 검게 그을리거나 변색되는 현상

- 폭염은 대한민국 기상청에서 폭염특보(폭염주의보 또는 폭염경보)를 발령한 때 과수원에서 가장 가까운 3개소의 기상관측장비(기상청 설치 또는 기상청이 인증하고 실시간 관측 자료를 확인할 수 있는 관측소)로 측정한 낮 최고기온이 연속 2일 이상 33℃이상으로 관측된 경우를 말하며, 폭염특보가 발령한 때부터 해제 한 날까지 일소가 발생한 보험의 목적에 한하여 보상하며 이때 폭염특보는 과수원이 위치한 지역의 폭염특보를 적용

③ 보상하는 재해로 인하여 손해가 발생한 경우 계약자(피보험자)가 지출한 손해방지비용을 추가로 지급(단, 방제비용, 시설보수비용 등 통상적으로 소요되는 비용은 제외)

나. 보상하지 않는 손해

적과 종료 이전	① 계약자, 피보험자 또는 이들의 법정대리인의 고의 또는 중대한 과실로 인한 손해 ② 제초작업, 시비관리 등 통상적인 영농활동을 하지 않아 발생한 손해 ③ 원인의 직·간접을 묻지 않고 병해충으로 발생한 손해 ④ 보상하지 않는 재해로 제방, 댐 등이 붕괴되어 발생한 손해 ⑤ 하우스, 부대시설 등의 노후 및 하자로 생긴 손해 ⑥ 보상하는 자연재해로 인하여 발생한 동녹(과실에 발생하는 검은 반점 병) 등 간접손해 ⑦ 식물방역법 제36조(방제명령 등)에 의거 금지 병해충인 과수 화상병 발생에 의한 폐원으로 인한 손해 및 정부 및 공공기관의 매립으로 발생한 손해 ⑧ 전쟁, 혁명, 내란, 사변, 폭동, 소요, 노동쟁의, 기타 이들과 유사한 사태로 생긴 손해 ⑨ 보상하는 재해에 해당하지 않은 재해로 발생한 손해 ⑩ 계약체결 시점 현재 기상청에서 발령하고 있는 기상특보 발령 지역의 기상특보 관련 재해(태풍, 호우, 홍수, 강풍, 풍랑, 해일, 대설 등)로 인한 손해
적과 종료 이후	①~⑨ 동일 ⑩ 수확기에 계약자 또는 피보험자의 고의 또는 중대한 과실로 수확하지 못하여 발생한 손해 ⑪ 최대순간풍속 14m/sec 미만의 바람으로 발생한 손해 ⑫ 저장한 과실에서 나타나는 손해 ⑬ 저장성 약화, 과실경도 약화 등 육안으로 판별되지 않는 손해 ⑭ 농업인의 부적절한 잎소지(잎 제거)로 인하여 발생한 손해 ⑮ 병으로 인해 낙엽이 발생하여 태양광에 과실이 노출됨으로써 발생한 손해

다. 보험기간

대상재해			품목	보장개시	보장종료
적과 종료 이전	자연재해, 조수해, 화재		사과, 배	계약체결일 24시	적과 종료 시점 다만, 판매개시연도 6/30 초과 ×
			단감, 떫은감		적과 종료 시점 다만, 판매개시연도 7/31 초과 ×
적과 종료 이후	태풍(강풍), 우박, 집중호우, 화재, 지진		사과, 배 단감, 떫은감	적과 종료 이후	수확기 종료 시점 다만, 판매개시연도 11/30 초과 ×
	가을동상해 보장		사과, 배	판매개시연도 9월 1일	수확기 종료 시점 다만, 판매개시연도 11/10 초과 ×
			단감, 떫은감		수확기 종료 시점 다만, 판매개시연도 11/15 초과 ×
	일소피해 보장		사과, 배 단감, 떫은감	적과종료 이후	판매개시연도 9/30
나무 손해 보장	특별 약관	자연재해 조수해 화재	사과, 배 단감, 떫은감	판매개시연도 2.1 다만, 판매개시연도 2.1 이후 보험에 가입하는 경우에는 계약체결일 24시	이듬해 1월 31일

라. 보험가입금액

1) 과실손해보장 보험가입금액

가) 가입수확량 × 가입가격(천원 단위 미만 절사)

나) 가입수확량이 기준수확량을 초과하는 경우에는 그 초과분은 제외되도록 가입수확량이 조정되며 보험가입금액을 감액한다.

2) 나무손해보장특약 가입금액

가) 보험에 가입한 결과주수 × 1주당 가입가격

나) 보험에 가입한 결과주수가 과수원 내 실제결과주수를 초과하는 경우에는 보험가입금액을 감액한다.

3) 보험가입금액의 감액

가) 적과전 사고가 없으나 적과후착과량이 평년착과량보다 적어지는 경우 보험가입금액을 감액한다.

나) 보험가입금액을 감액한 경우에는 아래와 같이 계산한 차액보험료를 반환한다.

> 차액보험료 = (감액분 계약자부담보험료 × 감액미경과비율) − 미납입보험료
> ※ 감액분 계약자부담보험료는 감액한 가입금액에 해당하는 계약자부담보험료

〈 감액미경과비율 〉

* 적과종료 이전 특정위험 5종 한정보장 특별약관에 가입하지 않은 경우

품목	착과감소보험금 보장수준 50%형	착과감소보험금 보장수준 70%형
사과, 배	70%	63%
단감, 떫은감	84%	79%

* 적과종료 이전 특정위험 5종 한정보장 특별약관에 가입한 경우

품목	착과감소보험금 보장수준 50%형	착과감소보험금 보장수준 70%형
사과, 배	83%	78%
단감, 떫은감	90%	88%

다) 차액보험료는 적과후착과수 조사일이 속한 달의 다음 달 말일 이내에 지급한다.

라) 적과후착과수 조사 이후 착과수가 적과후착과수 보다 큰 경우에는 지급한 차액보험료를 다시 정산한다.

마. 보험료

1) 과실손해보장 보통약관(주계약) 적용보험료

> 보통약관 가입금액 × 지역별 보통약관 영업요율 × (1 − 부보장 및 한정보장 특별약관 할인율) × (1 ± 손해율에 따른 할인·할증률) × (1 − 방재시설할인율)

2) 나무손해보장 특별약관 적용보험료

> 특별약관 보험가입금액 × 지역별 특별약관 영업요율 × (1 ± 손해율에 따른 할인·할증률)

3) 보험료의 환급

가) 이 계약이 무효, 효력상실 또는 해지된 때에는 다음과 같이 보험료를 반환한다.

다만, 보험기간 중 보험사고가 발생하고 보험금이 지급되어 보험가입금액이 감액된 경우에는 감액된 보험가입금액을 기준으로 환급금을 계산하여 돌려준다.

(1) 계약자 또는 피보험자의 <u>책임 없는 사유</u>에 의하는 경우

무효의 경우에는 납입한 계약자부담보험료의 전액, 효력상실 또는 해지의 경우에는 해당 월 미경과비율에 따라 아래와 같이 '환급보험료'를 계산한다.

> 환급보험료 = 계약자부담보험료 × 미경과비율(별표)
> ※ 계약자부담보험료는 최종 보험가입금액 기준으로 산출한 보험료 중 계약자가 부담한 금액

(2) 계약자 또는 피보험자의 <u>책임 있는 사유</u>에 의하는 경우

계산한 해당월 미경과비율에 따른 환급보험료. 다만 계약자, 피보험자의 고의 또는 중대한 과실로 무효가 된 때에는 보험료를 반환하지 않는다.

나) 계약자 또는 피보험자의 <u>책임 있는 사유</u>라 함은 다음 각 호를 말한다.

(1) 계약자 또는 피보험자가 임의 해지하는 경우
(2) 사기에 의한 계약, 계약의 해지 또는 중대사유로 인한 해지에 따라 계약을 취소 또는 해지하는 경우
(3) 보험료 미납으로 인한 계약의 효력 상실

다) 계약의 무효, 효력상실 또는 해지로 인하여 반환해야 할 보험료가 있을 때에는

계약자는 환급금을 청구하여야 하며, 청구일의 다음 날부터 지급일까지의 기간에 대하여 '보험개발원이 공시하는 보험계약대출이율'을 연단위 복리로 계산한 금액을 더하여 지급한다.

바. 보험금

보장	보험금 지급사유	보험금 계산(지급금액)
과실 손해 보장 (보통 약관)	보상하는 재해로 인해 발생한 감수량이 자기부담감수량을 초과하는 경우 ※ 자기부담감수량 = 기준수확량 × 자기부담비율	① 착과감소보험금 = (착과감소량 - 미보상감수량 - 자기부담감수량) × 가입가격 × (50% or 70%) ② 과실손해보험금 = (적과종료 후 누적감수량 - 자기부담감수량) × 가입가격 ※ 과실손해보험금의 자기부담감수량은 착과감소보험금에서 차감된 만큼 과실손해보험금에 적용된다.
나무 손해 보장 (특별 약관)	보상하는 재해로 인해 발생한 피해율이 자기부담비율을 초과하는 경우 ※ 자기부담비율 : 5%	보험가입금액 × (피해율 - 자기부담비율) ※ 피해율 = 피해주수(고사나무) ÷ 실제 결과주수

1) 착과감소보험금의 계산

　가) 착과감소보험금 보장수준(50%, 70%)은 계약할 때 계약자가 선택한 보장수준으로 한다.
　　50%형 : 임의선택
　　70%형 : 최근 3년간 연속 보험가입과수원으로 누적 적과전 손해율 100% 이하인 경우 가능

　나) 보험금의 지급한도에 따라 계산된 보험금이 보험가입금액 × (1 - 자기부담비율)을 초과하는 경우에는 보험가입금액 × (1 - 자기부담비율)을 보험금으로 한다.

2) 과실손해보험금의 계산

　가) 적과 종료 이후 누적감수량은 보장종료 시점까지 산출된 감수량을 누적한 값으로 한다.
　나) 자기부담감수량은 기준수확량에 자기부담비율을 곱한 양으로 하며 착과감소보험금에서 차감된 만큼 과실손해보험금에 적용된다.

사. 자기부담비율

1) 과실손해위험보장의 자기부담비율은 지급보험금을 계산할 때 피해율에서 차감하는 비율로서, 계약할 때 계약자가 선택한 비율(10%, 15%, 20%, 30%, 40%)을 말한다.
2) 자기부담비율 선택 기준
　가) 10%형 : 최근 3년간 연속 보험가입과수원으로서 3년간 수령한 보험금이 순보험료의 100% 이하인 경우에 한하여 선택 가능하다.
　나) 15%형 : 최근 2년간 연속 보험가입과수원으로서 2년간 수령한 보험금이 순보험료의 100% 이하인 경우에 한하여 선택 가능하다.

다) 20%형, 30%형, 40%형 : 제한 없음
3) 나무손해위험보장 특별약관의 자기부담비율 : 5%

아. 특별약관

1) 적과 종료 이후 가을동상해 부보장 특별약관 : 보상하는 재해에도 불구하고 적과종료 이후 가을동상해로 인해 입은 손해는 보상하지 않는다.
2) 적과종료 이후 일소피해 부보장 특별약관 : 보상하는 재해에도 불구하고 적과 종료 이후 일소피해로 인해 입은 손해는 보상하지 않는다.
3) 적과종료 이전 특정위험 5종 한정보장 특별약관 : 보상하는 재해에도 불구하고 적과종료 이전에는 보험의 목적이 태풍(강풍),우박, 집중호우, 화재, 지진으로 입은 손해만을 보상한다.
4) 종합위험 나무손해보장특별약관 : 적과종료 이전과 같은 보상하는 재해(종합위험)로 보험의 목적인 나무에 피해를 입은 경우 보상한다.

<나무손해보장특약의 보상하지 않는 손해>

① 계약자, 피보험자 또는 이들의 법정대리인의 고의 또는 중대한 과실로 인한 손해
② 제초작업, 시비관리 등 통상적인 영농활동을 하지 않아 발생한 손해
③ 보상하지 않는 재해로 제방, 댐 등이 붕괴되어 발생한 손해
④ 피해를 입었으나 회생 가능한 나무 손해
⑤ 토양관리 및 재배기술의 잘못된 적용으로 인해 생기는 나무 손해
⑥ 병충해 등 간접손해에 의해 생긴 나무 손해
⑦ 하우스, 부대시설 등의 노후 및 하자로 생긴 손해
⑧ 계약체결 시점 현재 기상청에서 발령하고 있는 기상특보 발령 지역의 기상특보 관련 재해로 인한 손해
⑨ 보상하는 재해에 해당하지 않은 재해로 발생한 손해
⑩ 전쟁, 혁명, 내란, 사변, 폭동, 소요, 노동쟁의, 기타 이들과 유사한 사태로 생긴 손해

4. 계약인수 관련 수확량

가. 표준수확량

과거의 통계를 바탕으로 품종, 경작형태, 수령, 지역 등을 고려하여 산출한 나무 1주당 예상 수확량이다.

나. 평년착과량

1) 가입수확량 산정 및 적과 종료 전 보험사고 발생 시 감수량 산정의 기준이 되는 착과량을 말한다.
2) 평년착과량은 자연재해가 없는 이상적인 상황에서 수확할 수 있는 수확량이 아니라 평년 수준의 재해가 있다는 점을 전제로 한다.
3) 최근 5년 이내 보험에 가입한 이력이 있는 과수원은 최근 5개년 적과후착과량 및 표준수확량에 의해 평년착과량을 산정하며, 신규 가입하는 과수원은 표준수확량표를 기준으로 평년착과량을 산정한다.
4) 주요 용도로는 보험가입금액(가입수확량)의 결정 및 적과종료 전 보험사고 발생 시 감수량 산정을 위한 기준으로 활용된다.
5) 산출 방법은 가입 이력 여부로 구분된다.
   가) 과거수확량 자료가 없는 경우(신규 가입) : 표준수확량의 100%를 평년착과량으로 결정한다.
   나) 과거수확량 자료가 있는 경우(최근 5년 이내 가입 이력 존재) : 아래 표와 같이 산출 결정한다.

> □ 평년착과량 = [A + (B - A) × (1 - Y / 5)] × C / D
> ○ A = Σ과거 5년간 적과후착과량 ÷ 과거 5년간 가입횟수
> ○ B = Σ과거 5년간 표준수확량 ÷ 과거 5년간 가입횟수
> ○ Y = 과거 5년간 가입횟수
> ○ C = 당해연도(가입연도) 기준표준수확량
> ○ D = Σ과거 5년간 기준표준수확량 ÷ 과거 5년간 가입횟수
> ※ 과거 적과후착과량 : 연도별 적과후착과량을 인정하되, 21년 적과후착과량부터 아래 상·하한 적용
> • 상한 : 평년착과량의 300%
> • 하한 : 평년착과량의 30%
> • 상한의 경우 가입 당해를 포함하여 과거 5개년 중 3년 이상 가입 이력이 있는 과수원에 한하여 적용
> ※ 기준표준수확량 : 아래 품목별 표준수확량표에 의해 산출한 표준수확량
> • 사과 : 일반재배방식의 표준수확량
> • 배 : 소식재배방식의 표준수확량
> • 단감·떫은감 : 표준수확량표의 표준수확량

> ※ 과거기준표준수확량(D) 적용 비율(대상품목 사과만 해당)
> • 3년생 : 50%, 4년생 : 75%

다. 가입수확량

1) 보험에 가입한 수확량으로 가입가격에 곱하여 보험가입금액을 결정하는 수확량을 말한다.
2) 평년착과량의 100%를 가입수확량으로 결정한다.

5. 보험가입 기준

가. 계약인수

1) 계약인수는 과수원 단위로 가입하고 개별 과수원당 최저 보험가입금액은 200만원이다.
2) 단, 하나의 리, 동에 있는 각각 보험가입금액 200만원 미만의 두 개의 과수원은 하나의 과수원으로 취급하여 계약 가능하다.
   ※ 2개의 과수원을 합하여 인수한 경우 1개의 과수원으로 보고 손해평가를 한다.

나. 과수원 구성 방법

1) 과수원이라 함은 한 덩어리의 토지의 개념으로 필지(지번)와는 관계없이 실제 경작하는 단위이므로 한 덩어리 과수원이 여러 필지로 나누어져 있더라도 하나의 농지로 취급한다.
2) 계약자 1인이 서로 다른 2개 이상 품목을 가입하고자 할 경우에는 별개의 계약으로 각각 가입·처리한다. (대추 제외)
3) 사과 품목의 경우, 알프스오토메, 루비에스 등 미니사과 품종을 심은 경우에는 별도 과수원으로 가입·처리한다.
4) 대추 품목의 경우, 사과대추 가입가능 지역에서 재래종과 사과대추를 가입하고자 할 때는 각각의 과수원으로 가입한다.
5) 포도, 대추, 참다래의 비가림시설은 단지 단위로 가입(구조체 + 피복재)하고 최소 가입면적은 200㎡이다.
6) 과수원 전체를 벌목하여 새로운 유목을 심은 경우에는 신규 과수원으로 가입·처리한다.
7) 농협은 농협 관할구역에 속한 과수원에 한하여 인수할 수 있으며, 계약자가 동일한 관할구역 내에 여러 개의 과수원을 경작하고 있는 경우에는 하나의 농협에 가입하는 것이 원칙이다.

6. 인수제한 목적물

과수 (공통)	① 보험가입금액이 200만원 미만인 과수원 ② 품목이 혼식된 과수원 　(다만, 주력 품목의 결과주수가 90% 이상인 과수원은 주품목에 한하여 가입 가능) ③ 통상적인 영농활동(병충해방제, 시비관리, 전지·전정, 적과 등)을 하지 않은 과수원 ④ 전정, 비배관리 잘못 또는 품종갱신 등의 이유로 수확량이 현저하게 감소할 것이 예상되는 과수원 ⑤ 시험연구를 위해 재배되는 과수원 ⑥ 하나의 과수원에 식재된 나무 중 일부 나무만 가입하는 과수원 ⑦ 하천부지 및 상습 침수지역에 소재한 과수원 ⑧ 판매를 목적으로 경작하지 않는 과수원 ⑨ 가식(假植)되어 있는 과수원 ⑩ 기타 인수가 부적절한 과수원
과수 4종	① 가입하는 해의 나무 수령(나이)이 다음 기준 미만인 경우 　(1) 사과 : 밀식재배 3년, 반밀식재배 4년, 일반재배 5년 　(2) 배 : 3년 　(3) 단감·떫은감 : 5년 　※ 묘목이 가입과수원에 식재된 해를 1년으로 한다. ② 노지재배가 아닌 시설에서 재배하는 과수원 　(단, 일소피해부보장특약을 가입하는 경우 인수 가능) ③ 시험연구, 체험학습을 위해 재배되는 과수원 　(단, 200만원 이상 출하증명 가능한 과수원 제외) ④ 가로수 형태의 과수원 ⑤ 보험가입 이전에 자연재해 피해 및 접붙임 등으로 당해 년도의 정상적인 결실에 영향이 있는 과수원 ⑥ 가입사무소 또는 계약자를 달리하여 중복 가입하는 과수원 ⑦ 도서 지역의 경우 연륙교가 설치되어 있지 않고 정기선이 운항하지 않는 등 신속한 손해평가가 불가능한 지역에 소재한 과수원 ⑧ 도시계획 등에 편입되어 수확 종료 전에 소유권 변동 또는 과수원 형질변경 등이 예정되어 있는 과수원 ⑨ 군사시설보호구역 중 통제보호구역내의 농지 　(단, 통상적인 영농활동 및 손해평가가 가능하다고 판단되는 농지는 인수 가능) ※ 통제보호구역 : 민간인통제선 이북지역 또는 군사기지 및 군사시설의 최외곽 경계선으로부터 300미터 범위 이내의 지역

문제로 확인하기

01. 다음은 적과전종합위험방식 과수상품의 과실손해보장(보통약관)의 보상하는 손해에 대한 내용이다. ( )에 알맞은 내용을 쓰시오.

태풍(강풍)	기상청에서 태풍에 대한 기상특보(태풍주의보 또는 태풍경보)를 발령한 때 발령지역 바람과 비를 말하며, 최대순간풍속 (①) 이상의 바람(이하 "강풍")을 포함. 이때 강풍은 과수원에서 가장 가까운 3개 기상관측소(기상청 설치 또는 기상청이 인증하고 실시간 관측자료를 확인할 수 있는 관측소)에 나타난 측정자료 중 (②)의 자료로 판정함
집중호우	기상청에서 호우에 대한 기상특보(호우주의보 또는 호우경보)를 발령한 때 발령지역의 비 또는 과수원에서 가장 가까운 3개소의 기상관측장비(기상청 설치 또는 기상청이 인증하고 실시간 관측 자료를 확인할 수 있는 관측소)로 측정한 (③) 누적강수량이 (④) 상인 강우상태
지진	지구 내부의 급격한 운동으로 지진파가 지표면까지 도달하여 지반이 흔들리는 자연지진을 말하며, 대한민국 기상청에서 규모 (⑤)이상의 지진통보를 발표한 때

[해설]

① 14m/sec, ② 가장 큰 수치, ③ 12시간, ④ 80mm, ⑤ 5.0

02. 다음은 적과전종합위험방식 과수상품의 과실손해보장(보통약관)의 보상하는 손해에 대한 내용이다. ( )에 알맞은 내용을 쓰시오.

가을동상해	서리 또는 기온의 하강으로 인하여 (①) 또는 (②)이 얼어서 생기는 피해를 말하며, 육안으로 판별 가능한 결빙증상이 지속적으로 남아 있는 경우에 피해를 인정 - 잎 피해는 단감, 떫은감 품목에 한하여 (③)까지 발생한 가을동상해로 나무의 전체 잎 중 (④) 이상이 고사한 경우에 피해를 인정
일소피해	폭염(暴炎)으로 인해 보험의 목적에 일소(日燒)가 발생하여 생긴 피해를 말하며, 일소는 과실이 태양광에 노출되어 과피 또는 과육이 괴사되어 검게 그을리거나 변색되는 현상 - 폭염은 대한민국 기상청에서 폭염특보(폭염주의보 또는 폭염경보)를 발령한 때 과수원에서 가장 가까운 3개소의 기상관측장비(기상청 설치 또는 기상청이 인증하고 실시간 관측 자료를 확인할 수 있는 관측소)로 측정한 낮 최고기온이 연속 (⑤) 이상 (⑥) 이상으로 관측된 경우를 말하며, 폭염특보가 발령한 때부터 해제 한 날까지 일소가 발생한 보험의 목적에 한하여 보상하며 이때 폭염특보는 과수원이 위치한 지역의 폭염특보를 적용

해설

① 과실, ② 잎, ③ 10월 31일, ④ 50%, ⑤ 2일, ⑥ 33℃

03. 다음은 농작물재해보험 적과전종합위험 과수품목의 과실손해보장 보통약관의 대상재해 보험기간에 대한 기준이다. ( )에 들어갈 알맞은 날짜를 답란에 쓰시오.

	대상재해	품목	보장개시	보장종료
적과종료이전	자연재해, 조수해, 화재	사과, 배	㉠	㉡
적과종료이후	태풍(강풍), 우박, 집중호우, 화재, 지진	단감, 떫은감	㉢	㉣

해설

㉠ 계약체결일 24시
㉡ 적과 종료 시점. 다만, 판매개시연도 6월 30일을 초과할 수 없음
㉢ 적과 종료 이후
㉣ 수확기 종료 시점. 다만, 판매개시연도 11월 30일을 초과할 수 없음

04. 다음은 농작물재해보험 적과전종합위험 과수품목의 과실손해보장 보통약관의 대상재해 보험기간에 대한 기준이다. ( )에 들어갈 알맞은 날짜를 답란에 쓰시오.

대상재해	품목	보험기간	
		시기	종기
가을동상해	사과, 배	(㉠)	(㉡)
	단감, 떫은감		(㉢)

해설
㉠ 판매개시연도 9월 1일
㉡ 수확기 종료 시점 다만, 판매개시연도 11월 10일을 초과할 수 없음
㉢ 수확기 종료 시점 다만, 판매개시연도 11월 15일을 초과할 수 없음

05. 과실손해보장의 일소피해담보 특별약관에 관한 다음 내용을 각각 서술하시오.

① 일소피해의 정의

② 일소피해담보 특약의 담보조건

③ 일소피해담보 보통약관의 적과전종합위험 담보방식의 보험기간

해설
① 일소피해의 정의
폭염(暴炎)으로 인해 보험의 목적에 일소(日燒)가 발생하여 생긴 피해를 말하며, 일소는 과실이 태양광에 노출되어 과피 또는 과육이 괴사되어 검게 그을리거나 변색되는 현상을 말한다.
② 일소피해담보 특약의 담보조건
폭염은 대한민국 기상청에서 폭염특보(폭염주의보 또는 폭염경보)를 발령한 때 과수원에서 가장 가까운 3개소의 기상관측장비(기상청 설치 또는 기상청이 인증하고 실시간 관측 자료를 확인할 수 있는 관측소)로 측정한 낮 최고기온이 연속 2일 이상 33℃이상으로 관측된 경우를 말하며, 폭염특보가 발령한 때부터 해제 한 날까지 일소가 발생한 보험의 목적에 한하여 보상. 이때 폭염특보는 과수원이 위치한 지역의 폭염특보를 적용한다.
③ 일소피해담보 보통약관의 적과전종합위험 담보방식의 보험기간
보장개시 : 적과종료 이후, 보장종료 : 판매개시연도 9월 30일

06. 농작물재해보험 및 가축재해보험의 이론과 실무상 적과전 종합위험방식 Ⅱ 과수상품에서 정하는 가을동상해의 ① 정의, ② 피해인정사유, ③ 잎피해 인정사유에 대하여 각각 쓰시오.

해설
① 서리 또는 기온의 하강으로 인하여 과실 또는 잎이 얼어서 생기는 피해
② 육안으로 판별 가능한 결빙증상이 지속적으로 남아있는 경우 피해 인정
③ 잎 피해는 단감, 떫은감 품목에 한하여 10월 31일까지 발생한 가을동상해로 나무의 전체 잎 중 50%이상이 고사한 경우 피해를 인정

07. 적과전종합위험방식 상품의 ① 적과종료이전 특정위험 5종 한정보장 특별약관의 대상재해와 ② 적과종료 이후 부보장 특별약관의 대상재해를 각각 쓰시오.

해설
① 적과종료이전 특정위험 5종 한정보장 특별약관의 대상재해 : 태풍(강풍),우박, 집중호우, 화재, 지진
② 적과종료 이후 부보장 특별약관의 대상재해 : 가을동상해, 일소

08. 농작물재해보험 업무방법에서 정하는 적과전종합위험의 보상하지 않는 손해에 관하여 서술하시오. (단, 적과종료 이후에 한함) [1회]

해설

① 계약자, 피보험자 또는 이들의 법정대리인의 고의 또는 중대한 과실로 인한 손해
② 제초작업, 시비관리 등 통상적인 영농활동을 하지 않아 발생한 손해
③ 원인의 직·간접을 묻지 않고 병해충으로 발생한 손해
④ 보상하지 않는 재해로 제방, 댐 등이 붕괴되어 발생한 손해
⑤ 하우스, 부대시설 등의 노후 및 하자로 생긴 손해
⑥ 보상하는 자연재해로 인하여 발생한 동녹(과실에 발생하는 검은 반점 병) 등 간접손해
⑦ 식물방역법 제36조(방제명령 등)에 의거 금지 병해충인 과수 화상병 발생에 의한 폐원으로 인한 손해 및 정부 및 공공기관의 매립으로 발생한 손해
⑧ 전쟁, 혁명, 내란, 사변, 폭동, 소요, 노동쟁의, 기타 이들과 유사한 사태로 생긴 손해
⑨ 보상하는 재해에 해당하지 않은 재해로 발생한 손해
⑩ 수확기에 계약자 또는 피보험자의 고의 또는 중대한 과실로 수확하지 못하여 발생한 손해
⑪ 최대순간풍속 14m/sec 미만의 바람으로 발생한 손해
⑫ 저장한 과실에서 나타나는 손해
⑬ 저장성 약화, 과실경도 약화 등 육안으로 판별되지 않는 손해
⑭ 농업인의 부적절한 잎소지(잎 제거)로 인하여 발생한 손해
⑮ 병으로 인해 낙엽이 발생하여 태양광에 과실이 노출됨으로써 발생한 손해

09. 다음 적과전종합위험 상품의 보험가입금액에 관한 설명 중 괄호 안에 들어갈 내용을 쓰시오.

> 1) 과실손해보장의 보험가입금액
>   가. 가입수확량에 (①)을 곱하여 산출된 금액(천원 단위 절사)으로 한다.
>   나. 가입수확량이 (②)을 초과하는 경우에는 그 초과분은 제외되도록 가입수확량이 조정되며 보험가입금액을 감액한다.
> 2) 나무손해보장특약의 보험가입금액
>   가. 보험에 가입한 결과주수에 1주당 가입가격을 곱하여 계산한 금액으로 한다.
>   나. 보험에 가입한 결과주수가 과수원내 (③)를 초과하는 경우에는 보험가입금액을 감액한다.

해설

① 가입가격　　② 기준수확량　　③ 실제 결과주수

---

10. 적과전종합위험방식 상품에서는 순보험료의 일부를 정부에서 자기부담비율에 따라 차등지원 한다. 다음 표를 보고 ( )에 정부지원 비율을 쓰시오.

자기부담비율	10%형	15%형	20%형	30%형	40%형
정부지원율	( )	( )	( )	( )	( )

해설

자기부담비율	10%형	15%형	20%형	30%형	40%형
정부지원율	(35%)	(38%)	(50%)	(60%)	(60%)

11. 다음 계약에 대하여 정부지원액의 계산과정과 값을 쓰시오.

(단위 : 원)

구분	농작물재해보험
보험목적물	사과
보험가입금액	100,000,000
자기부담비율	15%
영업보험료	12,000,000
순보험료	10,000,000
정부지원액	(①)

○ 주계약 가입 기준임
○ 정부지원액이란 재해보험가입자가 부담하는 보험료의 일부와 재해보험사업자의 재해보험의 운영 및 관리에 필요한 비용의 전부 또는 일부를 정부가 지원하는 금액임(지방자치단체의 지원액은 포함되지 않음)
○ 재해보험사업자의 재해보험의 운영 및 관리에 필요한 비용은 부가보험료와 동일함

해설

10,000,000원 × 38% + (12,000,000원 − 10,000,000원) × 100% = 5,800,000원

12. 다음 조건에 따라 적과전종합위험 보험상품에 가입할 경우 과실손해보장 보통약관 보험료를 산출하시오.

> ○ 품목 : 사과
> ○ 보험가입금액 : 10,000,000원
> ○ 지역별 보통약관 보험요율 : 20%
> ○ 손해율에 따른 할증률 : 20%
> ○ 방재시설 할인율 : 10%
> ○ 부보장 및 한정보장 특별약관 할인율 : 10%

해설

보험료 = 보험가입금액 × 지역별 보통약관 영업요율 × (1 − 부보장 및 한정보장 특별약관 할인율) × (1 + 손해율에 따른 할인·할증율) × (1 − 방재시설할인율)
= 10,000,000원 × 0.2 × (1 − 0.1) × (1 + 0.2) × (1 − 0.1) = 1,944,000원
∴ 보험료 : 1,944,000원

13. 적과전 종합위험방식 과수상품에서 ① 보험가입금액의 감액 사유와 ② 차액보험료 산정식을 쓰시오.

해설

① 적과전 사고가 없으나 적과후착과량이 평년착과량보다 적게 되는 경우 보험가입금액을 감액한다.
② 차액보험료 = (감액분 계약자부담보험료 × 감액미경과비율) − 미납입보험료
※ 감액분 계약자부담보험료는 계약자부담보험료 중 감액한 가입금액에 해당하는 부분

14. 적과전 종합위험보장의 보험가입금액의 감액에 관하여 다음 내용을 서술하시오.

① 감액사유
② 보험료 환급시 차액보험료 계산식
③ 차액보험료 지급시기
④ 차액보험료를 다시 정산하는 사유

해설

① 감액사유 : 적과전 사고가 없으나 적과후착과량이 평년착과량보다 적게되는 경우 보험가입금액을 감액한다.
② 보험료 환급시 차액보험료 계산식
   차액보험료 = (감액분 계약자부담보험료 × 감액미경과비율) − 미납입보험료
   ※ 감액분 계약자부담보험료는 계약자부담보험료 중 감액한 가입금액에 해당하는 부분
③ 차액보험료 지급시기 : 적과후착과수 조사일이 속한 달의 다음 달 말일 이내에 지급한다.
④ 차액보험료를 다시 정산하는 사유 : 적과후착과수 조사 이후 착과수가 적과후착과수보다 큰 경우에는 지급한 차액보험료를 다시 정산한다.

15. 다음은 적과전종합위험 보험상품의 차액보험료를 계산할 때 적용되는 감액미경과비율에 대한 내용이다 괄호 안에 들어갈 비율을 쓰시오.

*적과종료 이전 특정위험 5종 한정보장 특별약관에 가입하지 않은 경우

품목	착과감소보험금 보장수준 50%형	착과감소보험금 보장수준 70%형
사과, 배	①	②
단감, 떫은감	③	④

*적과종료 이전 특정위험 5종 한정보장 특별약관에 가입한 경우

품목	착과감소보험금 보장수준 50%형	착과감소보험금 보장수준 70%형
사과, 배	⑤	⑥
단감, 떫은감	⑦	⑧

> [해설]
> ① 70% ② 63% ③ 84% ④ 79% ⑤ 83% ⑥ 78% ⑦ 90%
> ⑧ 88%

16. 농작물재해보험의 적과전종합위험방식 상품에서 보험가입금액을 감액하려고 한다. ① 보험가입금액 감액 사유, ② 차액보험료 산정식, ③ 감액미경과비율(보장수준 : 70%)에 대하여 서술하시오.(감액미경과비율은 적과종료이전 특정위험 5종 한정보장 특별약관에 가입하지 않은 경우와 특정위험 5종 한정보장 특별약관에 가입한 경우로 구분하여 서술하시오)

> [해설]
> ① 적과전 사고가 없으나 적과후착과량이 평년착과량보다 적게 되는 경우 보험가입금액 감액
> ② 차액보험료 = (감액분 계약자부담보험료 × 감액미경과비율) − 미납입보험료
> ③ 5종 한정보장 가입하지 않은 경우 : 사과·배 : 63%, 단감·떫은감 : 79%
> ④ 5종 한정보장 가입한 경우 : 사과·배 : 78%, 단감·떫은감 : 88%

17. 단감 '부유' 품종을 경작하는 A씨는 적과전종합위험 보험에 가입하면서 적과종료 이전 특정위험 5종 한정보장 특별약관에도 가입하였다. ⑴ 보험가입금액이 감액된 경우의 차액보험료 산출방법에 대해 서술하고, ⑵ 다음 조건의 차액보험료를 계산하시오.(단, 풀이과정을 반드시 쓰시오.)

- 적과후착과량 : 1,000kg
- 기준수확량 : 1,100kg
- 계약자부담보험료 : 100만원
- 감액분 계약자부담보험료 : 10만원
- 보장수준 : 50%
- 평년착과량 : 1,300kg
- 주계약 보험가입금액 : 1,000만원
- 과수원별 할인·할증률 : 0%
- 미납입보험료 : 없음

해설

⑴ 차액보험료 산출방법
  차액보험료 = (감액분 계약자부담보험료 × 감액미경과비율) - 미납입보험료
  *감액분 계약자부담보험료는 계약자부담보험료 중 감액한 가입금액에 해당하는 부분

⑵ 차액보험료 계산
  = (감액분 계약자부담보험료 × 감액미경과비율) - 미납입보험료
  = (10만원 × 90%) - 0원 = 90,000원
  ∴ 차액보험료 : 90,000원

적과종료 이전 특정위험 5종 한정보장 특별약관에 가입한 경우

품목	착과감소보험금 보장수준 50%형	착과감소보험금 보장수준 70%형
사과, 배	83%	78%
단감, 떫은감	90%	88%

18. 적과전종합위험 상품(사과품목)의 보험가입 내용이다. 다음 조건을 보고 차액보험료를 계산하시오.

○ 가입수확량 : 2,000kg	○ 손해율에 따른 할증률 : 5%
○ 적과후 착과량 : 1,500kg	○ 방재시설할인율 : 20%
○ 보장수준 : 50%	○ 지역별 보통약관 영업요율 : 10%
○ 가입가격 : 2,000원/kg	○ 지방자치단체지원 : 20%
○ 자기부담비율 : 15%	
○ 미납입보험료 : 없음	

※ 적과종료 전에 인정된 착과감소과실수가 없음
※ 적과종료 이전 특정위험 5종 한정보장 특별약관에 가입하지 않음

해설

차액보험료 = (감액분 계약자부담보험료 × 감액미경과비율) − 미납입보험료
        = (35,280원 × 0.7) − 0원 = 24,696원

① 가입수확량이 적과후착과수 조사결과에 의해 산출된 기준수확량을 초과하는 경우에는 그 초과분은 제외되도록 가입수확량이 조정되며 보험가입금액을 감액한다.
② 적과종료 전에 인정된 착과감소과실수가 없는 경우 기준수확량(= 적과후착과량) = 1,500kg
③ 감액분 계약자부담보험료 = 감액분보험료 × (1 − 정부지원율 − 지자체지원율)
④ 감액분보험료 = {(2,000kg − 1,500kg) × 2,000원/kg} × 지역별보통약관 영업요율
   × (1 − 부보장 및 한정보장 특별약관 할인율) × (1 + 손해율에 따른 할인·할증률) × (1 − 방재시설할인율)
   = 1,000,000원 × 0.1 × (1 − 0) × (1 + 0.05) × (1 − 0.2) = 84,000원
⑤ 자기부담비율 15%일 때 국고보조율은 38%이고, 지자체지원율 20%이므로 감액분 계약자부담보험료는 = 84,000원 × (1 − 0.38 − 0.2) = 35,280원
⑥ 적과종료 이전 특정위험 5종 한정보장 특별약관에 가입하지 않은 경우 감액미경과비율

품목	착과감소보험금 보장수준 50%형	착과감소보험금 보장수준 70%형
사과, 배	70%	63%
단감, 떫은감	84%	79%

19. 다음은 적과전종합위험 사과 품목에 대한 내용이다. 아래 조건을 참고하여 차액보험료를 산정하시오.

⟨조건1⟩

- 평년착과수 : 100,000개
- 가입과실수 : 100,000개
- 보험가입금액 : 1억원
- 적과후착과수 : 80,000개

⟨조건2⟩

- 보험요율 : 5%
- 손해율에 따른 할인율 : 10%
- 방재시설할인율 : 15%
- 보장수준 : 50%
- 국고지원 : 50%, 지자체 지원 : 30%
- 부보장 및 한정보장 특별약관 가입하지 않음
- 미납입보험료 : 없음
- 감액미경과비율

[적과종료 이전 특정위험 5종 한정보장 특약에 가입하지 않은 경우]

품목	착과감소보험금 보장수준 50%형	착과감소보험금 보장수준 70%형
사과, 배	70%	63%
단감, 떫은감	84%	79%

[해설]
(1) 감액분 보험가입금액 = 1억원 × (20,000 ÷ 100,000) = 2천만원
(2) 감액분 보험료 = 2천만원 × 0.05 × (1 − 0) × (1 − 0.1) × (1 − 0.15) = 765,000원
(3) 감액분 계약자부담보험료 = 765,000 × (1 − 0.5 − 0.3) = 153,000원
(4) 차액보험료 = (153,000 × 0.7) − 0원 = 107,100원

20. 적과전 종합위험방식 상품에서 다음 조건을 참고하여 (1) 과실손해보장 차액보험료와 (2) 나무손해보장 차액보험료를 산정하시오. (감액분 보험가입금액은 만원 단위 미만은 절사, 차액보험료는 소수점 이하 절사)

(1) 과실손해보장

○ 품목 : 단감
○ 특정위험 5종 한정보장 특약 미가입
○ 적과종료 전 사고 없음
○ 평년착과량 : 15,000kg
○ 적과후 착과량 : 10,000kg
○ 보험가입금액 : 9,000,000원
○ 보장수준 : 50%
○ 지역별 보통약관 순보험요율 : 5%
○ 손해율에 따른 할인율 : 20%
○ 정부지원 : 50%
○ 지자체 지원율 : 30%
○ 미납입보험료 없음

(2) 나무손해보장

○ 품목 : 사과
○ 가입주수 : 350주
○ 실제결과주수 : 280주
○ 1주당 가입가격 : 10만원
○ 미납입보험료 없음
○ 지역별 특별약관 순보험요율 : 8%
○ 손해율에 따른 할인율 : 0%
○ 정부지원 : 50%
○ 지자체 지원율 : 20%

해설

(1) 과실손해보장
① 감액분 보험가입금액 : 9,000,000 × 5,000/15,000 = 3,000,000원
② 감액분 보험료 : 3,000,000 × 0.05 × (1- 0.2) × (1 - 0.1) = 108,000원
③ 감액분 계약자부담보험료 : 108,000원 × (1 - 0.5 - 0.2) = 32,400원
④ 차액보험료 : 32,400원 × 0.84 = 27,216원

(2) 나무손해보장
① 감액분 보험가입금액 : (350 - 280) × 100,000 = 7,000,000원
② 감액분 보험료 : 7,000,000 × 0.08 = 560,000원
③ 감액분 계약자부담보험료 : 560,000원 × (1 - 0.5 - 0.2) = 168,000원
④ 차액보험료 : 168,000원

21. 적과전종합위험 보험상품에 가입하는 경우 다음과 같은 조건에서 과실손해보장의 자기부담금과 나무손해보장특약의 보험가입금액 및 자기부담금을 산출하시오.(단, 결과주수 1주당 가입가격은 10만원이다)

> '신고'배 6년생 700주를 실제 경작하고 있는 A씨는 최근 3년간 동 보험에 연속으로 가입하였으며, 3년간 수령한 보험금이 순보험료의 50%였다. 과실손해보장의 보험가입금액은 1,000만원으로서 최저 자기부담비율을 선택하고, 특약으로는 나무손해보장만을 선택하여 보험에 가입하고자 한다.

해설

1) 과실손해보장의 자기부담금
   과실손해보장의 자기부담비율은 지급보험금을 계산할 때 피해율에서 차감하는 비율로서, 계약할 때 계약자가 선택한 비율(10%, 15%, 20%, 30%, 40%)로 한다. A씨의 경우 최근 3년간 연속 보험가입 과수원으로서 3년간 수령한 보험금이 순보험료의 50% 이하이고, 최저 자기부담비율을 선택한다고 하였으므로 10%형 조건에 해당한다.
   ∴ 자기부담금 = 1,000만원 × 0.1 = 100만원

2) 나무손해보장 특약의 보험가입금액
   나무손해보장 특약의 보험가입금액은 보험에 가입한 결과주수에 1주당 가입가격을 곱하여 계산한 금액으로 한다.
   보험가입금액 = 700주 × 10만원/주당 = 7,000만원
   답 : 7,000만원

3) 나무손해보장 특약의 자기부담금
   나무손해보장 특약의 자기부담비율은 5%로 한다.
   자기부담금 = 7,000만원 × 0.05 = 350만원
   답 : 350만원

22. 적과전종합위험방식 상품의 ① 착과감소보험금, ② 특정위험 과실손해보험금, ③ 나무손해보장(특약) 보험금의 산정식을 각각 쓰시오.

> **해설**
>
> ① 착과감소보험금 = (착과감소량 − 미보상감수량 − 자기부담감수량) × 가입가격 × (50%, 70%)
> ② 특정위험 과실손해보험금 = (적과종료 후 누적감수량 − 미보상감수량 − 자기부담감수량) × 가입가격
>   ※ 자기부담감수량은 착과감소보험금에서 차감된 만큼 과실손해보험금에 적용된다.
> ③ 나무손해보장(특약)
>   보험가입금액 × (피해율 − 자기부담비율)
>   ※ 피해율 = 피해주수(고사된 나무) ÷ 실제 결과주수

23. 적과전 종합위험방식 과수상품에서 적과종료 이후 보상하는 손해가 발생하여 보험금을 지급하려고 한다. 다음 물음에 답하시오.

① 과실손해보험금 지급사유

② 과실손해보험금 산정식과 산정방법

> **해설**
>
> ① 지급사유 : 보상하는 재해로 인하여 적과종료 이후 누적감수량이 자기부담감수량을 초과하는 경우 지급한다.
> ② 산정식 = (적과종료 이후 누적감수량 − 미자기부담감수량) × 가입가격
>   ㉠ 적과 종료 이후 누적감수량은 보장종료 시점까지 산출된 감수량을 누적한 값으로 한다.
>   ㉡ 자기부담감수량은 기준수확량에 자기부담비율을 곱한 양으로 하며 착과감소보험금에서 차감된 만큼 과실손해보험금에 적용된다.

24. 다음은 적과전종합위험 사과 품목에 대한 내용이다. 아래 조건을 참고하여 착과감소보험금을 산정하시오.

> ○ 평년착과수 : 50,000개
> ○ 자기부담비율 : 20%
> ○ 개당 가입과중 : 개당 500g
> ○ kg당 가입가격 : 1000원
> ○ 적과후 착과수 : 30,000개
> ○ 미보상감수량 : 1,000kg
> ○ 보장수준 : 70%
> ○ 적과전 재해 : 냉해

해설

(1) 착과감소과실수 = 50,000 − 30,000 = 20,000개
(2) 착과감소량 : 20,000 × 0.5 = 10,000kg
(3) 미보상감수량 : 1,000kg
(4) 기준착과수 = 적과후착과수 + 착과감소과실수 = 30,000 + 20,000 = 50,000개
(5) 기준수확량 = 50,000 × 0.5 = 25,000kg
(6) 자기부담감수량 = 25,000 × 0.2 = 5,000kg
(7) 착과감소보험금 = (10,000 − 1,000 − 5,000) × 1000 × 0.7 = 2,800,000원

25. 다음은 적과전 종합위험방식 상품의 인수제한목적물의 일부내용이다. ( )에 알맞은 내용을 쓰시오.

○ 보험가입금액이 (①)미만인 과수원
○ 가입하는 해의 나무 수령이 다음 기준 미만인 경우
  가. 사과 : 밀식재배 (②), 반밀식재배 (③), 일반재배 (④)
  나. 배 : (⑤)
  다. 단감/떫은감 : (⑥)

해설

① 200만원   ② 3년   ③ 4년   ④ 5년   ⑤ 3년   ⑥ 5년

26. 다음 적과전종합위험 과수품목별 보험가입이 가능한 주수의 합을 구하시오.

구분	재배형태	가입하는 해의 수령	주수
사과	밀식재배	2년	200주
배		3년	250주
단감		4년	180주
떫은감		5년	260주
사과	일반재배	6년	195주

해설

※ 품목별 인수가능 수령
○ 사과 : 밀식재배 3년, 반밀식재배 4년, 일반재배 5년
○ 배 : 3년
○ 단감·떫은감 : 5년
  보험가입이 가능한 품목은 배, 떫은감, 사과(일반재배)이고 주수의 합은
  250주 + 260주 + 195주 = 705주이다.

27. 다음은 보험가입이 거절된 사례이다. 농작물재해보험 가입이 거절된 사유를 보험가입자격과 인수제한 과수원 기준으로 모두 서술하시오.

> 2016년 A씨는 아내와 경북 ○○시로 귀농하여 B씨 소유의 농지를 아내 명의로 임차하였다. 해당 농지는 하천에 소재하는 면적 990㎡의 과수원으로 2018년 태풍으로 제방과 둑이 유실되어 2022년 현재 복구되지 않은 상태이다. A씨는 2020년 4월 반밀식 재배방식으로 사과 1년생 묘목 300주를 식재한 후 2022년 3월 농작물재해보험 적과전종합위험 방식으로 가입하려 한다. 실제 경작은 A씨 본인이 하지만 보험계약자를 서울에서 직장생활하는 아들 명의로 요청하였다.

해설

1. 보험가입자격

   농작물재해보험 사업대상자는 사업 실시지역에서 보험 대상 작물을 경작하는 개인 또는 법인이며 사업대상자 중에서 재해보험에 가입할 수 있는 자는 농어업재해보험법에 따른 농작물을 재배하는 자를 말한다.
   해당 농지를 아내 명의로 임차하였고, 보험계약자를 서울에서 직장생활 하는 아들 명의로 요청하였기 때문에 가입거절 사유에 해당한다.

2. 인수제한 과수원 기준

   ① 해당 농지는 태풍으로 제방과 둑이 유실되어 복구되지 않은 상태이고, 하천부지에 소재한 과수원이라 인수제한 과수원에 해당한다.
   ② 적과전종합위험 방식으로 가입하려면 수령이 반밀식재배시 4년 이상이어야 하는데 4년 미만이므로 인수가 제한된다.

28. 다음과 같이 4개의 사과 과수원을 경작하고 있는 A씨가 적과전종합위험 보험상품에 가입하고자 할 경우, 계약인수단위 규정에 따라 보험가입이 가능한 과수원 구성과 그 이유를 쓰시오. (단, 밀식재배 조건임)

구분	가입조건	소재지
1번 과수원	후지 품종 4년생, 보험가입금액 120만원	서울시 종로구 부암동
2번 과수원	홍로 품종 3년생, 보험가입금액 70만원	서울시 종로구 부암동
3번 과수원	미얀마 품종 5년생, 보험가입금액 110만원	서울시 종로구 부암동
4번 과수원	쓰가루 품종 6년생, 보험가입금액 190만원	서울시 종로구 신영동

해설

1) 과수원 구성 : 1번 과수원과 3번 과수원을 합하여 가입이 가능하다.
2) 이유
   ① 밀식재배이므로 수령이 3년 이상이어야 가입이 가능한데 각 과수원은 모두 3년 이상으로 수령에 있어서는 가입조건을 충족한다.
   ② 계약인수는 과수원 단위로 가입하고 개별 과수원당 최저 보험가입금액은 200만원 이상이어야 한다. 그러나 1번, 2번, 3번, 4번 과수원은 모두 최저 보험가입금액이 200만원 미만으로 단독으로는 보험에 가입할 수 없다. 다만, 하나의 동, 리 안에 있는 각각 200만원 미만의 두 개의 과수원은 하나의 과수원으로 취급하여 보험가입이 가능하므로 1번 과수원과 3번 과수원을 합해 이를 하나의 과수원으로 하여 가입할 수 있다.
   ③ 그러나 같은 동에 있는 1번 과수원과 2번 과수원, 2번 과수원과 3번 과수원은 보험가입금액을 합산하더라도 200만원 미만이므로 보험에 가입할 수 없고, 4번 과수원은 소재지가 같은 동이 아니므로 다른 과수원과 합칠 수 없어 가입할 수 없다.

29. 적과전종합위험보장 과수 상품에서 다음 조건에 따라 2023년의 평년착과량을 구하시오.(소숫점 이하 절사)

○ 품목 : 사과, 재배방식 : 밀식, 품종 : 후지
○ 계약사항

(단위 : kg)

구 분	2018	2019	2020	2021	2022
표준수확량	7,700	7,600	8,700	8.500	9,100
적과후착과량	7,800	8,000	6,000	미가입	8,200
기준표준수확량	8,600	8,400	8,600	8,300	8,600

※ 2023년 기준표준수확량은 8,300kg
※ 2018년 가입당시 수령 : 5년

[해설]

A값 : (7,800kg + 8,000kg + 6,000kg + 8,200kg) ÷ 4 = 7,500kg
B값 : (7,700kg + 7,600kg + 8,700kg + 9,100kg) ÷ 4 = 8,275kg
C값 : 8,300kg
D값 : (8,600kg + 8,400kg + 8,600kg + 8,600kg) ÷ 4 = 8,550kg
Y값 : 4

평년착과량 $= \{A + (B - A) \times (1 - \frac{Y}{5})\} \times \frac{C}{D}$

= {7,500kg + (8,275kg − 7,500kg) × (1 − 4/5)} × 8,300kg ÷ 8,550kg = 7,431kg

30. 적과전종합위험보장 과수 상품에서 다음 조건에 따라 2023년의 평년착과량을 구하시오. (소숫점 이하 절사)

○ 품목 : 사과, 재배방식 : 밀식, 품종 : 후지
○ 계약사항

(단위 : kg)

구 분	2018	2019	2020	2021	2022
표준수확량	7,300	8,700	7,900	8.900	9,200
적과후착과량	5,600	6,500	미가입	미가입	7,100

※ 기준표준수확량은 2018년부터 2022년까지 8,500kg으로 매년 동일한 것으로 가정함
※ 2023년 기준표준수확량은 9,350kg
※ 2018년 가입당시 수령 : 3년

※ 기준표준수확량 : 아래 품목별 표준수확량표에 의해 산출한 표준수확량
　(사과 : 일반재배 / 배 : 소식재배 / 단감·떫은감 : 표준수확량표의 표준수확량)
※ 과거기준표준수확량(D) 적용비율(사과) ⇨ 3년생 : 50% / 4년생 : 75%

[해설]

A값 : (5,600kg + 6,500kg + 7,100kg) ÷ 3 = 6,400kg
B값 : (7,300kg + 8,700kg + 9,200kg) ÷ 3 = 8,400kg
C값 : 9,350kg
D값 : 2018년(3년생) : (8,500kg × 50%) = 4,250kg
　　　2019년(4년생) : (8,500kg × 75%) = 6,375kg
　　　2022년 : 8,500kg
　　　= (4,250kg + 6,375kg + 8,500kg) ÷ 3 = 6,375kg
Y값 : 3

평년착과량 = $\{A + (B - A) \times (1 - \frac{Y}{5})\} \times \frac{C}{D}$

= {6,400kg + (8,400kg − 6,400kg) × (1 − 3/5)} × 9,350kg ÷ 6,375kg = 10,560kg

31. 적과전종합위험보장 과수 상품에서 다음 조건에 따라 2023년의 평년착과량을 구하시오.(소숫점 이하 절사)

○ 품목 : 사과, 재배방식 : 밀식, 품종 : 후지
○ 계약사항

(단위 : kg)

구 분	2018	2019	2020	2021	2022
표준수확량	7,700	7,600	8,700	8.500	9,100
적과후착과량	7,800	8,000	미가입	2,000	35,000
평년착과량	8,000	7,800	미가입	10,000	8,000
기준표준수확량	8,600	8,400	8,600	8,300	8,600

※ 2023년 기준표준수확량은 8,300kg
※ 2018년 가입당시 수령 : 5년

※ 과거 적과후착과량 : 연도별 적과후착과량을 인정하되,
   21년 적과후착과량부터 상·하한 적용
   (단, 상한의 경우 가입연도 포함 과거 5개년 중 3년 이상 가입 이력 있는 경우에 한하여 적용)
   ▶ 상한 : 평년착과량의 300%
   ▶ 하한 : 평년착과량의 30%

해설

A값 : (7,800kg + 8,000kg + 3,000kg + 24,000kg) ÷ 4 = 10,700kg
B값 : (7,700kg + 7,600kg + 8,500kg + 9,100kg) ÷ 4 = 8,225kg
C값 : 8,300kg
D값 : (8,600kg + 8,400kg + 8,300kg + 8,600kg) ÷ 4 = 8,475kg
Y값 : 4

평년착과량 = $\{A + (B - A) \times (1 - \frac{Y}{5})\} \times \frac{C}{D}$

= {10,700kg + (8,225kg − 10,700kg) × (1 − 4/5)} × 8,300kg ÷ 8,475kg = 9,994kg

제4절 과수(종합위험방식)

1. 대상품목

복숭아, 자두, 매실, 살구, 오미자, 밤, 호두, 유자, 포도, 대추, 참다래, 복분자, 무화과, 오디, 감귤 등 15개 품목

2. 주요 특징

가. **종합위험 수확감소보장방식(복숭아, 자두, 매실, 살구, 오미자, 밤, 호두, 유자 8개 품목)**은 보상하는 재해로 인한 수확량의 감소비율이 자기부담비율을 초과시 보상한다.

나. **종합위험 비가림과수손해보장방식(포도, 대추, 참다래)**은 해당 품목의 수확량감소 피해뿐만 아니라, 보상하는 재해로 인한 비가림시설 피해를 보상한다.

다. **수확전 종합위험 과실손해보장방식(복분자, 무화과)**은 수확전까지는 종합위험을 담보하고, 수확 이후에는 태풍(강풍), 우박의 특정한 재해 피해만 보상한다.

라. **종합위험 과실손해보장방식(오디, 감귤)**은 보상하는 재해로 과실에 직접적인 피해가 발생하여 손해액이 자기부담금을 초과하는 경우 보상한다.

3. 상품 내용

가. 보상하는 손해

1) 공통 : 자연재해, 조수해, 화재, 병충해(복숭아 세균구멍병)
2) 복분자(이듬해 6.1. 이후), 무화과(이듬해 8.1 이후) : 태풍(강풍), 우박
3) 보상하는 재해로 인하여 손해가 발생한 경우 계약자 또는 피보험자가 지출한 손해방지비용을 추가로 지급한다. 다만, 방제비용, 시설보수비용 등 통상적으로 소요되는 비용은 제외

나. 보상하지 않는 손해

수확 감소 보장 · 과실 손해 보장	① 계약자, 피보험자 또는 이들의 법정대리인의 고의 또는 중대한 과실로 인한 손해 ② 수확기에 계약자 또는 피보험자의 고의 또는 중대한 과실로 수확하지 못하여 발생한 손해 ③ 제초작업, 시비관리 등 통상적인 영농활동을 하지 않아 발생한 손해 ④ 원인의 직·간접을 묻지 않고 병해충으로 발생한 손해 　(다만, 복숭아의 세균구멍병으로 인한 손해는 제외) ⑤ 보장하지 않는 재해로 제방, 댐 등이 붕괴되어 발생한 손해 ⑥ 하우스, 부대시설 등의 노후 및 하자로 생긴 손해 ⑦ 계약체결 시점 현재 기상청에서 발령하고 있는 기상특보 발령 지역의 기상특보 관련 재해로 인한 손해 ⑧ 보상하는 재해에 해당하지 않은 재해로 발생한 손해 ⑨ 전쟁, 혁명, 내란, 사변, 폭동, 소요, 노동쟁의, 기타 이들과 유사한 사태로 생긴 손해
비가림 과수 보장	① ~ ⑨ 동일 ⑩ 자연재해, 조수해가 발생했을 때 생긴 도난 또는 분실로 생긴 손해 ⑪ 침식활동 및 지하수로 생긴 손해 ⑫ 직접 또는 간접을 묻지 않고 농업용 시설물의 시설, 수리, 철거 등 관계 법령의 집행으로 발생한 손해 ⑬ 피보험자가 파손된 보험의 목적의 수리 또는 복구를 지연함으로써 가중된 손해
수확전 종합 위험	수확개시 전	① ~ ⑨ 동일(② 제외)

수확전 종합 위험	수확개시 후	① ~ ⑤, ⑧, ⑨ 동일 • 최대순간풍속 14m/sec 미만의 바람으로 발생한 손해 • 저장한 과실에서 나타나는 손해 • 저장성 약화, 과실경도 약화 등 육안으로 판별되지 않는 손해

다. 보험기간

1) 종합위험 수확감소 보장방식(복숭아, 자두, 매실, 살구, 오미자, 밤, 호두, 유자)

품목	보장	보장개시	보장종료
복숭아	수확감소 종합위험	계약체결일 24시	수확기종료시점 (다만, 이듬해 10/10 초과)
복숭아	수확량감소 추가보장	계약체결일 24시	수확기종료시점 (다만, 이듬해 10/10 초과)
자두	수확감소 종합위험	계약체결일 24시	수확기종료시점(다만, 이듬해 9/30 초과 ×)
매실	수확감소 종합위험	계약체결일 24시	수확기종료시점(다만, 이듬해 7/31 초과 ×)
살구	수확감소 종합위험	계약체결일 24시	수확기종료시점(다만, 이듬해 7/20 초과 ×)
오미자	수확감소 종합위험	계약체결일 24시	수확기종료시점(다만, 이듬해 10/10 초과 ×)
밤	수확감소 종합위험	발아기 다만, 발아기가 지난 경우에는 계약체결일 24시	수확기종료시점(다만, 판개 10/31 초과 ×)
호두	수확감소 종합위험	발아기 다만, 발아기가 지난 경우에는 계약체결일 24시	수확기종료시점(다만, 판개 9/30 초과 ×)
유자	수확감소 종합위험	계약체결일 24시	수확개시시점(다만, 이듬해 10/31 초과 ×)

2) 종합위험 과실손해보장방식(오디, 감귤)

품목	보장	보장개시	보장종료
오디	과실손해 보장	계약체결일 24시	결실완료시점 (단, 이듬해 5/31 초과 ×)
감귤	과실손해 보장	발아기(단, 발아기가 지난 경우 계약체결일 24시)	판매개시연도 11월 30일
감귤	과실손해 추가보장 (특)	발아기(단, 발아기가 지난 경우 계약체결일 24시)	판매개시연도 11월 30일
감귤	과실손해 동상해보장 (특)	판매개시연도 12월 1일	이듬해 2월 말일

3) 종합위험 비가림과수 손해보장방식(포도, 대추, 참다래)

품목	보장	보장개시	보장종료
포도	수확감소보장	계약체결일 24시	수확기 종료 시점 다만, 이듬해 10/10 초과 ×
	수확량감소위험추가보장		
	비가림시설(자, 조)	계약체결일 24시	이듬해 10월 10일
	비가림시설(화재특약))		
참다래	수확감소보장	꽃눈분화기 다만, 꽃눈분화기가 지난 경우에는 계약체결일 24시	해당 꽃눈이 성장하여 맺은 과실의 수확기 종료 시점 다만, 이듬해 11/30 초과 ×
	비가림시설(자, 조)	계약체결일 24시	이듬해 6월 30일
	비가림시설(화재특약)		
대추	수확감소보장	신초발아기 다만, 신초발아기가 지난 경우에는 계약체결일 24시	수확기 종료 시점 다만, 판개 10/31/ 초과 ×
	비가림시설(자, 조)	계약체결일 24시	10월 31일
	비가림시설(화재특약)		

4) 수확전 종합위험 과실손해 보장방식(복분자, 무화과)

품목	보장	보장재해	보장개시	보장종료
복분자	경작불능위험보장		계약체결일 24시	수확개시시점 (다만, 이듬해 5/31 초과 ×)
	과실손해위험보장	이듬해 5/31 이전	계약체결일 24시	이듬해 5월 31일
		이듬해 6/1 이후	이듬해 6월 1일	이듬해 수확기 종료시점 (다만, 이듬해 6/20 초과 ×)
무화과	과실손해위험보장	이듬해 7/31 이전	계약체결일 24시	이듬해 7월 31일
		이듬해 8/1 이후	이듬해 8월 1일	이듬해 수확기 종료시점 (다만, 이듬해 10/31 초과 ×)

5) 나무손해보장 특약

품목	보장개시	보장종료
적과전 종합위험	판매개시연도 2월 1일 (단, 2/1 이후 보험에 가입하는 경우에는 계체일 24시)	이듬해 1월 31일
감귤	발아기(다만 발아기가 지난 경우에는 계체일 24시)	이듬해 2월 말일
참다래	판매개시연도 7월 1일 (단, 7/1 이후 보험에 가입하는 경우에는 계체일 24시)	이듬해 6월 30일
포도/자두/유자 복숭아/매실/살구 무화과(단서×)	판매개시연도 12월 1일 (단, 12/1 이후 보험에 가입하는 경우에는 계체일 24시)	이듬해 11월 30일
나무보장 ×	밤, 대추, 호두, 오디, 복분자, 오미자	

라. 보험가입금액

1) 과실손해보장 보험가입금액 : **가입수확량 × 가입가격**(천원 단위 미만은 절사)
2) 나무손해보장특별약관 보험가입금액 : **가입한 결과주수 × 1주당 가입가격**
   가입한 결과주수가 과수원 내 실제결과주수를 초과하는 경우에는 보험 가입금액을 감액한다.
3) 비가림시설 보험가입금액 : **비가림시설의 ㎡당 시설비 × 비가림시설 면적**
   가) 산정된 금액의 80% ~ 130% 범위 내에서 계약자가 보험가입금액을 결정한다.
   나) 단, 참다래 비가림시설은 계약자 고지사항을 기초로 보험가입금액을 결정한다.

마. 보험료

1) **종합위험 수확감소보장방식(복숭아, 자두, 매실, 살구, 오미자, 밤, 호두, 유자 8개 품목)**

   가) 수확감소보장 보통약관 적용보험료

   > 보통약관 보험가입금액 × 지역별 보통약관 영업요율 × (1 ± 손해율에 ~) × (1 − 방재시설~)

   나) 나무손해보장 특별약관 적용보험료(복숭아, 자두, 매실, 살구, 유자)

   > 특별약관 보험가입금액 × 지역별 특별약관 영업요율 × (1 ± 손해율에 따른 할인·할증률)

다) 수확량감소 추가보장 특별약관 적용보험료(복숭아)

특별약관 보험가입금액 × 지역별 특별약관 영업요율× (1 ± 손해율에 ~) × (1 − 방재시설~)

※ 호두 품목의 경우, 조수해부보장 특별약관 가입 시 0.15% 할인 적용
※ 방재시설 할인은 복숭아, 자두, 매실, 살구, 유자 품목에만 해당

2) 종합위험 비가림과수 손해보장방식(포도, 대추, 참다래 3개 품목)

　가) 비가림과수 손해(수확감소)보장 보통약관 적용보험료 ⇨ 동일

　나) 나무손해보장 특별약관 적용보험료(포도, 참다래)　　⇨ 동일

　다) 비가림시설보장 적용보험료

　　(1) 보통약관(자연재해, 조수해 보장)

비가림시설 보험가입금액 × 지역별 비가림시설보장 보통약관 영업요율

　　(2) 특별약관(화재위험 보장)

비가림시설 보험가입금액 × 지역별 화재위험보장 특별약관 영업요율

　라) 수확량감소 추가보장 특별약관 적용보험료(포도) ⇨ 동일

3) 수확전 종합위험 과실손해보장방식(복분자, 무화과 2개 품목)

　가) 과실손해보장 보통약관 적용보험료

보통약관 보험가입금액 × 지역별 보통약관 영업요율× (1 ± 손해율~)

　라) 나무손해보장 특별약관 적용보험료(무화과) ⇨ 동일

4) 종합위험 과실손해보장방식(오디, 감귤 2개 품목)

　가) 과실손해보장 보통약관 적용보험료(오디 방재시설할인 제외) ⇨ 수확감소보장 동일

　나) 나무손해보장 특별약관 적용보험료(감귤) ⇨ 동일

　다) 동상해 과실손해보장 특별약관 적용보험료(감귤) ⇨ 수확량 감소 추가보장 동일

　라) 과실손해 추가보장 특별약관 적용보험료(감귤) ⇨ 수확량 감소 추가보장 동일

바. 보험금

1) 종합위험 수확감소보장 방식(복숭아, 자두, 매실, 살구, 오미자, 밤, 호두, 유자)

목적	보장	지급사유	보험금 계산(지급금액)
복숭아	수확감소보장	보상하는 손해로 피해율이 자기부담비율을 초과하는 경우	보험가입금액 × (피해율 − 자기부담비율) ※ 피해율 = {(평년수확량 − 수확량 − 미보상감수량) + 병충해감수량} ÷ 평년수확량
복숭아	수확량감소추가보장		보험가입금액 × (피해율 × 10%) ※ 피해율 = {(평년수확량 − 수확량 − 미보상감수량) + 병충해감수량} ÷ 평년수확량
자두, 매실 살구, 오미자 밤, 호두, 유자	수확감소보장		보험가입금액 × (피해율 − 자기부담비율) ※ 피해율 = (평년수확량 − 수확량 − 미보상감수량) ÷ 평년수확량

가) 미보상감수량이란 보장하는 재해 이외의 원인으로 감소되었다고 평가되는 부분을 말하며, 계약 당시 이미 발생한 피해, 병해충으로 인한 피해 및 제초상태 불량 등으로 인한 수확감소량으로써 피해율 산정 시 감수량에서 제외된다.

나) 복숭아의 세균구멍병으로 인한 피해과는 50%형 피해과실로 인정한다.

2) 종합위험 비가림과수 손해보장방식(포도, 참다래, 대추)

보장	목적	지급사유	보험금 계산(지급금액)
비가림과수 손해보장 (보통약관)	포도 참다래 대추	보상하는 손해로 피해율이 자기부담비율을 초과하는 경우	보험가입금액 × (피해율 - 자기부담비율) ※ 피해율 = (평년수확량 - 수확량 - 미보상감수량) ÷ 평년수확량
	비가림 시설	자연재해, 조수해로 인하여 비가림 시설에 손해가 발생한 경우	Min(손해액 - 자기부담금, 보험가입금액) ※ 자기부담금 : 최소자기부담금(30만원)과 최대자기부담금(100만원)을 한도로 보험사고로 인하여 발생한 손해액(비가림시설)의 10%에 해당하는 금액. 다만, 피복재단독사고는 최소자기부담금(10만원)과 최대 자기부담금(30만원)을 한도로 함(단, 화재손해는 자기부담금 미적용)
화재위험 보장 (특별약관)	비가림 시설	화재로 인하여 비가림시설에 손해가 발생한 경우	
수확량감소 추가보장 (특별약관)	포도	보상하는 손해로 피해율이 자기부담비율을 초과하는 경우	보험가입금액 × (주계약 피해율 × 10%) ※ 주계약 피해율은 비가림과수 손해보장(보통약관)에서 산출한 피해율을 말함

※ 포도의 경우 착색불량된 송이는 상품성 저하로 인한 손해로 감수량에 포함되지 않는다.

3) 종합위험 과실손해보장방식(오디, 감귤)

품목	보장	지급사유	보험금 계산(지급금액)
오디	과실손해 보장	보상하는 손해로 피해율이 자기부담비율을 초과하는 경우	보험가입금액 × (피해율 − 자기부담비율) ※ 피해율 = (평년결실수 − 조사결실수 − 미보상감수결실수) ÷ 평년결실수
감귤	과실손해 보장	보상하는 손해로 인해 자기부담금을 초과하는 손해가 발생한 경우	손해액 − 자기부담금 ※ 손해액 = 보험가입금액 × 피해율 ※ 피해율 = {(등급내 피해과실수 + 등급외 피해과실수 × 50%) ÷ 기준과실수} × (1 − 미보상비율) ※ 자기부담금 = 보험가입금액 × 자기부담비율
	과실손해 추가보장 (특별약관)		보험가입금액 × 주계약 피해율 × 10%
	과실손해 동상해 보장 (특별약관)	동상해로 인해 자기부담금을 초과하는 손해가 발생한 경우	손해액 − 자기부담금 ※ 손해액 = {보험가입금액 − (보험가입금액 × 기사고피해율)} × 수확기잔존비율 × 동상해피해율 × (1 − 미보상비율) ※ 자기부담금 = | 보험가입금액 × Min(주계약 피해율 − 자기부담비율, 0) |

동상해피해율
= {(동상해 80%형 피해과실수 합계 × 80%) + (동상해 100%형 피해과실수 합계 × 100%)} ÷ 기준과실수
*기준과실수 = 정상과실수 + 동상해 80%형 피해 과실수 + 동상해 100%형 피해과실수

4) 수확전 종합위험 과실손해보장방식(복분자, 무화과)

품목	보장	지급사유	보험금 계산(지급금액)
복분자	경작불능 위험보장	보상하는 재해로 식물체 피해율이 65% 이상이고, 계약자가 경작불능 보험금을 신청한 경우(보험계약 소멸)	보험가입금액 × 일정비율
복분자	과실손해 위험보장	보상하는 재해로 피해율이 자기부담비율을 초과하는 경우	보험가입금액 × (피해율 - 자기부담비율) ※ 피해율 = 고사결과모지수 ÷ 평년결과모지수 ※ 고사결과모지수 ① 사고가 5.31. 이전에 발생한 경우 (평년결과모지수 - 살아있는 결과모지수) + 수정불량환산 고사결과모지수 - 미보상 고사결과모지수 ② 사고가 6.1. 이후에 발생한 경우 수확감소환산 고사결과모지수 - 미보상 고사결과모지수
무화과	과실손해 위험보장		보험가입금액 × (피해율 - 자기부담비율) ※ 피해율 ① 사고가 7.31. 이전에 발생한 경우 (평년수확량 - 수확량 - 미보상감수량) ÷ 평년수확량 ② 사고가 8.1. 이후에 발생한 경우 (1 - 수확전사고 피해율) × 경과비율 × 결과지 피해율

5) 나무손해보장 특별약관

가) 보상하는 손해로 나무에 자기부담비율을 초과하는 손해가 발생한 경우

나) 보험가입금액 × (피해율 - 자기부담비율)

※ 피해율 = 피해주수(고사된 나무) ÷ 실제결과주수
※ 자기부담비율은 5%로 함

사. 자기부담비율

1) 호두, 살구, 유자의 경우 자기부담비율은 20%, 30%, 40%이다.

2) 비가림시설 자기부담금

    가) 30만원 ≦ 손해액의 10% ≦ 100만원의 범위에서 자기부담금 차감

    나) 다만, 피복재 단독사고는 10만원 ≦ 손해액의 10% ≦ 30만원의 범위에서 자기부담금 차감

3) 나무손해보장 특별약관 자기부담비율 : 5%

아. 특별약관

1) 종합위험 나무손해보장특별약관(복숭아, 자두, 매실, 살구, 유자, 포도, 참다래, 무화과, 감귤)

    (보상하지 않는 손해는 적과전과 동일)

2) 수확량감소 추가보장 특별약관(복숭아, 포도)

    보상하는 손해로 피해가 발생한 경우 동 특약에서 정한 바에 따라 피해율이 자기부담비율을 초과하는 경우 아래와 같이 계산한 보험금을 지급한다.

    $$보험금 = 보험가입금액 \times (주계약\ 피해율 \times 10\%)$$

3) 과실손해추가보장특별약관(감귤)

    보상하는 손해로 인해 손해액이 자기부담금을 초과하는 경우 아래와 같이 계산한 보험금을 지급한다.

    $$보험금 = 보험가입금액 \times (주계약\ 피해율 \times 10\%)$$

4) 조수해부보장 특별약관(호두)

    가) 조수해나 조수해의 방재와 긴급피난에 필요한 조치로 보험의 목적에 생긴 손해 미보상

    나) 적용대상

        (1) 과수원에 조수해 방재를 위한 시설이 없는 경우
        (2) 과수원에 조수해 방재를 위한 시설이 과수원 전체 둘레의 80% 미만으로 설치된 경우
        (3) 과수원의 가입 나무에 조수해 방재를 위한 시설이 80% 미만으로 설치된 경우

5) 동상해 과실손해보장 특별약관(감귤)

    ※ 동상해 : 서리 또는 과수원에서 가장 가까운 3개 관측소의 기상관측장비(기상청 설치 또는 기상청이 인증하고 실시간 관측자료를 확인할 수 있는 관측소)로 측정한 기온이 **0℃ 이하로 48시간**

이상 지속됨에 따라 농작물 등이 얼어서 생기는 피해를 말한다.

6) 비가림시설 화재위험보장 특별약관(포도, 참다래, 대추)

7) 수확기 부보장 특별약관(복분자)

8) 농작물 부보장 특별약관(포도, 참다래, 대추)

9) 비가림시설 부보장 특별약관 (포도, 참다래, 대추)

4. 계약인수

가. 인수제한 목적물

포도	① 가입하는 해의 나무 수령(나이)이 3년 미만인 과수원 ② 보험가입 직전연도(이전)에 역병 및 궤양병 등의 병해가 발생하여 보험가입 시 전체 나무의 20% 이상이 고사하였거나 정상적인 결실을 하지 못할 것으로 판단되는 과수원 ※ 다만, 고사한 나무가 전체의 20% 미만이더라도 고사된 나무를 제거하지 않거나, 방재조치를 하지 않은 경우에는 인수 제한 ③ 친환경 재배과수원으로서 일반재배와 결실 차이가 현저히 있다고 판단되는 과수원 ④ 비가림 폭이 2.4m ± 15%, 동고가 3m ± 5%의 범위를 벗어나는 비가림시설 (과수원의 형태 및 품종에 따라 조정)
복숭아	① 가입하는 해의 나무 수령(나이)이 3년 미만인 과수원 ② 보험가입 직전년도(이전)에 역병 및 궤양병 등의 병해가 발생하여 보험가입 시 전체 나무의 20% 이상이 고사하였거나 정상적인 결실을 하지 못할 것으로 판단되는 과수원 ③ 친환경 재배과수원으로서 일반재배와 결실 차이가 현저히 있다고 판단되는 과수원
자두	① 가입하는 해의 나무 수령이 6년 미만인 과수원(수확년도 기준 수령이 7년 미만) ② 품종이 '귀양'인 자두, 서양자두(푸룬 등) 및 품목이 플럼코트를 재배하는 과수원 ③ 도서 지역의 경우 연륙교가 설치되어 있지 않고 정기선이 운항하지 않는 등 신속한 손해평가가 불가능한 지역에 소재한 과수원
호두	① 가입하는 해의 나무 수령(나이)이 8년 미만인 경우 ② 보험가입 이전에 자연재해 피해 및 접붙임 등으로 당해년도의 정상적인 결실에 영향이 있는 과수원 ③ 가입사무소 또는 계약자를 달리하여 중복 가입하는 과수원 ④ 도서 지역의 경우 연륙교가 설치되어 있지 않고 정기선이 운항하지 않는 등 신속한 손해평가가 불가능한 지역에 소재한 과수원 ⑤ 도시계획 등에 편입되어 수확 종료 전에 소유권 변동 또는 과수원 형질변경 등이 예정되어 있는 과수원

	⑥ 군사시설보호구역 중 통제보호구역내의 농지 (단, 통상적인 영농활동 및 손해평가가 가능하다고 판단되는 농지는 인수 가능)
참다래	① 가입하는 해의 나무 수령이 3년 미만인 경우 ② 수령이 혼식된 과수원 (다만, 수령의 구분이 가능하며 동일 수령군이 90% 이상인 경우에 한하여 가입 가능) ③ 보험가입 이전에 역병 및 궤양병 등의 병해가 발생하여 보험 가입 시 전체 나무의 20% 이상이 고사하였거나 정상적인 결실을 하지 못할 것으로 판단되는 과수원 (다만, 고사한 나무가 전체의 20% 미만이더라도 고사한 나무를 제거하지 않거나 방재 조치를 하지 않은 경우에는 인수를 제한) ④ 가입사무소 또는 계약자를 달리하여 중복 가입하는 과수원 ⑤ 도시계획 등에 편입되어 수확 종료 전에 소유권 변동 또는 과수원 형질변경 등이 예정되어 있는 과수원 ⑥ 가입면적이 200㎡ 미만인 참다래 비가림시설 ⑦ 참다래 재배 목적으로 사용되지 않는 비가림시설 ⑧ 목재 또는 죽재로 시공된 비가림시설 ⑨ 구조체, 피복재 등 목적물이 변형되거나 훼손된 비가림시설 ⑩ 목적물의 소유권에 대한 확인이 불가능한 비가림시설 ⑪ 건축 또는 공사 중인 비가림시설 ⑫ 1년 이내에 철거 예정인 고정식 비가림시설 ⑬ 정부에서 보험료 일부를 지원하는 다른 계약에 이미 가입되어 있는 비가림시설 ⑭ 기타 인수가 부적절한 과수원 또는 비가림시설
대추	① 가입하는 해의 나무 수령이 4년 미만인 경우 ② 사과대추(왕대추)류를 재배하는 과수원. 단, 다음 사업지역에서 재배하는 경우에 한하여 가입 가능 | 사업지역 | 충남(부여) | 충남(청양) | 전남(영광) | |---|---|---|---| | 가입가능 품종 | 황실 | 천황 | 대능 | ③ 재래종대추와 사과대추(왕대추)류가 혼식되어 있는 과수원 ④ 건축 또는 공사 중인 비가림시설 ⑤ 목재, 죽재로 시공된 비가림시설 ⑥ 피복재가 없거나 대추를 재배하고 있지 않은 시설 ⑦ 작업동, 창고동 등 대추 재배용으로 사용되지 않는 시설 ⑧ 목적물의 소유권에 대한 확인이 불가능한 시설 ⑨ 정부에서 보험료의 일부를 지원하는 다른 계약에 이미 가입되어 있는 시설 ⑩ 비가림시설 전체가 피복재로 쓴 시설 (일반적인 비닐하우스와 차이가 없는 시설은 원예시설보험으로 가입)

	⑪ 보험가입 이전에 자연재해 피해 및 접붙임 등으로 당해년도의 정상적인 결실에 영향이 있는 과수원 ⑫ 가입사무소 또는 계약자를 달리하여 중복 가입하는 과수원 ⑬ 도서 지역의 경우 연륙교가 설치되어 있지 않고 정기선이 운항하지 않는 등 신속한 손해평가가 불가능한 지역에 소재한 과수원 ⑭ 도시계획 등에 편입되어 수확 종료 전에 소유권 변동 또는 과수원 형질변경 등이 예정되어 있는 과수원
매실	가입하는 해의 나무 수령이 5년 미만인 경우
오미자	① 삭벌 3년차 이상 과수원 또는 삭벌하지 않는 과수원 중 식묘 4년차 이상인 과수원 ② 가지가 과도하게 번무하여 수관 폭이 두꺼워져 광부족 현상이 일어날 것으로 예상되는 과수원 ③ 유인틀의 상태가 적절치 못하여 수확량이 현저하게 낮을 것으로 예상되는 과수원 (유인틀의 붕괴, 매우 낮은 높이의 유인틀) ④ 주간거리가 50㎝ 이상으로 과도하게 넓은 과수원
유자	① 가입하는 해의 나무 수령(나이)이 4년 미만인 경우 ② 가입사무소 또는 계약자를 달리하여 중복 가입하는 과수원 ③ 도서 지역의 경우 연륙교가 설치되어 있지 않고 정기선이 운항하지 않는 등 신속한 손해평가가 불가능한 지역에 소재한 과수원 ④ 도시계획 등에 편입되어 수확 종료 전에 소유권 변동 또는 과수원 형질변경 등이 예정되어 있는 과수원
살구	① 노지재배가 아닌 시설에서 살구를 재배하는 과수원 ② 가입연도 나무수령이 5년 미만인 과수원 ③ 보험가입 이전에 자연재해 피해 및 접붙임 등으로 당해년도의 정상적인 결실에 영향이 있는 과수원 ④ 친환경 재배과수원으로서 일반재배와 결실 차이가 현저히 있다고 판단되는 과수원 ⑤ 가입사무소 또는 계약자를 달리하여 중복 가입하는 과수원 ⑥ 도서 지역의 경우 연륙교가 설치되어 있지 않고 정기선이 운항하지 않는 등 신속한 손해평가가 불가능한 지역에 소재한 과수원 ⑦ 도시계획 등에 편입되어 수확 종료 전에 소유권 변동 또는 과수원 형질변경 등이 예정되어 있는 과수원 ⑧ 군사시설보호구역 중 통제보호구역내의 농지 (단, 통상적인 영농활동 및 손해평가가 가능하다고 판단되는 농지는 인수 가능)
오디	① 가입연도 기준 3년 미만(수확연도 기준 수령이 4년 미만)인 뽕나무 ② 흰 오디 계통(터키-D, 백옹왕 등) ③ 보험가입 이전에 균핵병 등의 병해가 발생하여 과거 보험 가입 시 전체 나무의 20% 이상이 고사하였거나 정상적인 결실을 하지 못할 것으로 예상되는 과수원

	④ 적정한 비배관리를 하지 않는 조방재배 과수원 ※ 조방재배 : 일정한 토지면적에 대하여 자본과 노력을 적게 들이고 자연력의 작용을 주로 하여 경작하는 방법 ⑤ 노지재배가 아닌 시설에서 오디를 재배하는 과수원 ⑥ 보험가입 이전에 자연재해 피해 및 접붙임 등으로 당해년도의 정상적인 결실에 영향이 있는 과수원 ⑦ 가입사무소 또는 계약자를 달리하여 중복 가입하는 과수원 ⑧ 도서 지역의 경우 연륙교가 설치되어 있지 않고 정기선이 운항하지 않는 등 신속한 손해평가가 불가능한 지역에 소재한 과수원 ⑨ 도시계획 등에 편입되어 수확 종료 전에 소유권 변동 또는 과수원 형질변경 등이 예정되어 있는 과수원 ⑩ 군사시설보호구역 중 통제보호구역내의 농지 (단, 통상적인 영농활동 및 손해평가가 가능하다고 판단되는 농지는 인수 가능)
감귤	① 가입하는 해의 나무 수령(나이)이 다음 기준 미만인 경우 ㉠ 온주밀감류, 만감류 재식 : 4년 ㉡ 만감류 고접 : 2년 ② 주요 품종을 제외한 실험용 기타품종을 경작하는 과수원 ③ 노지 만감류를 재배하는 과수원 ④ 온주밀감과 만감류 혼식 과수원 ⑤ 하나의 과수원에 식재된 나무 중 일부 나무만 가입하는 과수원 (단, 해거리가 예상되는 나무의 경우 제외) ⑥ 보험가입 이전에 자연재해 피해 및 접붙임 등으로 당해년도의 정상적인 결실에 영향이 있는 과수원 ⑦ 가입사무소 또는 계약자를 달리하여 중복 가입하는 과수원 ⑧ 도시계획 등에 편입되어 수확 종료 전에 소유권 변동 또는 과수원 형질변경 등이 예정되어 있는 과수원
복분자	① 가입연도 기준, 수령이 1년 이하 또는 11년 이상인 포기로만 구성된 과수원 ② 계약인수 시까지 구결과모지(올해 복분자 과실이 열렸던 가지)의 전정 활동(통상적인 영농활동)을 하지 않은 과수원 ③ 노지재배가 아닌 시설에서 복분자를 재배하는 과수원 ④ 적정한 비배관리를 하지 않는 조방재배 과수원 ※ 조방재배 : 일정한 토지면적에 대하여 자본과 노력을 적게 들이고 자연력의 작용을 주(主)로 하여 경작하는 방법 ⑤ 보험가입 이전에 자연재해 피해 및 접붙임 등으로 당해년도의 정상적인 결실에 영향이 있는 과수원 ⑥ 가입사무소 또는 계약자를 달리하여 중복 가입하는 과수원 ⑦ 도서 지역의 경우 연륙교가 설치되어 있지 않고 정기선이 운항하지 않는 등

	신속한 손해평가가 불가능한 지역에 소재한 과수원 ⑧ 도시계획 등에 편입되어 수확 종료 전에 소유권 변동 또는 과수원 형질변경 등이 예정되어 있는 과수원 ⑨ 군사시설보호구역 중 통제보호구역내의 농지 (단, 통상적인 영농활동 및 손해평가가 가능하다고 판단되는 농지는 인수 가능)
무화과	① 가입하는 해의 나무 수령(나이)이 4년 미만인 과수원 (가입하는 해의 나무 수령이 4년~9년 이내의 나무만 나무보장특약 가입가능) ② 관수시설이 미설치된 과수원 ③ 노지재배가 아닌 시설에서 무화과를 재배하는 과수원 ④ 보험가입 이전에 자연재해 피해 및 접붙임 등으로 당해년도의 정상적인 결실에 영향이 있는 과수원 ⑤ 가입사무소 또는 계약자를 달리하여 중복 가입하는 과수원 ⑥ 도시계획 등에 편입되어 수확 종료 전에 소유권 변동 또는 과수원 형질변경 등이 예정되어 있는 과수원
밤	① 가입하는 해의 나무 수령(나이)이 5년 미만인 과수원 ② 보험가입 이전에 자연재해 피해 및 접붙임 등으로 당해년도의 정상적인 결실에 영향이 있는 과수원 ③ 가입사무소 또는 계약자를 달리하여 중복 가입하는 과수원 ④ 도서 지역의 경우 연륙교가 설치되어 있지 않고 정기선이 운항하지 않는 등 신속한 손해평가가 불가능한 지역에 소재한 과수원 ⑤ 도시계획 등에 편입되어 수확 종료 전에 소유권 변동 또는 과수원 형질변경 등이 예정되어 있는 과수원

나. 계약인수 관련 수확량

1) 표준수확량

과거의 통계를 바탕으로 지역, 수령, 재식밀도, 과수원 조건 등을 고려하여 산출한 예상 수확량이다.

2) 평년수확량 산출방법

가) 과거수확량 자료가 없는 경우(신규 가입)

표준수확량 100%를 평년수확량으로 결정(살구, 사과대추, 유자 : 표준수확량의 70%로 결정)

나) 과거수확량 자료가 있는 경우(최근 5년 이내 가입 이력 존재)

> □ 평년수확량 = [A + (B − A) × (1 − Y/5)] × C/B
>   ○ A(과거평균수확량) = Σ과거 5년간 수확량 ÷ Y
>   ○ B(평균표준수확량) = Σ과거 5년간 표준수확량 ÷ Y
>   ○ C(당해연도(가입연도) 표준수확량)
>   ○ Y = 과거수확량 산출연도 횟수(가입횟수)
>   ※ 다만, 평년수확량은 보험가입연도 표준수확량의 130%를 초과할 수 없음
>   ※ 복분자, 오디의 경우 (A × Y/5) + [B × (1 − Y/5)]로 산출한다.
>   *A = 과거 5개년 평균결실수(결과모지수), B = 품종별 표준 결실수(결과모지수)
>
> □ 과거수확량 산출방법
>   ○ 조사수확량 > 평년수확량의 50%   ⇨ 조사수확량
>   평년수확량의 50% ≥ 조사수확량   ⇨ 평년수확량의 50%
>   ○ 감귤의 경우
>   평년수확량 ≥ 평년수확량 × (1 − 피해율) ≥ 평년수확량의 50%
>   ⇨ 평년수확량 × (1 − 피해율)
>   평년수확량의 50% > 평년수확량 × (1 − 피해율)
>   ⇨ 평년수확량의 50%
>   ※ 무사고 시에는 표준수확량의 1.1배와 평년수확량의 1.1배 중 큰 값 적용
>   ※ 복숭아, 포도 : 무사고 시 수확 전 착과수 조사값을 적용(조사한 착과수 × 평균과중)

3) 가입수확량

평년수확량의 50% ~ 100% 사이에서 계약자가 결정

문제로 확인하기

01. 종합위험보장 유자, 무화과, 포도, 감귤 상품을 요약한 내용이다. 다음 ( )에 들어갈 내용을 쓰시오.

품목	구분	대상재해	보험기간 시기	보험기간 종기
유자	수확감소보장	자연재해 조수해 화재	계약체결일 24시	(①)
유자	나무손해보장	자연재해 조수해 화재	판매개시연도 12월 1일 (다만 12월 1일 이후 보험에 가입하는 경우에는 계약체결일 24시)	이듬해 11월 30일
무화과	과실손해보장	자연재해 조수해 화재	계약체결일 24시	(②)
무화과	(③)		(④)	(⑤)
무화과	나무손해보장	자연재해 조수해 화재	판매개시연도 12월 1일	이듬해 11월 30일
포도	비가림과수 손해보장	자연재해 조수해 화재	계약체결일 24시	(⑥)
포도	나무손해보장	자연재해 조수해 화재	판매개시연도 12월 1일 (다만 12월 1일 이후 보험에 가입하는 경우에는 계약체결일 24시)	이듬해 11월 30일
감귤	종합위험과실 손해보장	자연재해 조수해 화재	발아기 (단, 발아기가 지난 경우에는 계약체결일 24시)	11월 30일
감귤	나무손해보장	자연재해 조수해 화재	발아기 (단, 발아기가 지난 경우에는 계약체결일 24시)	(⑦)

> [해설]
> ① 수확개시 시점(단, 10월31일을 초과할 수 없음)
> ② 이듬해 7월 31일
> ③ 태풍(강풍), 우박
> ④ 이듬해 8월 1일
> ⑤ 이듬해 수확기 종료시점(단, 이듬해 10월 31일을 초과할 수 없음)
> ⑥ 수확기 종료 시점(단, 10월 10일을 초과할 수 없음)
> ⑦ 이듬해 2월 말일

02. 농작물재해보험 종합위험보장 과수품목의 보험기간에 대한 기준이다. ( )에 들어갈 내용을 쓰시오.

구분		보장개시	보장종료
해당보장 및 약관	목적물		
종합위험 수확감소보장 보통약관	밤	(①) 다만, (①)가 경과한 경우에는 계약체결일 24시	수확기종료 시점 다만, (②)을 초과할 수 없음
비가림과수 손해보장 보통약관	이듬해에 맺은 참다래 과실	(③) 다만, (③)가 지난 경우에는 계약체결일 24시	해당 꽃눈이 성장하여 맺은 과실의 수확기 종료 시점 다만, 이듬해(④)을 초과할 수 없음
비가림과수 손해보장 보통약관	대추	(⑤) 다만, (⑤)가 경과한 경우에는 계약체결일 24시	수확기 종료 시점 다만, (⑥)을 초과할 수 없음

> [해설]
> ① 발아기   ② 10월31일   ③ 꽃눈분화기   ④ 11월30일   ⑤ 신초발아기
> ⑥ 10월31일

03. 종합위험과수 자두 상품에서 수확감소보장의 자기부담비율과 그 적용기준을 각 비율별로 서술하시오.

> **해설**
> ① 자기부담비율 : 계약할 때 계약자가 선택한 비율로 10%형, 15%형, 20%형, 30%형, 40% 형이 있다.
> ② 자기부담비율 적용기준
>   가. 10%형 : 최근 3년간 연속 보험가입과수원으로서 3년간 수령한 보험금이 순보험료의 100% 이하인 경우에 한하여 선택 가능
>   나. 15%형 : 최근 2년간 연속 보험가입과수원으로서 2년간 수령한 보험금이 순보험료의 100% 이하인 경우에 한하여 선택 가능
>   다. 20%형, 30%형, 40% : 제한없음

04. ○○도 △△시 관내에서 매실과수원을 경작하는 A씨는 농작물재해보험 매실품목의 나무손해보장특약에 다음과 같은 조건으로 가입한 상태에서 보험기간 내 침수로 50주가 고사되는 피해를 입었다. A씨의 피해에 대한 나무손해보장특약의 보험금산출식을 쓰고 해당 보험금을 계산하시오.

○ 품종 : 천매	○ 수령 : 10년생
○ 가입주수 : 200주	○ 1주당 가입가격 : 50,000원

> **해설**
> 보험금산출식 = 보험가입금액 × [피해율 − 자기부담비율(5%)]
>   ※ 피해율 = 피해주수(고사된 나무) ÷ 실제결과주수
> * 보험가입금액 = 가입주수 × 가입가격 = 200주 × 50,000원 = 10,000,000원
> * 피해율 = 50주 ÷ 200주 = 25%
> * 보험금 = 10,000,000원 × (25% − 5%) = 2,000,000원

05. 종합위험보장방식 대추 품목 비가림시설에 관한 내용이다. 다음 조건에서 계약자가 가입할 수 있는 보험가입금액의 ① 최소값과 ② 최대값을 구하고, ③ 계약자가 부담할 보험료의 최소값은 얼마인지 쓰시오. (단, 화재위험보장 특약은 제외하고, 가입금액은 만원 단위 미만은 절사 하시오.)

○ 가입면적 : 2,500㎡
○ 비가림시설의 ㎡당 시설비 : 19,000원
○ 지역별 보험요율(순보험요율) : 5%
○ 순보험료 정부 보조금 비율 : 50%
○ 순보험료 지방자치단체 보조금 비율 : 30%
○ 손해율에 따른 할인·할증과 방재시설 할인 없음

해설

① 보험가입금액의 최소값
   2,500㎡ × 19,000원 × 0.8 = 38,000,000원
② 보험가입금액의 최대값
   2,500㎡ × 19,000원 × 1.3 = 61,750,000원

   ※ 보험가입금액 = (㎡당 시설비 × 시설면적) × (80% ~ 130%)

③ 계약자가 부담할 보험료의 최소값
   보험료(보험가입금액 × 지역별 보험요율) = 38,000,000원 × 5% = 1,900,000원
   계약자부담보험료 = 1,900,000원 × {1 − (50% + 30%)} = 380,000원

06. 농작물재해보험 상품 중 비가림시설에 관한 다음 보험가입금액을 구하시오.

※ ㎡당 시설비 : 포도(18,000원), 대추(19,000원)

(1) 포도(단지 단위) 비가림시설의 최소 가입면적에서 최소 보험가입금액

(2) 대추(단지 단위) 비가림시설의 가입면적 300㎡에서 최대 보험가입금액

해설

(1) 200㎡ × 18,000원 × 0.8 = 2,880,000원
(2) 300㎡ × 19,000원 × 1.3 = 7,410,000원

07. 농작물재해보험 종합위험보장 포도 상품에서 비가림시설 보험금 지급시 (1) 구조체 자기부담금과 (2) 피복재 자기부담금에 대해 서술하고, 다음 조건을 토대로 (3) 각각의 보험금을 구하시오(산출식을 제시할 것).

시 설	보험가입금액	손해액
구조체	47,000,000원	35,000,000원
피복재	3,000,000원	2,000,000원

※ 구조체와 피복재 각각 다른 사고임
※ 재해 : 태풍

해설

(1) 구조체 자기부담금 : 최소자기부담금 30만원과 최대자기부담금 100만원을 한도로 보험사고로 인하여 발생한 손해액(비가림시설)의 10%에 해당하는 금액으로 한다.
(2) 피복재 자기부담금 : 최소자기부담금 10만원과 최대 자기부담금 30만원을 한도로 한다.
(3) 비가림시설 보장 보험금 : Min(손해액 - 자기부담금, 보험가입금액)
　　○ 구조체 보험금 : Min(35,000,000원 - 1,000,000원, 47,000,000원) = 34,000,000원
　　○ 피복재 보험금 : Min(2,000,000원 - 200,000원, 3,000,000원) = 1,800,000원

08. 농작물재해보험 종합위험 수확감소보장 복숭아 상품에 관한 내용이다. 다음 조건에 대한 ① 보험금 지급사유와 ② 지급시기를 서술하고 ③ 보험금을 구하시오. (단, 보험금은 계산과정을 반드시 쓰시오.)

1. 계약사항
   - 보험가입품목 : (종합)복숭아 ○ 품종 : 백도
   - 수령 : 10년 ○ 가입주수 : 150주
   - 보험가입금액 : ₩25,000,000 ○ 평년수확량 : 9,000kg
   - 가입수확량 : 9,000kg
   - 자기부담비율 : 2년 연속가입 및 2년간 수령보험금이 순보험료의 100% 이하인 과수원으로 최저 자기부담비율 선택
   - 특별약관 : 수확량감소추가보장
2. 조사내용
   - 사고접수 : 2019. 07. 05. 기타자연재해, 병충해
   - 조사일 : 2019. 07. 06. ○ 사고조사내용 : 강풍, 병충해(복숭아순나방)
   - 수확량 : 4,500kg (병충해과실무게 포함) ○ 병충해과실무게 : 1,200kg
   - 미보상비율 : 10%

해설

① 보험금 지급사유 : 보상하는 손해로 피해율이 자기부담비율을 초과하는 경우 지급한다.

② 지급시기
  1. 수확기 경과 후 보험금 청구서류를 접수하면, 지체없이 지급할 보험금을 결정하고 지급할 보험금이 결정되면 7일 이내에 지급한다.
  2. 수확기 경과 후 보험금 청구서류를 접수하면, 지급할 보험금이 결정되기 전이라도 피보험자의 청구가 있을 때에는 회사가 추정한 보험금의 50% 상당액을 가지급금으로 지급한다.

③ 보험금
  1. 수확감소보험금
     = 보험가입금액 × (피해율 − 자기부담비율) = 25,000,000원 × (0.45 − 0.15) = 7,500,000원
  2. 수확량감소 추가보장 보험금
     = 보험가입금액 × (피해율 × 10%) = 25,000,000원 × (0.45 × 0.1) = 1,125,000원
  3. 총 보험금 = 7,500,000원 + 1,125,000원 = 8,625,000원

     * 피해율 = {(평년수확량 − 수확량 − 미보상감수량) + 병충해감수량} ÷ 평년수확량
            = (9,000kg − 4500kg − 450kg) ÷ 9,000kg = 45%
     * 자기부담비율 : 15%(2년 연속가입 및 2년간 수령보험금이 순보험료의 100% 이하인 과수원은 자기부담비율이 15%이다)
     * 미보상감수량 = (평년수확량 − 수확량) × 미보상비율 = (9,000kg − 4500kg) × 10% = 450kg
     * 병충해감수량 : 병충해 입은 과실의 무게 × 50%
       세균구멍병이 아니므로 병충해감수량은 0kg

09. 종합위험과수 포도에 관한 내용이다. 계약내용과 조사내용을 참조하여 다음 물음에 답하시오.

1. 계약내용	2. 조사내용

○ 보험가입품목 : 포도, 비가림시설
○ 특별약관 : 나무손해보장, 수확량감소추가보장
○ 품종 : 캠벨얼리
○ 수령 : 8년
○ 가입주수 : 100 주
○ 평년수확량 : 1,500kg
○ 가입수확량 : 1,500kg
○ 비가림시설 가입면적 : 1,000 ㎡
○ 자기부담비율 : 3년 연속가입 및 3년간 수령한 보험금이 순보험료의 100% 이하인 과수원으로 최저자기부담비율 선택
○ 포도 보험가입금액 : 20,000,000 원
○ 나무손해보장 보험가입금액 : 4,000,000 원
○ 비가림시설 보험가입금액 : 18,000,000 원
	○ 사고접수 : 2021. 8. 10. 호우
	○ 조사일 : 2021. 8. 13
	○ 재해 : 호우
	○ 조사결과
	  - 실제결과주수 : 100주
	  - 고사된 나무 : 30주
	  - 수확량 : 700kg
	  - 미보상비율 : 10%
	  - 비가림시설 : 피해없음

(1) 계약내용과 조사내용에 따라 지급가능 한 3가지 보험금에 대하여 각각 계산과정과 값을 쓰시오.

(2) 포도 상품 비가림시설에 대한 보험가입기준과 인수제한 내용이다. (　)에 들어갈 내용을 각각 쓰시오.

○ 비가림시설 보험가입기준 : (①) 단위로 가입(구조체 + 피복재)하고 최소 가입면적은 (②)이다. 단위면적당 시설단가를 기준으로 80%~130% 범위에서 가입금액 선택 (10% 단위 선택)
○ 비가림시설 인수제한 : 비가림폭이 2.4m ± 15%, 동고가 (③)의 범위를 벗어나는 비가림시설(과수원의 형태 및 품종에 따라 조정)

[해설]

(1) ① 수확감소보험금
　　*미보상감수량 = (1,500kg − 700kg) × 10% = 80kg
　　*피해율 = (1,500kg − 700kg − 80kg) ÷ 1,500kg = 48%
　　*자기부담비율 = 10%
　　*수확감소보험금 = 20,000,000원 × (48% − 10%) = 7,600,000원
　② 수확량감소 추가보장 보험금 = 20,000,000원 × (48% × 10%) = 960,000원
　③ 나무손해보장 보험금
　　*피해율 = 30주 ÷ 100주 = 30%
　　*나무손해보장 보험금 = 4,000,000원 × (30% − 5%) = 1,000,000원
(2) ① 단지　　② 200㎡ 이상　　③ 3m ± 5%

10. 다음 조건에 따라 수확감소보장의 보험료를 산출하시오.

○ 품목 : 종합위험보장 포도	○ 제1방재시설 할인율 : 15%
○ 보험가입금액 : 10,000,000원	○ 제2방재시설할인율 : 10%
○ 지역별 보통약관 영업요율 : 20%	○ 제3방재시설 할인율 : 10%
○ 손해율에 따른 할증률 : 20%	

[해설]

보험료
= 보험가입금액 × 지역별 보통약관 영업요율 × (1 + 손해율에 따른 할인·할증률) × (1 − 방재시설할인율)
= 10,000,000원 × 0.2 × (1 + 0.2) × (1 − 0.3) = 1,680,000원

※ 방재시설이 설치된 과수원에 대하여 방재시설별, 대상재해별로 5% ~ 15%의 할인을 적용하며, 2개 이상의 방재시설이 있는 경우 합산하여 적용하되 방재시설 할인율은 최대 30%를 초과할 수 없다.

11. 종합위험보장 포도·복숭아 보험의 인수제한 과수원에 대한 설명 중 괄호 안에 들어갈 내용을 순서대로 쓰시오.

> ○ 보험가입금액이 (①) 미만인 과수원
> ○ 가입하는 해외 나무수령이 (②) 미만인 과수원
> ○ 품목이 혼식된 과수원 (다만, 포도의 결과주수가 (③) 이상인 과수원은 가입가능
> ○ 보험가입 직전년도(이전)에 역병 및 (④) 등의 병해가 발생하여 보험가입시 전체 나무의 (⑤) 이상이 고사하였거나 정상적인 결실을 하지 못할 것으로 판단되는 과수원
> 다만, 고사한 나무가 전체의 (⑤) 미만이더라도 고사된 나무를 제거하지 않거나, 방재조치를 하지 않은 경우에는 인수제한
> ○ (⑥)이 2.4m ± 15% (⑦)가 3m ± 5%의 범위를 벗어나는 비가림시설

[해설]

① 200만원　② 3년　③ 90%　④ 궤양병　⑤ 20%
⑥ 비가림폭　⑦ 동고

12. 다음 사례에서 농작물재해보험의 인수가능 여부를 ① 보험가입 기준과, ② 인수제한 과수원 기준으로 모두 서술하시오.

> ○○시 △△리 본인소유 A과수원 500㎡(보험가입금액 100만원)에서 포도농사를 짓던 김씨는 최근에 같은 △△리에 소재하는 면적 890㎡(보험가입금액 180만원)의 B과수원을 추가로 매입하였다.
> 김씨가 기존에 소유하고 있는 A과수원은 2022년 기준 나무수령이 5년이며, 2021년에 역병으로 고사한 나무가 18%였으며, 고사한 나무는 모두 제거하고 방재조치를 하였다.
> 새롭게 매입한 B과수원은 2022년 기준 나무수령이 2년이고, 친환경재배 과수원으로 만들었으며 일반재배와 결실차이가 현저히 있다고 판단되었다.
> 김씨는 기존의 과수원과 새로 구입한 과수원을 합하여 하나의 과수원으로 하여 2022년에 종합위험보장 포도보험에 가입하려고 한다.

[해설]
① 보험가입 기준
포도를 경작하는 농가는 보험가입금액이 200만원 이상인 과수원이 가입가능하다. 단, 같은 동 또는 리 안에 위치한 가입조건 미만의 과수원은 두 과수원을 합하여 200만원 이상이면 가입 가능하다.
② 인수제한 과수원 기준
1. 나무수령기준으로 A과수원은 나무수령이 3년 이상이므로 인수가 가능하지만, B과수원은 나무수령이 3년 미만이므로 인수가 제한된다.
2. 보험가입 직전년도(이전)에 역병 및 궤양병 등의 병해가 발생하여 보험가입시 전체 나무의 20% 이상이 고사하였거나 정상적인 결실을 하지 못할 것으로 판단되는 과수원은 인수제한 과수원이다. 다만, 고사한 나무가 전체의 20% 미만이더라도 고사된 나무를 제거하지 않거나 방재조치를 하지 않은 경우에는 인수 제한과수원이지만 위의 사례에서는 해당 조치를 하였으므로 보험가입이 가능하다.
3. 친환경재배 과수원으로서 일반재배와 결실차이가 현저히 있다고 판단되는 과수원은 인수제한 과수원이며 B과수원은 이에 해당한다.
③ 인수가능 여부
B과수원은 나무수령과 친환경재배 과수원으로 인하여 인수가 제한되므로, A과수원과 합하여 보험에 가입할 수 없으며, A과수원 단독으로는 보험가입금액이 보험가입기준에 미달하기 때문에 결국 두 과수원 모두 인수가 제한된다.

13. 다음 사례를 읽고 농작물재해보험 이론에서 정하는 기준에 따라 인수가능 여부에 대해 서술하시오.

A씨는 김제시 △△리 1번지 본인소유 농장에서 보험가입금액이 280만원인 복분자 과수원을 운영하고 있다.
가입년도 나무수령은 2년이고, 과수원에 식재된 나무의 일부를 농작물재해보험에 가입하려고 한다. 과수원은 하천부지에 있지만 제방을 쌓아 과수원이 물길 밖에 있다.

[해설]
① 보험가입금액이 200만원 이상이므로 인수가 가능하다.
② 가입년도 나무수령이 2년(1년 초과 11년 미만이면 가입가능)이므로 인수가 가능하다.
③ 하나의 과수원에 식재된 나무 중 일부만 가입하는 경우 인수가 제한된다.
④ 제방을 쌓아 과수원이 물길 밖에 있는 경우라도 하천부지 및 상습침수 지역에 소재한 과수원은 인수제한 과수원에 해당한다.
③과 ④의 이유로 인수가 제한된다.

14. 다음 품목(포도)에 대한 2023년도 평년수확량을 산출하시오(소숫점이하절사)

(단위 : kg)

연도	평년수확량	표준수확량	조사수확량	보험가입여부
2018년	9,000	8,000	8,000	가입
2019년	10,000	9,000	-	미가입
2020년	11,000	10,000	11,000	가입
2021년	12,000	11,000	5,500	가입
2022년	11,000	11,000	무사고	가입
2023년		12,000		

○ 2022년 : 착과수 30,000개, 평균과중 400g

해설

A값 : (8,000 + 11,000 + 6,000 + 12,000) ÷ 4 = 9,250kg
B값 : (8,000 + 10,000 + 11,000 + 11,000) ÷ 4 = 10,000kg
C값 : 12,000
Y값 : 4
평년수확량 = {9,250 + (10,000 − 9,250) × (1 − 4/5)} × 12,000 ÷ 10,000 = 11,280kg

15. 다음 품목(감귤)에 대한 2023년도 평년수확량을 산출하시오(소숫점이하절사)

(단위 : kg)

연도	평년수확량	표준수확량	피해율	보험가입여부
2018년	8,000	8,000	30%	가입
2019년	9,000	9,000	-	미가입
2020년	10,000	10,000	40%	가입
2021년	11,000	11,000	60%	가입
2022년	12,000	11,000	무사고	가입
2023년		12,000		

해설

A값 : (5,600 + 6,000 + 5,500 + 13,200) ÷ 4 = 7,575kg
B값 : (8,000 + 10,000 + 11,000 + 11,000) ÷ 4 = 10,000kg
C값 : 12,000
Y값 : 4
평년수확량 = {7,575 + (10,000 − 7,575) × (1 − 4/5)} × 12,000 ÷ 10,000 = 9,672kg

16. 다음 품목(복분자)에 대한 2023년도 평년결과모지수를 산출하시오.(소숫점 둘째자리에서 반올림하시오)

(단위 : 개)

연도	평년결과모지수	실제결과모지수	보험가입여부
2018년	6	2	가입
2019년	5	-	미가입
2020년	5	6	가입
2021년	6	무사고	가입
2022년	6	-	미가입

○ 2018년 2년생으로 가입

> [해설]
> A값 : (3 + 6 + 6.6) ÷ 3 = 5.2개
> B값 : 4개
> Y값 : 3
> 평년결과모지수 = (5.2 × 3/5) + (4 × 2/5) = 3.12 + 1.6 = 4.72 ⇨ 4.7개

17. 아래 항목들을 참고하여 오디 품목의 2023년도 평년결실수를 산정하시오.(각 결실수는 소숫점 첫째 자리에서 반올림하시오)

□ 최근 5년간 결실수

가입년도	표준결실수	평년결실수	조사결실수	보험가입 여부
2018년	200	180	190	가입
2019년	200	180	-	미가입
2020년	200	195	-	미가입
2021년	200	195	무사고	가입
2022년	200	200	95	가입

□ 계약내용

○ 가입주수 100주   ○ 표준수확량 10kg/주
○ 표준가격 7,000원/kg   ○ 표준결실수 : 200개
○ 보험가입비율 : 80%   ○ 품종 : 청일뽕

> [해설]
> A : 2018(190개), 2021(220개), 2022(100개) ⇨ (190 + 220 + 100) ÷ 3 = 170개
> B값 : 200개
> Y값 : 3
> 평년결실수 = (170 × 3 ÷ 5) + (200 × (1 - 3 ÷ 5)) = 182개

18. 다음 품목(참다래)에 대한 2023년도 평년수확량을 산출하시오(소숫점이하절사)

(단위 : kg)

구 분	2018년	2019년	2020년	2021년	2022년	합 계	평 균
평년수확량	8,000	8,100	8,100	8,300	8,400	40,900	8,180
표준수확량	8,200	8,200	8,200	8,200	8,200	41,000	8,200
조사수확량	7,000	4,000	무사고	무사고	8,500	-	-
가입여부	가입	가입	가입	가입	가입		

※ 2023년의 표준수확량은 8,200kg임

해설

A값 : (7,000 + 4,050 + 9,020 + 9,130 + 8,500) ÷ 5 = 7,540kg
B값 : (8,200 + 8,200 + 8,200 + 8,200 + 8,200) ÷ 5 = 8,200kg
C값 : 8,200
Y값 : 5
평년수확량 = {7,540 + (8,200 − 7,540) × (1 − 5/5)} × 8,200 ÷ 8,200 = 7,540kg

제5절 논작물

1. 대상품목 : 벼, 조사료용 벼, 밀, 보리

2. 보장방식 : 종합위험방식 수확감소보장

3. 상품 내용

   가. 보상하는 재해

      1) 자연재해, 조수해, 화재

      2) 벼(병해충보장 특약가입시) 보장하는 병해충

        ⇨ 흰잎마름병, 줄무늬잎마름병, 세균성벼알마름병, 도열병, 깨씨무늬병, 먹노린재, 벼멸구

   나. 보상하지 않는 재해

> ① 계약자, 피보험자 또는 이들의 법정대리인의 고의 또는 중대한 과실로 인한 손해
> ② 수확기에 계약자 또는 피보험자의 고의 또는 중대한 과실로 수확하지 못하여 발생한 손해
> ③ 제초작업, 시비관리 등 통상적인 영농활동을 하지 않아 발생한 손해
> ④ 원인의 직·간접을 묻지 않고 병해충으로 발생한 손해(다만, 벼 병해충보장 특별약관 가입 시는 제외)
> ⑤ 보장하지 않는 재해로 제방, 댐 등이 붕괴되어 발생한 손해
> ⑥ 하우스, 부대시설 등의 노후 및 하자로 생긴 손해
> ⑦ 계약체결 시점 현재 기상청에서 발령하고 있는 기상특보 발령 지역의 기상특보 관련 재해로 인한 손해
> ⑧ 보상하는 손해에 해당하지 않은 재해로 발생한 손해
> ⑨ 전쟁, 혁명, 내란, 사변, 폭동, 소요, 노동쟁의, 기타 이들과 유사한 사태로 생긴 손해

다. 보험기간

목적	보장명	보장개시	보장종료
벼(조곡)	이앙·직파불능보장	계약체결일 24시	판매개시연도 7월 31일
	재이앙·재직파보장	이앙(직파)완료일 24시 다만, 보험계약시 이앙(직파)완료일이 경과한 경우에는 계약체결일 24시	
	경작불능보장		출수기 전
	수확불능보장		수확기 종료 시점 단, 판개 11.30 초과 ×
	수확감소보장		
조사료용벼	경작불능보장		판매개시연도 8월 31일
밀, 보리	경작불능보장	계약체결일 24시	수확 개시 시점
	수확감소보장		수확기 종료 시점 단, 이듬해 6.30 초과 ×

※ 병해충 보장 특약 : 각 보장별 보통약관 보험시기 및 보험종기와 동일(이앙·직파불능보장 ×)

라. 보험가입금액

1) 가입수확량 × 표준가격(천원 단위 미만 절사)

⇨ 벼의 표준가격은 보험 가입연도 직전 5개년의 시·군별 농협 RPC 계약재배 수매가 최근 5년 평균값에 민간 RPC지수를 반영하여 산출

2) 조사료용 벼 : 보장생산비 × 가입면적(천원 단위 미만 절사)

마. 보험료

1) 종합위험 수확감소보장방식(벼, 조사료용 벼, 밀, 보리)

가) 수확감소보장 보통약관 적용보험료

> 보통약관 보험가입금액 × 지역별 보통약관 영업요율
> × (1 ± 손해율에 따른 할인·할증률)

※ 벼는 '(1 + 친환경재배 시 할증률)'과 '(1 + 직파재배 농지 할증률)'을 추가로 곱하여 계산

나) 병해충보장 특별약관 적용보험료(벼)

> 특별약관 보험가입금액 × 지역별 특별약관 영업요율 × (1 ± 손해율에 따른 할인·할증률)
> × (1 + 친환경재배 시 할증률) × (1 + 직파재배 농지 할증률)

2) 보험료의 환급(동일)

바. 보험금

목적	보장명	보험금 지급사유	보험금 계산(지급금액)
벼	이앙·직파 불능보장	보상하는 손해로 농지 전체를 이앙·직파하지 못하게 된 경우 (보험계약 소멸)	보험가입금액 × 10%
벼	재이앙 재직파 보장	보상하는 손해로 면적 피해율이 10%를 초과하고, 재이앙(재직파)한 경우 (1회 지급)	보험가입금액 × 25% × 면적피해율 ※ 면적피해율 = (피해면적 ÷ 보험가입면적)
벼	경작불능 보장	보상하는 손해로 식물체 피해율이 65% 이상이고, 계약자가 경작불능보험금을 신청한 경우 (보험계약소멸)	보험가입금액 × 일정비율 [조사료용벼] 보험가입금액 × 보장비율 × 경과비율
벼	수확불능 보장	보상하는 손해로 벼(조곡) 제현율이 65% 미만으로 떨어진 경우 (보험계약소멸)	보험가입금액 × 일정비율
벼	수확감소 보장	보상하는 손해로 피해율이 자기부담비율을 초과하는 경우	보험가입금액 × (피해율 - 자기부담비율) ※ 피해율 = (평년수확량 - 수확량 - 미보상감수량) ÷ 평년수확량
밀 보리	경작불능 보장	보상하는 손해로 식물체 피해율이 65% 이상이고, 계약자가 경작불능보험금을 신청한 경우 (보험계약소멸)	보험가입금액 × 일정비율
밀 보리	수확감소 보장	보상하는 손해로 피해율이 자기부담비율을 초과하는 경우	보험가입금액 × (피해율 - 자기부담비율) ※ 피해율 = (평년수확량 - 수확량 - 미보상감수량) ÷ 평년수확량

사. 자기부담비율

1) 보험사고로 인하여 발생한 손해에 대하여 계약자 또는 피보험자가 부담하는 일정 비율(금액)로 자기부담비율(금) 이하의 손해는 보험금이 지급되지 않는다.

2) 수확감소보장 자기부담비율

　가) 보험계약 시 계약자가 선택한 비율(10%, 15%, 20%, 30%, 40%)

　나) 간척지농지의 벼, 보리 품목의 경우 20%, 30%, 40% 이다.

　다) 수확감소보장 자기부담비율 선택 기준

10%형	최근 3년간 연속 보험가입계약자로서 3년간 수령한 보험금이 순보험료의 100% 이하인 경우에 한하여 선택 가능
15%형	최근 2년간 연속 보험가입계약자로서 2년간 수령한 보험금이 순보험료의 100% 이하인 경우에 한하여 선택 가능
20%형, 30%형, 40%형	제한 없음

3) 자기부담비율에 따른 경작불능 보험금 산출방식

　가) 보장하는 재해로 식물체 피해율이 65% 이상이고, 계약자가 경작불능 보험금을 신청한 경우 다음의 표와 같이 계산한다.(벼, 밀, 보리)

자기부담비율	경작불능보험금
10%형	보험가입금액의 45%
15%형	보험가입금액의 42%
20%형	보험가입금액의 40%
30%형	보험가입금액의 35%
40%형	보험가입금액의 30%

　나) **조사료용 벼** : 조사료용 벼의 보장비율은 경작불능 보험금 산정에 기초가 되는 비율로 보험가입을 할 때 계약자가 선택한 비율로 하며, 경과비율은 사고발생일이 속한 월에 따라 다음과 같이 계산한다.

[자기부담비율에 따른 보장비율]

자기부담비율	45%형	42%형	40%형	35%형	30%형
보장비율	45%	42%	40%	35%	30%

※ 45%형 가입가능 자격 : 3년 연속 가입 및 3년간 수령보험금이 순보험료의 100% 이하
※ 42%형 가입가능 자격 : 2년 연속 가입 및 2년간 수령보험금이 순보험료의 100% 이하

[사고발생일이 속한 월에 따른 경과비율]

월별	5월	6월	7월	8월
경과비율	80%	85%	90%	100%

다) 경작불능보험금을 지급한 경우 그 손해보상의 원인이 생긴 때로부터 해당 농지의 계약은 소멸된다.

4) 자기부담비율에 따른 수확불능 보험금 산출방식

가) 보험기간 내에 보상하는 재해로 제현율이 65% 미만으로 떨어져 정상 벼로서 출하가 불가능하게 되고, 계약자가 수확불능 보험금을 신청한 경우 다음의 표와 같이 계산한다.

[자기부담비율에 따른 수확불능보험금]

자기부담비율	수확불능보험금
10%형	보험가입금액의 60%
15%형	보험가입금액의 57%
20%형	보험가입금액의 55%
30%형	보험가입금액의 50%
40%형	보험가입금액의 45%

나) 수확불능보험금을 지급한 경우 그 손해보상의 원인이 생긴 때로부터 해당 농지의 계약은 소멸된다.

아. 특별약관

1) 이앙·직파불능 부보장 특별약관

2) 병해충 보장 특별약관

4. 계약인수

가. 계약인수 관련 수확량

1) 표준수확량

과거의 통계를 바탕으로 지역별 기준수량에 농지별 경작요소를 고려하여 산출한 예상 수확량

2) 평년수확량

가) 최근 5년 이내 보험가입실적 수확량 자료와 미가입 연수에 대한 표준수확량을 가중평균 하여 산출한 해당 농지에 기대되는 수확량을 말한다.

나) 평년수확량은 자연재해가 없는 이상적인 상황에서 수확할 수 있는 수확량이 아니라 평년 수준의 재해가 있다는 점을 전제로 한다.

다) 보험가입금액의 결정 및 보험사고 발생 시 감수량 산정을 위한 기준으로 활용

라) 산출 방법은 가입 이력 여부로 구분된다.

　(1) **과거수확량 자료가 없는 경우(신규 가입)** : 표준수확량의 100%를 평년수확량으로 결정

　(2) **과거수확량 자료가 있는 경우(최근 5년 이내 가입 이력 존재)** : 아래와 같이 산출하여 결정

□ **벼 품목 평년수확량** = $[A + (B \times D - A) \times (1 - Y/5)] \times C/D$

　○ A(과거평균수확량) = Σ과거 5년간 수확량 ÷ Y
　○ B = 가입연도 지역별 기준수확량
　○ C(가입연도 보정계수) = 가입년도의 품종, 이앙일자, 친환경재배 보정계수를 곱한 값
　○ D(과거평균보정계수) = Σ과거 5년간 보정계수 ÷ Y
　○ Y = 과거수확량 산출연도 횟수(가입횟수)
　※ 다만, 평년수확량은 보험가입연도 표준수확량의 130%를 초과할 수 없음

□ **과거수확량 산출방법**

　○ 조사수확량 > 평년수확량50% ⇨ 조사수확량,
　　평년수확량의 50% ≥ 조사수확량 ⇨ 평년수확량의 50%
　※ 사고 시에는 조사수확량 값 적용
　※ 무사고 시에는 표준수확량의 1.1배와 평년수확량의 1.1배 중 큰 값 적용

□ **보리·밀 품목 평년수확량** = $[A + (B - A) \times (1 - Y/5)] \times C/B$

　○ A(과거평균수확량) = Σ과거 5년간 수확량 ÷ Y
　○ B(평균표준수확량) = Σ과거 5년간 표준수확량 ÷ Y
　○ C(표준수확량) = 가입연도 표준수확량
　○ Y = 과거수확량 산출연도 횟수(가입횟수)
　※ 다만, 평년수확량은 보험가입연도 표준수확량의 130%를 초과할 수 없음

□ **과거수확량 산출방법**

　○ 조사수확량 > 평년수확량50% ⇨ 조사수확량,
　　평년수확량의 50% ≥ 조사수확량 ⇨ 평년수확량의 50%
　※ 사고 시에는 조사수확량 값 적용
　※ 무사고 시에는 표준수확량의 1.1배와 평년수확량의 1.1배 중 큰 값 적용

3) 가입수확량

보험에 가입한 수확량으로 범위는 평년수확량의 50%~100% 사이에서 계약자가 결정

나. 보험가입 기준

1) 벼, 밀, 보리의 경우

계약인수는 농지 단위로 가입하고 개별 농지당 최저 보험가입금액은 50만원이다.

가) 단, 가입금액 50만원 미만의 농지라도 인접 농지의 면적과 합하여 50만원 이상이 되면 통합하여 하나의 농지로 가입할 수 있다.

나) 벼의 경우 통합하는 농지는 2개까지만 가능하며, 가입 후 농지를 분리할 수 없다.

다) 밀, 보리의 경우 같은 동(洞) 또는 리(理)안에 위치한 가입조건 미만의 두 농지는 하나의 농지로 취급하여 위의 요건을 충족할 경우 가입 가능하며, 이 경우 두 농지를 하나의 농지로 본다

2) 조사료용 벼의 경우

농지 단위로 가입하고 개별 농지당 최저 가입면적은 1,000㎡이다.

가) 단, 가입면적 1,000㎡ 미만의 농지라도 인접 농지의 면적과 합하여 1,000㎡ 이상이 되면 통합하여 하나의 농지로 가입할 수 있다.

나) 통합하는 농지는 2개까지만 가능하며, 가입 후 농지를 분리할 수 없다.

3) 1인 1증권 계약의 체결

가) 1인이 경작하는 다수의 농지가 있는 경우, 그 농지의 전체를 하나의 증권으로 보험계약을 체결한다.

나) 다만, 읍·면·동을 달리하는 농지를 가입하는 경우, 기타 보험사업 관리기관이 필요하다고 인정하는 경우 예외로 한다.

4) 농지 구성방법

가) 리(동) 단위로 가입한다.

나) 동일 "리(동)"내에 있는 여러 농지를 묶어 하나의 경지번호를 부여한다.

다) 가입하는 농지가 여러 "리(동)"에 있는 경우 각 리(동)마다 각각 경지를 구성하고 보험계약은 여러 경지를 묶어 하나의 계약으로 가입한다.

다. 인수 제한 목적물

구 분	내 용
공통	① 보험가입금액이 50만원 미만인 농지(조사료용 벼는 제외) ② 하천부지에 소재한 농지 ③ 최근 3년 연속 침수피해를 입은 농지. 다만, 호우주의보 및 호우경보 등 기상특보에 해당되는 재해로 피해를 입은 경우는 제외함 ④ 오염 및 훼손 등의 피해를 입어 복구가 완전히 이루어지지 않은 농지 ⑤ 보험가입 전 농작물의 피해가 확인된 농지 ⑥ 통상적인 재배 및 영농활동을 하지 않는다고 판단되는 농지 ⑦ 보험목적물을 수확하여 판매를 목적으로 경작하지 않는 농지(채종농지 등) ⑧ 농업용지가 다른 용도로 전용되어 수용예정농지로 결정된 농지 ⑨ 전환지(개간, 복토 등을 통해 논으로 변경한 농지), 휴경지 등 농지로 변경하여 경작한 지 3년 이내인 농지 ⑩ 최근 5년 이내에 간척된 농지 ⑪ 도서 지역의 경우 연륙교가 설치되어 있지 않고 정기선이 운항하지 않는 등 신속한 손해평가가 불가능한 지역에 소재한 농지 ⑫ 기타 인수가 부적절한 농지
벼	① 밭벼를 재배하는 농지 ② 군사시설보호구역 중 통제보호구역 내의 농지 (단, 통상적인 영농활동 및 손해평가가 가능하다고 판단되는 농지는 인수 가능)
조사료용벼	① 가입면적이 1,000㎡ 미만인 농지 ② 밭벼를 재배하는 농지 ③ 광역시·도를 달리하는 농지(단, 본부 승인심사를 통해 인수 가능) ④ 군사시설보호구역 중 통제보호구역내의 농지 (단, 통상적인 영농활동 및 손해평가가 가능하다고 판단되는 농지는 인수 가능)
밀	① 파종을 11월 20일 이후에 실시한 농지 ② 춘파재배 방식에 의한 봄파종을 실시한 농지 ③ 출현율 80% 미만인 농지
보리	① 파종을 10월 1일 이전과 11월 20일 이후에 실시한 농지 ② 춘파재배 방식에 의한 봄파종을 실시한 농지 ③ 출현율 80% 미만인 농지

문제로 확인하기

01. 다음은 종합위험보장 논작물 벼 품목에 대한 내용이다. (   )안에 알맞은 내용을 쓰시오.

> ① 보상하는 손해로 농지 전체를 이앙·직파하지 못하게 된 경우 이앙·직파불능보장 대상이 된다. 그러나 (   ) 가입시 이앙·직파를 하지 못하게 되어 생긴 손해는 보상받지 못한다.
>
> 이앙·직파하지 못하게 된 경우
> ② 보상하는 손해로 (   )를 초과하고, 재이앙·재직파한 경우 1회에 한하여 재이앙·재직파보험금을 지급한다.
> ③ 보상하는 손해로 벼(조곡) (   ) 미만으로 떨어지고, 계약자가 수확불능보험금을 신청한 수확불능보장 대상이 된다.
> ④ 병해충 보장 특별약관 가입시 병해충 7종 (   )에 의한 피해를 보장한다.
> ⑤ 조사료용 벼 품목은 수확감소보장은 없고, (   )만 가능하다.

해설
① 이앙·직파불능 부보장 특별약관
② 면적피해율이 10%
③ 제현율이 65%
④ 흰잎마름병, 벼멸구, 도열병, 줄무늬잎마름병, 깨씨무늬병, 먹노린재, 세균성벼알마름병
⑤ 경작불능보장

02. 다음은 종합위험보장 논작물 벼 품목의 병해충에 대한 내용이다. ( )안에 들어갈 병해충에 대해 쓰시오.

① ( ) : 병징은 주로 엽신 및 엽초에 나타나며, 때에 따라서는 벼알에서도 나타난다. 병반은 수일이 경과 후 황색으로 변하고 선단부터 하얗게 건조 및 급속히 잎이 말라 죽게 된다.

② ( ) : 종자, 접촉, 토양의 전염은 하지 않고 매개충인 애멸구에 의하여 전염되는 바이러스병이다.

③ ( ) : 주로 벼알에 발생하나 엽초에도 병징이 보인다. 벼알은 기부부터 황백색으로 변색 및 확대되어 전체가 변색된다.

④ ( ) : 성충과 약충 모두 벼의 줄기에 구침을 박고 흡즙하여 피해를 준다. 흡즙 부위는 퇴색하며 흡즙 부위에서 자란 잎은 피해를 받은 부분부터 윗부분이 마르고 피해가 심하면 새로 나온 잎이 전개하기 전에 말라죽는다.

⑤ ( ) : 잎에서 초기병반은 암갈색 타원형 괴사부 주위에 황색의 중독부를 가지고, 시간이 지나면 원형의 대형 병반으로 윤문이 생긴다.

해설

① 흰잎마름병
② 줄무늬잎마름병
③ 세균성벼알마름병
④ 먹노린재,
⑤ 깨씨무늬병

03. 다음은 종합위험보장 벼(조사료용 벼 제외) 상품의 보험기간이다. ( )에 알맞은 내용을 쓰시오.

보장명	보장개시	보장종료
이앙·직파불능보장	계약체결일 24시	판매개시연도 (①)
재이앙·재직파보장	이앙(직파)완료일 24시 다만, 보험계약시 이앙(직파)완료일이 경과한 경우에는 계약체결일 24시	판매개시연도 (②)
경작불능보장		(③)
수확불능보장		수확기 종료 시점 단, 판매개시연도 (④)을 초과할 수 없음
수확감소보장		

> [해설]
> ① 7월 31일
> ② 7월 31일
> ③ 출수기 전
> ④ 11월 30일

04. 종합위험보장 벼 상품에서 아래 각 보장별 보험금 지급사유에 대하여 서술하시오.

보장방식	보험금 지급사유
이앙·직파불능보장	①
재이앙·재직파보장	②
경작불능보장	③
수확불능보장	④
수확감소보장	⑤

> [해설]
> ① 보험기간 내에 보상하는 재해로 농지 전체를 이앙·직파하지 못하게 된 경우
> ② 보험기간 내에 보상하는 재해로 면적피해율이 10%를 초과하고 재이앙·재직파 한 경우
> ③ 보상하는 손해로 식물체 피해율이 65%이상이고, 계약자가 경작불능보험금을 신청한 경우
> ④ 보상하는 손해로 제현율이 65% 미만으로 떨어져 정상 벼로서 출하가 불가능하게 되고, 계약자가 수확불능보험금을 신청한 경우
> ⑤ 보상하는 재해로 인해 피해율이 자기부담비율을 초과하는 경우

05. 종합위험보장 벼 상품의 자기부담비율에 따른 정부지원율을 ( )에 쓰시오.

자기부담비율	정부지원율
10%형	순보험료의 (①)
15%형	순보험료의 (②)
20%형	순보험료의 (③)
30%형	순보험료의 (④)
40%형	순보험료의 (⑤)

해설

① 44%   ② 46%   ③ 50%   ④ 55%   ⑤ 60%

06. 종합위험보장 벼 상품의 정부보조보험료를 순서대로 답란에 쓰시오.

순보험료	자기부담비율	정부보조보험료
100만원	10%형	①
100만원	15%형	②
200만원	20%형	③
200만원	30%형	④
200만원	40%형	⑤

해설

① 44만원   ② 46만원   ③ 100만원   ④ 110만원   ⑤ 120만원

07. 간척농지의 경우, 자기부담비율 (　)형, (　)형은 가입이 제한됨

[해설]
10%, 15%

08. 강원도 철원으로 귀농한 A씨는 100,000㎡ 논의 '오대벼'를 주계약 보험가입금액 1억원, 병충해보장특약 보험가입금액 5천만원을 선택하여 친환경재배방식으로 농작물재해보험에 가입하고자 한다. 다음의 추가조건에 따른 (1) 주계약 보험료와 (2) 계약자부담 보험료, (3) 병충해보장특약 보험료를 계산하시오.

〈추가조건〉
○ 철원지역 주계약 기본영업요율(1%)
○ 손해율에 따른 할인율(25%)
○ 친환경재배시 할증률(30%)
○ 직파재배 농지할증률(20%)
○ 정부 보조보험료 : 순보험료의 50%
○ 지자체 지원 보험료 : 순보험료의 30%
※ 상기 보험요율은 순보험요율이다.

[해설]
(1) 주계약 보험료
　= 보험가입금액 × 지역별 영업요율 × (1 + 손해율에 따른 할인·할증율)
　　× (1 + 친환경재배시 할증률) × (1 + 직파재배 농지할증률)
　= 1억원 × 0.01 × (1 − 0.25) × (1 + 0.3) × (1 + 0.2) = 1,170,000원
(2) 계약자부담 보험료 = 1,170,000원 × (1 − 50% − 30%) = 1,170,000원 × 0.2 = 234,000원
(3) 병충해보장특약 보험료
　= 특약 보험가입금액 × 지역별 기본영업요율 × (1 + 손해율에 따른 할인·할증율)
　　× (1 + 친환경재배시 할증률) × (1 + 직파재배 농지할증률)
　= 5천만원 × 0.01 × (1 − 0.25) × (1 + 0.3) × (1 + 0.2) = 585,000원

09. 다음은 종합위험보장 벼 상품에 대한 내용이다. 다음 조건을 보고 물음에 답하시오.(소숫점 이하 절사)

〈 추가조건 〉
- 보험가입금액 : 4,000,000원
- 지역별 보통약관 영업요율(10%)
  (지역별 보통약관 영업요율 중 순보험료 비율이 80%, 부가보험료 비율이 20%이다.)
- 손해율에 따른 할인율(18%)
- 친환경재배 할증률(20%)
- 직파재배 할증률(20%)
- 자기부담비율 : 15%
- 지자체 지원비율 : 30%

(1) 주계약 보험료를 산출하시오.

(2) 계약자부담보험료를 산출하시오.

(3) 정부지원보험료를 산출하시오.

해설

(1) 주계약 보험료
= 보험가입금액 × 지역별 영업요율 × (1 ± 손해율에 따른 할인·할증율) × (1 + 친환경재배 할증률) × (1 + 직파재배 할증률)
= 4,000,000원 × 0.1 × (1 − 0.18) × (1 + 0.2) + (1 + 0.2) = 472,320원

(2) 계약자부담보험료
순보험료 = 472,320원 × 0.8 = 377,856원
계약자부담보험료 = 순보험료 × (1 − 정부지원비율 − 지자체지원비율)
= 377,856원 × (1 − 0.46 − 0.3) = 90,685원

(3) 정부지원보험료 = (순보험료 × 0.46) + 부가보험료 전액(472,320원 − 377,856원 = 94,464원)
= (377,856원 × 0.46) + 94,464원 = 268,277원

10. 농작물재해보험 '벼'에 관한 내용이다. 보험가입금액의 계산과정과 값을 쓰시오.

○ 계약내용
　보험가입일 : 2022년 5월 22일
　가입수확량 : 4,500kg
○ 조사내용
　민간 RPC(양곡처리장) 지수 : 1.2
　농협 RPC 계약재배 수매가(원/kg)

연도	수매가	연도	수매가	연도	수매가
2016	1,300	2018	1,600	2020	2,000
2017	1,400	2019	1,800	2021	2,200

※ 계산 시 민간 RPC 지수는 농협 RPC 계약재배 수매가에 곱하여 산출할 것

[해설]

벼의 표준가격 : 2,200 + 2,000 + 1,800 + 1,600 + 1,400 = 9,000
　　　　　　　9,000 ÷ 5 = 1,800,　1,800 × 1.2 = 2,160원
벼의 보험가입금액 = 4,500kg × 2,160원 = 9,720,000원

11. 종합위험보장 벼(조사료용 벼 제외) 상품의 다음 보장유형에 보험금산출식을 쓰시오.

(1) 이앙·직파 불능보험금

(2) 재이앙·재직파 보험금

[해설]

(1) 이앙·직파 불능보험금 : 보험가입금액 × 10%
(2) 재이앙·재직파 보험금 : 보험가입금액 × 25% × 면적피해율
　　　　　　　　※ 면적피해율 = (피해면적 ÷ 보험가입면적)

12. 다음 종합위험보장 벼(조사료용 벼 제외) 상품의 경작불능보험금 지급금액의 합을 구하시오

자기부담비율	보험가입금액	피해유형
10 %형	1,000만원	식물체가 80% 고사
15 %형	1,000만원	식물체가 70% 고사
20 %형	1,000만원	식물체가 60% 고사
30 %형	1,000만원	식물체가 50% 고사
40 %형	1,000만원	식물체가 90% 고사

해설

경작불능보험금은 보상하는 손해로 식물체 피해율이 65% 이상이고, 계약자가 경작불능보험금을 신청한 경우 지급한다.

자기부담비율	지급금액	지급금액
10%형	보험가입금액 × 45%	450만원
15%형	보험가입금액 × 42%	420만원
20%형	보험가입금액 × 40%	지급 금액 없음
30%형	보험가입금액 × 35%	지급 금액 없음
40%형	보험가입금액 × 30%	300만원

따라서 450만원 + 420만원 + 300만원 = 1,170만원

13. 종합위험보장 논벼에 관한 내용이다. 계약내용과 조사내용을 참조하여 다음 물음에 답하시오.

○ 계약내용	○ 조사내용
- 보험가입금액 : 3,500,000원	- 재이앙 전 피해면적 : 2,100㎡
- 가입면적 : 7,000㎡	- 재이앙 후 식물체 피해면적 : 4,900㎡
- 자기부담비율 : 15%	

(1) ① 재이앙·재직파보험금과 ② 경작불능보험금 지급사유를 각각 서술하시오.

(2) ① 재이앙·재직파보장과 ② 경작불능보장의 보장종료 시점을 각각 쓰시오.

(3) 재이앙·재직파 보험금의 계산과정과 값을 쓰시오.

(4) 경작불능보험금의 계산과정과 값을 쓰시오.

해설

(1) ① 재이앙·재직파보험금 : 보험험기간 내에 보상하는 재해로 면적 피해율이 10%를 초과하고, 재이앙(재직파)한 경우 지급한다.
  ② 경작불능보험금 : 보상하는 손해로 식물체 피해율이 65% 이상이고, 계약자가 경작불능보험금을 신청한 경우 지급한다.

(2) ① 재이앙·재직파 보장 : 7월 31일
  ② 경작불능보장 : 출수기 전

(3) 재이앙·재직파 보험금 = 3,500,000원 × 25% × (2,100㎡ ÷ 7,000㎡) = 262,500원

(4) 경작불능보험금 = 3,500,000 × 42%(자기부담비율 15%형) = 1,470,000 원

14. 다음은 종합위험보장 벼 상품에 대한 보험가입 내용이다. 각각의 조건을 참고하여 해당 보험금을 산출하시오.

① 이앙·직파 불능보험금을 구하시오.

조사일자	보험가입금액	자기부담비율	가입면적	재해
7월31일	3,800,000원	20%	4,500㎡	한해
※ 조사결과 통상적인 영농활동은 하였지만 가뭄으로 농지 전체를 이앙·직파하지 못하고 경작을 포기함					

② 재이앙·재직파 보험금을 구하시오.

보험가입금액	자기부담비율	재해	가입면적	피해면적	재이앙면적
2,000,000원	20%	집중호우	6,000㎡	3,000㎡	3,000㎡

③ 재이앙·재직파 보험금을 구하시오.

보험가입금액	자기부담비율	재해	가입면적	피해면적	재이앙면적
2,000,000원	20%	폭염	6,000㎡	540㎡	540㎡

④ 경작불능보험금을 구하시오.

보험가입금액	자기부담비율	재해	가입면적	고사면적
3,000,000원	최소비율적용	태풍	2,500㎡	1,750㎡
※ 해당 농지는 간척농지임				
※ 계약자가 경작불능보험금을 신청함				

⑤ 수확불능보험금을 산정하시오.

보험가입금액	자기부담비율	가입면적	제현율
6,000,000원	20%	6,000㎡	50%
※ 계약자가 수확불능보험금을 신청함			

⑥ 수확감소보험금을 산정하시오.(피해율은 소수 다섯째 자리에서 반올림하시오)

보험가입금액	자기부담비율	평년수확량	수확량	미보상감수량
24,000,000원	최소비율적용	12,000kg	9,000kg	100kg

보험가입이력					
가입연도	2018년	2019년	2020년	2021년	2022년
순보험료	600,000원	650,000원	700,000원	800,000원	820,000원
보험금	0	750,000원	620,000원	900,000원	680,000원
가입여부	가입	가입	가입	가입	가입

해설

① 이앙·직파 불능보험금 = 3,800,000 × 10% = 380,000원
② 재이앙·재직파 보험금 = 2,000,000 × 0.25 × 0.5 = 250,000원
③ 면적피해율 = 540㎡ ÷ 6,000㎡ = 0.09(9%)
  면적피해율이 10%를 초과하지 않으므로 보험금을 지급하지 않음
④ 식물체피해율 : 1,750㎡ ÷ 2,500㎡ = 0.7(70%)
  식물체피해율이 65% 이상이므로 경작불능보험금 지급대상에 해당
  경작불능보험금 = 3,000,000 × 0.4 = 1,200,000원
⑤ 제현률이 50%로 65%미만에 해당하므로 수확불능보험금 지급대상에 해당함
  수확불능보험금 = 6,000,000 × 0.55 = 3,300,000원
⑥ 수확감소보험금 = 보험가입금액 × (피해율 - 자기부담비율)
  피해율 = (12,000kg - 9,000kg - 100kg) ÷ 12,000kg = 0.241666... = 24.17%
  자기부담비율 : 3년간 수령보험금 = (680,000원 + 900,000원 + 620,000원) = 2,200,000원
  3년간 납부한 순보험료 = (820,000원 + 800,000원 + 700,000원) = 2,320,000원
    2,200,000원 ÷ 2,320,000원 = 0.9482...
    100%이하에 해당하므로 10%형 선택가능
  수확감소보험금 = 24,000,000원 × (0.2417 - 0.1) = 3,400,800원

15. 다음은 종합위험보장 논작물 조사료용 벼 상품에 대한 내용이다. 다음 조건을 보고 물음에 답하시오.

    ○ 가입면적 : 10,000㎡
    ○ 보장생산비 : 900원
    ○ 보장비율: 45%형 가입
    ○ 사고발생일 : 7월 20일
    ○ 재해 : 집중호우
    ○ 피해면적 : 8,000㎡
    ○ 경작불능보험금 신청함

월별	5월	6월	7월	8월
경과비율	80%	85%	90%	100%

① 조사료용벼 보험가입금액을 구하시오(천원 단위 절사).

② 조사료용벼 경작불능보험금을 구하시오.

해설

① 보험가입금액 산출식 = 보장생산비 × 가입면적 = 900원 × 10,000㎡ = 9,000,000만원
② 경작불능보험금
   = 보험가입금액 × 보장비율 × 경과비율 = 9,000,000만원 × 0.45 × 0.9 = 3,645,000원

16. 종합위험보장 논작물 조사료용 벼 상품에 대한 내용이다. 다음 조건을 보고 물음에 답하시오.

○ 가입면적 : 16,000㎡(전부가입)
○ 보장생산비(㎡) : 280원
○ 보장비율 : 최대보장비율 선택
○ 사고발생일 : 6월 25일
○ 재해 : 집중호우
○ 피해면적 : 11,200㎡
○ 경작불능보험금 신청함

보험가입이력					
가입연도	2017년	2018년	2019년	2020년	2021년
순보험료	400,000원	450,000원	500,000원	600,000원	620,000원
보험금	0	550,000원	620,000원	700,000원	480,000원
가입여부	가입	가입	가입	가입	가입

① 조사료용벼 보험가입금액을 구하시오(천원 단위 미만 절사).

② 조사료용벼 경작불능보험금을 구하시오.

해설

① 보험가입금액 = 보장생산비 × 가입면적 = 280원 × 16,000㎡ = 4,480,000원
② 경작불능보험금
　= 보험가입금액 × 보장비율 × 경과비율 = 4,480,000원 × 0.42 × 0.85 = 1,599,360원

17. 다음 품목(벼)에 대한 2023년도 평년수확량을 산출하시오. (소숫점 이하 절사)

(단위 : kg)

연도	평년수확량	표준수확량	조사수확량	보험가입여부
2018년	9,000	8,000	8,000	가입
2019년	11,000	9,000	-	미가입
2020년	10,000	11,000	11,000	가입
2021년	11,000	10,000	5,000	가입
2022년	12,000	11,000	무사고	가입
2023년		12,000		

○ 2023년 지역별 기준수확량 10,200kg
○ 2023년도 보정계수 0.9
○ 과거평균보정계수 0.95

해설

A값 : (8,000 + 11,000 + 5,500 + 13,200) ÷ 4 = 9,425kg
B값 : 10,200kg
C값 : 0.9
D값 : 0.95
평년수확량 : {9,425 + (10,200 × 0.95 − 9,425) × (1 − 4/5)} × 0.9 ÷ 0.95 = 8,979kg

18. 다음은 종합위험보장 논작물 벼 상품에 대한 내용이다. 다음 조건을 보고 물음에 답하시오.

(단위 : kg)

연도	평년수확량	표준수확량	조사수확량	보험가입여부
2018년	9,000	8,000	8,000	가입
2019년	8,500	9,000	-	미가입
2020년	10,000	8,500	9,000	가입
2021년	11,000	10,000	5,000	가입
2022년	10,000	9,000	무사고	가입
2023년		9,200		

○ 2023년도 지역별 기준수확량 9,500kg
○ 2023년도 보정계수는 품종 : 1.0, 이앙일자 : 0.9, 친환경재배 : 0.9
○ 과거평균보정계수 : 0.9

① 가입년도 보정계수를 산출하시오.

② 2023년도 평년수확량을 산출하시오.(소숫점 이하 절사)

해설

① 가입년도 보정계수(C값)
 = 가입년도 품종 × 이앙일자 × 친환경재배 보정계수 = 1.0 × 0.9 × 0.9 = 0.81

② 평년수확량
 A값 : (8,000 + 9,000 + 5,500 + 11,000) ÷ 4 = 8,375kg
 B값 : 9,500kg
 C값 : 0.81
 D값 : 0.9
 {A + (B × D − A) × (1 − Y/5)} × C ÷ D
 = {8,375 + (9,500 × 0.9 − 8,375) × (1 − 4/5)} × 0.81 ÷ 0.9 = 7,569kg

19. 다음 조건을 보고 종합위험보장 논작물 벼 상품에 대한 2023년 평년수확량을 구하시오. (소숫점 이하 절사)

- 2023년도 지역별 기준수확량 9,000kg
- 가입년도 표준수확량 : 9,200kg
- 과거평균수확량 : 12,000kg (과거 5년간 보험가입 횟수 4년)
- 2023년도 보정계수 : 0.8
- 과거평균보정계수 : 0.7

해설

평년수확량 산출
= {A + (B × D − A) × (1 − Y/5)} × C ÷ D
= {12,000 + (9,000 × 0.7 − 12,000) × (1 − 4/5)} × (0.8 ÷ 0.7) = 12,411kg
단, 평년수확량은 가입년도 표준수확량의 130%를 초과할 수 없다.
따라서 9,200kg × 1.3 = 11,960kg로 한다.

20. 다음 품목(보리)에 대한 2023년도 평년수확량을 산출하시오. (소숫점 이하 절사)

(단위 : kg)

연도	평년수확량	표준수확량	조사수확량	보험가입여부
2018년	9,000	8,000	8,000	가입
2019년	11,000	9,000	-	미가입
2020년	10,000	11,000	11,000	가입
2021년	12,000	10,000	5,000	가입
2022년	12,000	11,000	무사고	가입
2023년		12,000		

해설

A값 : (8,000 + 11,000 + 6,000 + 13,200) ÷ 4 = 9,550kg
B값 : (8,000 + 11,000 + 10,000 + 11,000) ÷ 4 = 10,000kg
C값 : 12,000
평년수확량 : {9,550 + (10,000 − 9,550) × (1 − 4/5)} × 12,000 ÷ 10,000 = 11,568kg

21. 다음은 종합위험보장 벼 상품의 인수제한 목적물에 대한 일부내용이다. (   )에 알맞은 내용을 쓰시오

> ○ 최근 (①) 연속 침수피해를 입은 농지
> ○ 최근 (②) 이내에 간척된 농지
> ○ (③)를 재배하는 농지
> ○ (④), 휴경지 등 농지로 변경하여 경작한 지 (⑤) 이내인 농지

> **해설**
> ① 3년　② 5년　③ 밭벼　④ 전환지　⑤ 3년

22. 다음 사례를 읽고 농작물재해보험 업무방법에서 정하는 기준에 따라 인수가능 여부와 해당사유를 서술하시오.

> A씨는 ○○시에서 6년 전 간척된 △△리 1번지 본인소유 농지(4,200㎡)와 4년 전에 간척된 △△리 100번지의 임차농지(1,000㎡, △△리 1번지와 인접한 농지)에 벼를 경작하고 있다. 최근 3년 연속으로 ○○시에 집중호우가 내려 호우경보가 발령되었고, A씨가 경작하고 있는 농지(△△리 1번지, △△리 100번지)에도 매년 침수피해가 발생하였다. 이에 A씨는 농작물재해보험에 가입하고자 가입금액을 산출한 결과 △△리 1번지 농지는 180만원, △△리 100번지 농지는 50만원으로 산출되었다.

> **해설**
> 1. 인수가능 여부
>   ① △△리 1번지 농지 : 인수가능
>   ② △△리 100번지 농지 : 인수제한
> 2. △△리 1번지 농지가 인수가 가능한 이유
>   ① 계약인수는 농지 단위로 가입하고 개별 농지당 최저 보험가입금액은 50만원 이상이어야 한다. 따라서 해당 농지는 산출금액이 180만원이므로 인수가 가능하다.
>   ② 최근 3년 연속 침수피해를 입은 농지는 인수가 제한되지만, 호우주의보 및 호우경보 등 기상특보에 해당되는 재해로 피해를 입은 경우는 제외되기 때문에 인수가 가능하다.
>   ③ 최근 5년 이내에 간척된 농지는 인수가 제한되지만 6년 전에 간척되었으므로 인수가 가능하다.
> 3. △△리 100번지 농지가 인수가 제한되는 이유
>   산출금액이 50만원으로 최저 가입금액은 충족하였으나, 최근 5년 이내에 간척된 농지는 인수가 제한되므로 4년 전에 간척된 해당 농지는 인수가 제한된다.

23. 다음은 종합위험보장 밀 상품의 보험기간이다. (   )에 알맞은 내용을 쓰시오.

보장	목적물	보장개시	보장종료
수확감소보장	밀	계약체결일 24시	수확기 종료시점 단, ( )을 초과할 수 없음

해설

6월 30일

24. 다음은 종합위험보장 밀 상품의 인수 제한 목적물에 대한 내용이다. (   )에 알맞은 내용을 쓰시오.

○ 보험가입금액이 (①) 미만인 농지
○ 최근 (②) 연속 침수피해를 입은 농지
○ 파종을 (③) 이후에 실시한 농지
○ 출현율 (④) 미만인 농지

해설

① 50만원   ② 3년   ③ 11월 20일   ④ 80%

25. 종합위험보장 밀 상품에서 보상하는 손해가 발생하여 경작불능보험금을 지급하려고 한다. 경작불능보험금 ① 지급사유, ② 보험금 산정식, ③ 지급효과에 대하여 순서대로 쓰시오.(계약자가 선택한 자기부담비율은 20%임)

해설

① 보상하는 손해로 식물체 피해율이 65%이상이고, 계약자가 경작불능보험금을 신청한 경우
② 보험가입금액의 40%
③ 경작불능보험금을 지급한 경우 그 손해보상의 원인이 생긴 때로부터 해당농지의 계약 소멸(수확감소보험금 미지급)

26. 다음 사례를 읽고 농작물재해보험 업무방법에서 정하는 기준에 따라 인수가능 여부와 해당 사유를 모두 서술하시오. (단, 각각 제시된 조건 이외는 고려하지 않음)

> 김태훈씨는 아내와 둘이 5년 전에 전남 해남군 ○○리에 귀농하여 각각 독립된 농지인 A, B, C농지의 총면적 3,500㎡에서 밀농사를 하고 있다.
> ○ A농지 : 가입금액 40만원, 최근 2년 연속 침수피해를 입었다.
> ○ B농지 : 가입금액 60만원, 파종을 11월 11일에 하였다.
> ○ C농지 : 가입금액 30만원, 출현률은 85%이며, 최근 6년전에 간척된 농지이다.

해설
1. A농지 : 최근 3년 연속 침수피해를 입은 농지가 아니지만, 보험가입금액이 50만원에 미달되어 인수가 불가능하다.
2. B농지 : 보험가입금액이 50만원 이상이고, 파종을 11월 20일 이전에 하였으므로 인수 가능하다.
3. C농지 : 출현률이 80% 이상이고, 간척된지 5년이 지났지만, 보험가입금액이 30만원으로 단독으로 가입할 수는 없고, A농지와 합하여 하나의 농지로 가입할 수 있다.

27. 다음은 종합위험보장 보리 상품의 인수 제한 목적물에 대한 내용이다. ( )에 알맞은 내용을 쓰시오.

> ○ 보험가입금액이 (①) 미만인 농지
> ○ 파종을 (②)이전과 (③) 이후에 실시한 농지
> ○ 출현율 (④) 미만인 농지
> ○ (⑤) 방식에 의한 봄파종을 실시한 농지

해설
① 50만원   ② 10월 1일   ③ 11월 20일   ④ 80%   ⑤ 춘파재배

제6절 밭작물(종합위험 수확감소보장방식)

1. 대상품목
마늘, 양파, 감자(고랭지, 봄, 가을), 고구마, 옥수수(사료용 옥수수), 양배추, 콩, 팥, 차,

2. 보장방식 : 종합위험 수확감소보장방식

3. 상품 내용

가. 보상하는 재해 : 자연재해, 조수해, 화재, 병충해(감자)

나. 보상하지 않는 손해

> ① 계약자, 피보험자 또는 이들의 법정대리인의 고의 또는 중대한 과실로 인한 손해
> ② 수확기에 계약자 또는 피보험자의 고의 또는 중대한 과실로 수확하지 못하여 발생한 손해
> ③ 제초작업, 시비관리 등 통상적인 영농활동을 하지 않아 발생한 손해
> ④ 원인의 직·간접을 묻지 않고 병해충으로 발생한 손해 (다만, 감자 품목은 제외)
> ⑤ 보상하지 않는 재해로 제방, 댐 등이 붕괴되어 발생한 손해
> ⑥ 하우스, 부대시설 등의 노후 및 하자로 생긴 손해
> ⑦ 계약체결 시점 현재 기상청에서 발령하고 있는
>   기상특보 발령 지역의 기상특보 관련 재해로 인한 손해
> ⑧ 보상하는 재해에 해당하지 않은 재해로 발생한 손해
> ⑨ 전쟁, 혁명, 내란, 사변, 폭동, 소요, 노동쟁의, 기타 이들과 유사한 사태로 생긴 손해
> ⑩ 저장성 약화 또는 저장, 건조 및 유통 과정 중에 나타나거나 확인된 손해

다. 보험기간

품목	보장	보장개시	보장종료
마늘	수확감소보장	계약체결일 24시	수확기종료시점(단, 이듬해6.30 초과 ×)
	경작불능보장	계약체결일 24시(다만, 조기파종 보장특약 가입시 해당 특약 보장종료 시점)	수확개시시점
	재파종보장		판매개시연도 10.31
	조기파종보장	계약체결일 24시	한지형마늘 보험상품 최초판매개시일 24시
양파	수확감소보장	계약체결일 24시	수확기종료시점(단, 이듬해6.30 초과 ×)
	경작불능보장		수확 개시 시점
양배추	수확감소보장	정식완료일 24시 (다만, 보험계약시 정식완료일이 경과한 경우에는 계약체결일 24시이며 정식 완료일은 판개 9.30 초과 ×)	수확기 종료 시점 다만, 아래의 날짜를 초과 ×) ▶ 극조생·조생 : 이듬해 2월 28일 ▶ 중생 : 이듬해 3월 15일 ▶ 만생 : 이듬해 3월 31일
	재정식보장		재정식완료일(단, 판개 10.15 초과 ×)
	경작불능보장		수확 개시 시점
고구마	수확감소보장	계약체결일 24시	수확기종료시점(단, 판개 10.31 초과 ×)
	경작불능보장		수확 개시 시점
봄감자	수확감소보장	파종완료일 24시 다만, 보험계약시 파종완료일이 경과한 경우에는 계약체결일 24시	수확기종료시점(단, 판개 7.31 초과 ×)
	경작불능보장		수확 개시 시점
고랭지 감자	수확감소보장	계약체결일 24시	수확기종료시점(단, 판개 10.31 초과 ×)
	경작불능보장		수확 개시 시점
가을 감자	수확감소보장	파종완료일 24시 다만, 보험계약시 파종완료일이 경과한 경우에는 계약체결일 24시	수확기종료시점(단, 제주 이외 판개 11.30, / 제주 판개 12.15 초과 ×)
	경작불능보장		수확 개시 시점
콩	수확감소보장	계약체결일 24시	수확기종료시점(단, 판개 11.30 초과 ×)
	경작불능보장		종실비대기 전
팥	수확감소보장	계약체결일 24시	수확기종료시점(단, 판개 11.13 초과 ×)
	경작불능보장		종실비대기 전

품목	보장	보장개시	보장종료
차	수확감소보장	계약체결일 24시	햇차 수확종료 시점 (단, 이듬해 5.10 초과 ×)
옥수수	수확감소보장	계약체결일 24시	수확기종료시점(단, 판개 9.30 초과 ×)
	경작불능보장		수확 개시 시점
옥수수 사료용	경작불능보장	계약체결일 24시	8월 31일
마늘	재파종보장	계약체결일 24시(다만, 조기파종 보장특약 가입 시 해당 특약 보장종료 시점)	판매개시연도 10월 31일
	조기파종보장	계약체결일 24시	한지형마늘 보험상품 최초 판매개시일 24시
양배추	재정식보장	정식완료일 24시(다만, 보험계약시 정식완료일이 경과한 경우에는 계약체결일 24시이며 정식 완료일은 9.30 초과 ×)	재정식 완료일 다만, 10월 15일을 초과 ×

보장	품목	보장개시	보장종료
경작 불능 보장	사료용 옥수수	계약체결일 24시	8월 31일 초과 ×
	콩, 팥		종실비대기 전
	양파, 감자(고랭지재배), 고구마, 옥수수		수확개시시점
	마늘	계약체결일 24시(다만, 조기파종 보장특약 가입 시 해당 특약 보장종료 시점)	
	감자(봄재배, 가을재배)	파종완료일 24시(다만, 보험계약시 파종완료일이 경과한 경우에는 계약체결일 24시)	
	양배추	정식완료일 24시(다만, 보험계약시 정식 완료일이 경과한 경우에는 계약체결일 24시이며 정식 완료일은 9.30 초과 ×)	

라. 보험가입금액

1) 가입수확량 × 가입가격(천원 단위 미만 절사)

2) 사료용 옥수수 : 보장생산비 × 가입면적(천원 단위 미만 절사)

마. 보험료(수확감소보장 보통약관 적용보험료)

> 보통약관 보험가입금액 × 지역별 보통약관 영업요율
> × (1 ± 손해율에 따른 할인·할증률) × (1 − 방재시설할인율)

※ 고구마, 팥, 차 품목의 경우 방재시설할인율 미적용

바. 보험금

1) 종합위험 수확감소보장 품목의 보장별 보험금 지급사유 및 보험금 계산

보장	보험의 목적	보험금 지급사유	보험금 계산(지급금액)
경작불능보장 (보통약관)	마늘, 양파, 양배추 감자 (고랭지, 봄, 가을), 고구마, 콩, 팥 옥수수(사료용옥수수)	보상하는 손해로 식물체 피해율이 65% 이상이고 계약자가 경작불능보험금을 신청한 경우(보험계약소멸)	보험가입금액 × 일정비율 단, 사료용 옥수수는 보험가입금액 × 보장비율 × 경과비율 ※ 보장비율표 및 경과비율표 참조
수확감소보장 (보통약관)	마늘, 양파, 고구마, 양배추, 콩, 팥, 차(茶)	보상하는 손해로 피해율이 자기부담비율을 초과하는 경우	보험가입금액 × (피해율 − 자기부담비율) ※ 피해율 = (평년수확량 − 수확량 − 미보상감수량) ÷ 평년수확량
	감자 (고랭지,봄,가을)		보험가입금액 × (피해율 − 자기부담비율) ※ 피해율 = {(평년수확량 − 수확량 − 미보상감수량) + 병충해감수량} ÷ 평년수확량
	옥수수	보상하는 손해로 손해액이 자기부담금을 초과하는 경우	MIN[보험가입금액, 손해액] − 자기부담금 ※ 손해액 = 피해수확량 × 가입가격 ※ 자기부담금 = 보험가입금액 × 자기부담비율

⟨감자 병충해 등급별 인정비율⟩

급수	종류	인정비율
1급	역병, 걀쭉병, 모자이크병, 무름병, 둘레썩음병, 가루더뎅이병, 잎말림병, 감자뿔나방	90%
2급	홍색부패병, 시들음병, 마른썩음병, 풋마름병, 줄기검은병, 더뎅이병, 균핵병, 검은무늬썩음병, 줄기기부썩음병, 진딧물류, 아메리카잎굴파리, 방아벌레류	70%
3급	반쪽시들음병, 흰비단병, 잿빛곰팡이병, 탄저병, 겹둥근무늬병, 오이총채벌레, 뿌리혹선충, 파밤나방, 큰28점박이무당벌레, 기타	50%

2) 재파종·조기파종·재정식 보장

보장	보험의 목적	보험금 지급사유	보험금 계산(지급금액)
재파종보장 (보통약관)	마늘	보상하는 손해로 10a당 출현주수가 30,000주보다 작고, 10a당 30,000주 이상으로 재파종한 경우	보험가입금액 × 35% × 표준출현 피해율 ※ 표준출현피해율(10a 기준) = (30,000 - 출현주수) ÷ 30,000
조기파종 보장 (특별약관)	제주도 지역 농지에서 재배하는 남도종 마늘	한지형 마늘 최초 판매개시일 24시 이전에 보장하는 재해로 10a당 출현주수가 30,000주보다 작고, 10월 31일 이전 10a당 30,000주 이상으로 재파종한 경우	보험가입금액 × 25% × 표준출현 피해율 ※ 표준출현피해율(10a 기준) = (30,000 - 출현주수) ÷ 30,000
		한지형 마늘 최초 판매개시일 24시 이전에 보장하는 재해로 식물체 피해율이 65% 이상 발생한 경우	보험가입금액 × 일정비율 ※ 일정비율은 아래 자기부담비율에 따른 경작불능보험금 참조
		보상하는 손해로 피해율이 자기부담비율을 초과하는 경우	보험가입금액 × (피해율 - 자기부담비율) ※ 피해율 = (평년수확량 - 수확량 - 미보상감수량) ÷ 평년수확량
재정식보장 (보통약관)	양배추	보상하는 손해로 면적피해율이 자기부담비율을 초과하고 재정식한 경우	보험가입금액 × 20% × 면적피해율 ※ 면적피해율 = 피해면적 ÷ 보험가입면적

사. 자기부담비율

1) 논작물과 동일

2) 팥 : 20%, 30%, 40%이다.

3) 양배추 : 15%, 20%, 30%, 40%이다.

[자기부담비율에 따른 경작불능보험금] - 조기파종특약시

자기부담비율	경작불능보험금
10%형	보험가입금액의 32%
15%형	보험가입금액의 30%
20%형	보험가입금액의 28%
30%형	보험가입금액의 25%
40%형	보험가입금액의 25%

아. 자기부담비율에 따른 경작불능보험금 산출방식

1) 논작물과 동일(사료용 옥수수 제외)
2) 사료용 옥수수의 보장비율은 경작불능 보험금 산정에 기초가 되는 비율로 보험가입을 할 때 계약자가 선택한 비율로 하며, 경과비율은 사고발생일이 속한 월에 따라 다음과 같이 계산한다.

[계약자선택에 따른 보장비율 표]

보장비율	45%형	42%형	40%형	35%형	30%형
사료용옥수수	45%	42%	40%	35%	30%

[사고발생일이 속한 월에 따른 경과비율 표]

월별	5월	6월	7월	8월
경과비율	80%	80%	90%	100%

3) 경작불능보험금을 지급한 경우 그 손해보상의 원인이 생긴 때로부터 해당 농지의 계약은 소멸된다

4. 계약인수관련 수확량

가. 계약인수 관련 수확량

□ 평년수확량 = [A + (B - A) × (1 - Y/5)] × C/B
  ○ A(과거평균수확량) = Σ과거 5년간 수확량 ÷ Y
  ○ B(평균표준수확량) = Σ과거 5년간 표준수확량 ÷ Y
  ○ C(표준수확량) = 가입연도 표준수확량
  ○ Y = 과거수확량 산출연도 횟수(가입횟수)
  ※ 다만, 평년수확량은 보험가입연도 표준수확량의 130%를 초과할 수 없음
  ※ 옥수수, 사료용 옥수수 등 생산비보장방식 품목 제외

□ 과거수확량 산출방법
  ○ 조사수확량 > 평년수확량50% ⇨ 조사수확량,
    평년수확량의 50% ≥ 조사수확량 ⇨ 평년수확량의 50%
  ※ 사고 시에는 조사수확량 값 적용
  ※ 무사고 시에는 표준수확량의 1.1배와 평년수확량의 1.1배 중 큰 값 적용

나. 가입수확량

보험에 가입한 수확량으로 범위는 평년수확량의 50%~100% 사이에서 계약자가 결정
※ 옥수수의 경우 표준수확량의 80%~130%에서 계약자가 결정
※ 옥수수의 표준수확량 = 품종별, 지역별 표준수확량 × 재식시기지수

5. 보험가입 기준

가. 밭작물(차 제외)

1) 계약인수는 농지 단위로 가입하고 개별 농지당 최저 보험가입금액은 200만원이다.
   단. 하나의 리, 동에 있는 각각 200만원 미만의 두 개의 농지는 하나의 농지로 취급하여 계약 가능하다.
2) 계약인수는 농지 단위로 가입하고 개별 농지당 최저 보험가입금액은 100만원이다.
   단. 하나의 리, 동에 있는 각각 100만원 미만의 두 개의 농지는 하나의 농지로 취급하여 계약 가능하다.(콩, 팥, 옥수수 품목 등)
3) 사료용 옥수수의 경우, 농지 단위로 가입하고 최저 가입면적은 1,000㎡ 이상으로 한다.

4) 농지 구성 방법

가) 농지라 함은 한 덩어리의 토지의 개념으로 필지(지번)와는 관계없이 실제 경작하는 단위이므로 한 덩어리 농지가 여러 필지로 나누어져 있더라도 하나의 농지로 취급한다.

나) 계약자 1인이 서로 다른 2개 이상 품목을 가입하고자 할 경우에는 별개의 계약으로 각각 가입·처리한다.

다) 농협은 농협 관할구역에 속한 농지에 한하여 인수할 수 있으며, 계약자가 동일한 관할구역 내에 여러 개의 농지를 경작하고 있는 경우에는 하나의 농협에 가입하는 것이 원칙이다.

나. 차(茶)

1) 계약인수는 농지 단위로 가입하고 개별 농지당 최저 보험가입면적은 1,000㎡이다.
단, 하나의 리, 동에 있는 각각 1,000㎡ 미만의 두 개의 농지는 하나의 농지로 취급하여 계약 가능하다.
2) 보험가입대상은 7년생 이상의 차나무에서 익년에 수확하는 햇차이다.
3) 농지 구성 방법(동일)

6. 인수제한 목적물(수확감소보장)

구 분	내 용
공통	① 보험가입금액이 200만원 미만인 농지(단, 옥수수, 콩, 팥은 100만원 미만) ② 통상적인 재배 및 영농활동을 하지 않는 농지 ③ 다른 작물과 혼식되어 있는 농지 ④ 시설재배 농지 ⑤ 하천부지 및 상습 침수지역에 소재한 농지 ⑥ 판매를 목적으로 경작하지 않는 농지 ⑦ 도서지역의 경우 연륙교가 설치되어 있지 않고 정기선이 운항하지 않는 등 신속한 손해평가가 불가능한 지역에 소재한 농지 ⑧ 군사시설보호구역 중 통제보호구역내의 농지 ⑨ 기타 인수가 부적절한 농지
마늘	① 난지형은 남도 및 대서 품종, 한지형은 의성 품종, 홍산 품종이 아닌 마늘 ② 난지형은 8월 31일, 한지형은 10월 10일 이전 파종한 농지 ③ 재식밀도가 30,000주/10a 미만인 농지(= 30,000주/1,000㎡) ④ 마늘 파종 후 익년 4월 15일 이전에 수확하는 농지 ⑤ 무멀칭농지 ⑥ 코끼리 마늘, 주아재배 마늘(※ 단, 주아재배의 경우 2년차 이상부터 가입가능)
양파	① 극조생종, 조생종, 중만생종을 혼식한 농지 ② 재식밀도가 23,000주/10a 미만, 40,000주/10a 초과인 농지

	③ 9월 30일 이전 정식한 농지 ④ 양파 식물체가 똑바로 정식되지 않은 농지(70° 이하로 정식된 농지) ⑤ 부적절한 품종을 재배하는 농지 ⑥ 무멀칭농지
가을 감자	① 가을재배에 부적합 품종 (수미, 남작, 조풍, 신남작, 세풍 등)이 파종된 농지 ② 2년 이상 갱신하지 않는 씨감자를 파종한 농지 ③ 씨감자 수확을 목적으로 재배하는 농지 ④ 재식밀도가 4,000주/10a 미만인 농지 ⑤ 전작으로 유채를 재배한 농지 ⑥ 출현율이 90% 미만인 농지(보험가입 당시 출현 후 고사된 싹은 출현이 안 된 것으로 판단함)
봄감자	① 2년 이상 자가 채종 재배한 농지 ② 씨감자 수확을 목적으로 재배하는 농지 ③ 파종을 3월 1일 이전에 실시 농지 ④ 출현율이 90% 미만인 농지 ⑤ 재식밀도가 4,000주/10a 미만인 농지 ⑥ 전작으로 유채를 재배한 농지
고랭지 감자	① 재배 용도가 다른 것을 혼식 재배하는 농지 ② 파종을 4월 10일 이전에 실시한 농지 ③ 출현율이 90% 미만인 농지 ④ 재식밀도가 3,500주/10a 미만인 농지
고구마	① '수' 품종 재배 농지 ② 채소, 나물용 목적으로 재배하는 농지 ③ 재식밀도가 4,000주/10a 미만인 농지 ④ 무멀칭농지 ⑤ 도시계획 등에 편입되어 수확 종료 전에 소유권 변동 또는 농지 형질변경 등이 예정되어 있는 농지

옥수수	① 보험가입금액이 100만원 미만인 농지
	② 자가 채종을 이용해 재배하는 농지
	③ 미백2호, 미흑찰, 일미찰, 연자흑찰, 얼룩찰, 찰옥4호, 박사찰, 대학찰, 연농2호가 아닌 품종을 파종(정식)한 농지
	④ 1주 1개로 수확하지 않는 농지
	⑤ 통상적인 재식 간격의 범위를 벗어나 재배하는 농지
	  ㉠ 1주 재배 : 1,000㎡당 정식주수가 3,500주 미만 5,000주 초과인 농지
	    (단, 전남·전북·광주·제주는 1,000㎡당 정식주수가 3,000주 미만 5,000주 초과인 농지)
	  ㉡ 2주 재배 : 1,000㎡당 정식주수가 4,000주 미만 6,000주 초과인 농지

	⑥ 3월 1일부터 6월 12일까지 기간 내에 파종(정식)되지 않은 농지 ⑦ 출현율이 90% 미만인 농지 ⑧ 도시계획 등에 편입되어 수확 종료 전에 소유권 변동 또는 농지 형질변경 등이 예정되어 있는 농지
사료용 옥수수	① 보험가입면적이 1,000㎡ 미만인 농지 ② 자가 채종을 이용해 재배하는 농지 ③ 3월 1일부터 6월 12일까지 기간 내에 파종(정식)되지 않은 농지 ④ 도시계획 등에 편입되어 수확 종료 전에 소유권 변동 또는 농지 형질변경 등이 예정되어 있는 농지
양배추	① 관수시설 미설치 농지 ② 9월 30일 이후에 정식한 농지(단, 재정식은 10월 15일 이내 정식) ③ 재식밀도가 평당 8구 미만인 농지 ④ 소구형 양배추(방울양배추 등)를 재배하는 농지 ⑤ 목초지, 목야지 등 지목이 목인 농지
차	① 보험가입면적이 1,000㎡ 미만인 농지 ② 가입하는 해의 나무 수령이 7년 미만인 차나무 ③ 깊은 전지로 인해 차나무의 높이가 지면으로부터 30cm 이하인 경우 가입면적에서 제외 ④ 통상적인 영농활동을 하지 않는 농지 ⑤ 말차 재배를 목적으로 하는 농지 ⑥ 보험계약 시 피해가 확인된 농지 ⑦ 시설(비닐하우스, 온실 등)에서 촉성재배 하는 농지 ⑧ 판매를 목적으로 경작하지 않는 농지 ⑨ 하천부지, 상습침수 지역에 소재한 농지 ⑩ 도서 지역의 경우 연륙교가 설치되어 있지 않고 정기선이 운항하지 않는 등 신속한 손해평가가 불가능한 지역에 소재한 농지 ⑪ 군사시설보호구역 중 통제보호구역내의 농지 ⑫ 기타 인수가 부적절한 농지
콩	① 보험가입금액이 100만원 미만인 농지 ② 장류 및 두부용, 나물용, 밥밑용 콩 이외의 콩이 식재된 농지 ③ 출현율이 90% 미만인 농지 ④ 적정 출현 개체수 미만인 농지(10개체/㎡), 제주지역 재배방식 산파인 경우 15개체/㎡ ⑤ 담배, 옥수수, 브로콜리 등 후작으로 인수 시점 기준으로 타 작물과 혼식되어 있는 경우 ⑥ 논두렁에 재배하는 경우 ⑦ 시험연구를 위해 재배하는 경우 ⑧ 다른 작물과 간작 또는 혼작으로 다른 농작물이 재배 주체가 된 경우의 농지 ⑨ 도시계획 등에 편입되어 수확 종료 전에 소유권 변동 또는 농지 형질변경 등이 예정되어 있는 농지

| 팥 | ① 보험가입금액이 100만원 미만인 농지
② 6월 1일 이전에 정식(파종)한 농지
③ 출현율이 85% 미만인 농지 |

문제로 확인하기

01. 다음 밭작물의 품목별 보장내용에 관한 표의 빈칸에 담보 가능은 "○"로 부담보는 "×"로 표시할 때 다음 물음에 답하시오. (단, '차' 품목 예시를 포함하여 개수를 산정함)

밭작물	재파종보장	경작불능보장	수확감소보장	수입보장	생산비보장	해가림시설보장
차	×	×	○	×	×	×
인삼						
고구마, 가을감자						
콩, 양파						
마늘						
고추						

① '재파종보장' 열에서 "○"의 개수 :

② '경작불능보장' 열에서 "○"의 개수 :

③ '수입보장' 열에서 "○"의 개수 :

④ '인삼' 행에서 "○"의 개수 :

⑤ '고구마, 가을감자' 행에서 "○"의 개수 :

해설

① '재파종보장' 열에서 "○"의 개수 : 1개(마늘)
② '경작불능보장' 열에서 "○"의 개수 : 3개(고구마, 가을감자 / 콩, 양파 / 마늘)
③ '수입보장' 열에서 "○"의 개수 : 3개(고구마, 가을감자 / 콩, 양파 / 마늘)
④ '인삼' 행에서 "○"의 개수 : 2개(수확감소보장, 해가림시설보장)
⑤ '고구마, 가을감자' 행에서 "○"의 개수 : 3개(경작불능보장, 수확감소보장, 수입보장)

02. 종합위험보장 밭작물 품목 중에서 경작불능보장이 없는 품목을 모두 쓰시오.

> **해설**
> 차, 고추, 브로콜리

03. 다음은 종합위험보장 콩 상품의 경작불능보장 보험기간에 대한 내용이다. ( )에 알맞은 내용을 쓰시오.

구분		보장개시	보장종료
보장	목적물		
수확감소보장	콩	계약체결일 24시	수확기 종료시점단, (①)
경작불능보장		계약체결일 24시	(②)

> **해설**
> ① 11월 30일을 초과할 수 없음
> ② 종실비대기 전

04. 다음은 종합위험보장 양배추 상품의 보험기간에 대한 내용이다. (   )에 알맞은 내용을 쓰시오.

보장	보장개시	보장종료
수확감소보장	정식완료일 24시 단, 보험계약시 정식완료일이 경과한 경우에는 계약체결일 24시이며 정식완료일은 (①)을 초과할 수 없음	수확기 종료시점 단, 아래 날짜를 초과할 수 없음 • 극조생·조생 : (②) • 중생 : (③) • 만생 : (④)
재정식보장		재정식 완료일 [단, (⑤)을 초과할 수 없음]

> **해설**
> ① 9월 30일
> ② 이듬해 2월 28일
> ③ 이듬해 3월 15일
> ④ 이듬해 3월 31일
> ⑤ 10월 15일

05. 다음은 종합위험 마늘 상품에 대한 내용이다. (   ) 안에 알맞은 내용을 쓰시오.

보장내용	보장개시	보장종료
수확감소보장	계약체결일 24시	수확기종료시점 단, 이듬해 (①) 초과 할 수 없음
경작불능보장	계약체결일 24시 다만, (②)	수확개시시점
재파종보장		판매개시연도 (③)
조기파종보장	계약체결일 24시	(④)

> **해설**
> ① 6월 30일
> ② 조기파종 보장 특약 가입 시 해당 특약 보장종료 시점
> ③ 10월 31일
> ④ 한지형마늘 보험상품 최초판매개시일 24시

06. 다음은 종합위험보장 감자(봄재배), 종합위험보장 감자(고랭지재배), 종합위험보장 감자(가을재배), 상품의 수확감소보장방식의 보험기간이다. 각 상품의 보험기간 종기를 알맞게 쓰시오.

감자(봄재배)	수확기종료시점 (단, ①)
감자(고랭지재배)	수확기종료시점 (단, ②)
감자(가을재배)	수확기종료시점 (단, ③)

해설

① 7월 31일 초과할 수 없음
② 10월 31을 초과할 수 없음
③ 제주는 12월 15일, 제주 이외는 11월 30일을 초과할 수 없음

07. 다음 상품에 해당하는 보장방식을 보기에서 모두 선택하고 보장종료일을 (예)와 같이 서술하시오.

(예) 양파 : 수확감소보장 – 수확기 종료 시점(단, 6월 30일을 초과할 수 없음)
　　　　경작불능보장 – 수확 개시 시점

〈보 기〉
수확감소보장, 생산비보장, 경작불능보장, 재파종보장

옥수수	
고구마	
차	

해설

옥수수	수확감소보장 : 수확기 종료시점(단, 9월 30일을 초과할 수 없음)
	경작불능보장 : 수확개시 시점
고구마	수확감소보장 : 수확기 종료시점(단, 10월 31일을 초과할 수 없음)
	경작불능보장 : 수확개시 시점
차	수확감소보장 : 햇차수확종료시점(단, 이듬해 5월 10일을 초과할 수 없음)

08. 다음 계약에 대하여 정부지원액의 계산과정과 값을 쓰시오.

(단위 : 원)

구분	농작물재해보험
보험목적물	옥수수
보험가입금액	150,000,000
자기부담비율	10%
영업보험료	1,800,000
순보험료	1,600,000
정부지원액	( )
○ 주계약 가입 기준임	

○ 정부지원액이란 재해보험가입자가 부담하는 보험료의 일부와 재해보험사업자의 재해보험의 운영 및 관리에 필요한 비용의 전부 또는 일부를 정부가 지원하는 금액임(지방자치단체의 지원액은 포함되지 않음)
○ 재해보험사업자의 재해보험의 운영 및 관리에 필요한 비용은 부가보험료와 동일함

해설

옥수수 : 1,600,000원 × 50% + (1,800,000원 − 1,600,000원) × 100% = 1,000,000원

09. 다음은 종합위험 수확감소보장 감자(봄재배) 품목에 대한 내용이다. 아래 조건을 보고 물음에 답하시오.(산출식을 제시하시오)

○ 보험가입금액 : 8,600,000원
○ 자기부담비율 : 20%
○ 지역별 보통약관 영업요율 : 10%
○ 영업보험료 중 순보험요율 비율 : 80%
○ 손해율에 다른 할증률 : 최대치 적용
○ 계약자부담보험료 비율 : 15%
○ 방재시설할인률 : 5%

※ 해당 농지는 5년 연속 보험가입 농지임
※ 이 외에 다른 조건은 고려하지 않음

① 영업보험료를 구하시오.

② 정부지원보험료를 구하시오.

③ 계약자부담보험료를 구하시오.

해설

① 영업보험료
= 보험가입금액 × 지역별 보통약관 영업요율 × (1 ± 손해율에 따른 할인·할증률) × (1 − 방재시설할인율)
= 8,600,000원 × 0.1 × (1 + 0.5) × (1 − 0.05) = 1,225,500원

② 정부지원보험료
= (순보험료 × 50%) + (부가보험료 × 100%)
= (1,225,500원 × 0.8 × 0.5) + (1,225,500원 × 0.2) = 735,300원

③ 계약자부담보험료
= 순보험료 × 계약자부담보험료 비율 = 1,225,500원 × 0.8 × 0.15 = 147,060원

10. 농작물재해보험 계약이 무효로 되었을 때의 보험료환급에 관한 설명이다. 괄호 안에 들어갈 내용을 답란에 쓰시오.

> 1) 계약자 또는 피보험자의 책임 없는 사유에 의하는 경우에는 계약자가 납입한 보험료를 (①) 환급한다.
> 2) 계약자 또는 피보험자의 책임 있는 사유에 의하는 경우에는 해당 월 (②)에 따라 계산된 환급 보험료를 지급한다. 단, 계약자 또는 피보험자의 고의 또는 (③)로 무효가 된 경우는 보험료를 반환하지 않는다.
> 3) 계약의 무효로 인하여 반환해야 할 보험료가 있을 때에는 계약자는 환급금을 청구하여야 하며, 청구일의 다음 날부터 지급일까지의 기간에 대하여 '보험개발원이 공시하는 보험계약대출이율'을 (④)로 계산한 금액을 더하여 지급한다.

해설

① 전액　　② 미경과비율　　③ 중대한 과실　　④ 연단위 복리

11. 다음은 종합위험 수확감소보장 양파 품목에 대한 내용이다. 아래 조건을 보고 환급보험료를 산출하시오.

| ○ 보험가입금액 : 12,000,000원 |
| ○ 자기부담비율 : 20% |
| ○ 보통약관 순보험요율 : 10% |
| ○ 손해율에 다른 할인률 : 10% |
| ○ 방재시설할인률 : 5% |
| ○ 계약자부담보험료 비율 : 15% |
| ※ 보험계약 체결일 : 2022. 10.10 |
| ※ 보험계약 해지일 : 2023. 1.20 |
| ※ 보험계약 해지사유 : 계약자 임의해지 |

[미경과비율표]

품목	분류	판매개시연도			이듬해				
		10월	11월	12월	1월	2월	3월	4월	5월	6월
양파	보통약관	100	85	65	45	10	10	5	5	0

해설

환급보험료 = 계약자부담보험료 × 미경과비율

○ 순보험료
= 보험가입금액 × 보통약관 순보험요율 × (1 ± 손해율에 따른 할인·할증률) × (1 − 방재시설할인율)
= 12,000,000원 × 0.1 × (1 − 0.1) × (1 − 0.05) = 1,026,000원

○ 계약자부담보험료 = 1,026,000원 × 0.15 = 153,900원

○ 환급보험료 = 153,900원 × 0.45 = 69,255원

12. 아래 내용을 보고 식물체 피해율을 산정하여 경작불능보험금 대상여부를 판정하고 대상인 경우 각 품목의 경작불능보험금을 산정하시오(식물체 피해율은 %로 소수점 셋째자리에서 반올림하고 자기부담비율은 최저비율을 선택함)

품목	재배면적	피해면적	자기부담비율
(1) 양파	2000㎡	1300㎡	3년연속가입, 3년간 수령보험금이 순보험료의 80%
(2) 콩	1000㎡	670㎡	2년연속가입, 2년간 수령보험금이 순보험료의 70%
(3) 마늘	3200㎡	2000㎡	3년연속가입, 3년간 수령보험금이 순보험료의 90%

※ 보험가입금액은 1,000만원으로 동일함.
※ 경작불능보험금 대상자인 경우 계약자가 모두 경작불능보험금을 신청하였음

해설

(1) ① 식물체 피해율 : 65%
　　② 자기부담비율 : 10%
　　③ 경작불능보험금 : 1000만원 × 0.45 = 4,500,000원
(2) ① 식물체 피해율 : 67%
　　② 자기부담비율 : 15%
　　③ 경작불능보험금 : 1000만원 × 0.42 = 4,200,000원
(3) 식물체 피해율이 62.5%이므로 면책 대상임

13. 다음은 종합위험보장 밭작물 사료용 옥수수 상품에 대한 내용이다. 다음 조건을 보고 물음에 답하시오.

○ 가입면적 : 10,000㎡
○ 보장생산비 : 900원
○ 보장비율: 45%형 가입
○ 사고발생일 : 6월 20일
○ 재해 : 집중호우
○ 피해면적 : 8,000㎡
○ 경작불능보험금 신청함

월별	5월	6월	7월	8월
경과비율	80%	80%	90%	100%

① 사료용옥수수 보험가입금액을 구하시오(만원 단위 미만 절사).

② 사료용옥수수 경작불능보험금을 구하시오.

해설
① 보험가입금액 산출식 = 보장생산비 × 가입면적 = 900원 × 10,000㎡ = 9,000,000만원
② 경작불능보험금
  = 보험가입금액 × 보장비율 × 경과비율 = 9,000,000만원 × 0.45 × 0.8 = 3,240,000원

14. 농작물재해보험 종합위험 수확감소보장 상품에 관한 내용이다. 다음 보장방식에 대한 보험금 지급사유를 서술하고, 보험금 산출식을 쓰시오.

① 마늘 재파종보장

② 양배추 재정식보장

> **해설**
>
> ① 마늘 재파종보장
>   1. 보험금 지급사유 : 보상하는 재해로 인해 마늘이 10a당 30,000주 미만으로 출현되어 10a당 30,000주 이상으로 재파종을 한 경우
>   2. 보험금 산출식 = 보험가입금액 × 35% × 표준출현 피해율
>   [표준출현 피해율(10a 기준)=(30,000주 - 출현주수) ÷ 30,000주)]
> ② 양배추 재정식보장
>   1. 보험금 지급사유 : 보상하는 재해로 인해 면적피해율이 자기부담비율을 초과하고 재정식한 경우
>   2. 보험금 산출식 = 보험가입금액 × 20% × 면적피해율
>   (면적피해율 = 피해면적 ÷ 보험가입면적)

15. 보험가입금액 100,000,000원, 자기부담비율 20%의 종합위험보장 마늘 상품에 가입하였다. 보험계약 후 당해 연도 10월 31일까지 보상하는 재해로 인해 마늘이 10a당 27,000주가 출현되어 10a당 33,000주로 재파종을 한 경우 재파종보험금의 계산과정과 값을 쓰시오.

> **해설**
>
> 재파종보험금 = 100,000,000원 × 35% × (30,000주 - 27,000주) ÷ 30,000주 = 3,500,000원

16. 종합위험보장 마늘 상품의 조기파종보장 특별약관에 대한 다음 물음에 답하시오.

① 보험의 목적

② 보험금 지급사유

③ 보험금 산출식

> **해설**
> ① 제주도 지역 농지에서 재배하는 남도종 마늘
> ② 한지형 마늘 최초 판매개시일 24시 이전에 보장하는 재해로 10a당 출현주수가 30,000주 보다 작고, 10월 31일 이전 10a당 30,000주 이상으로 재파종한 경우
> ③ 보험가입금액 × 25% × 표준출현 피해율
> ※ 표준출현피해율(10a 기준) = (30,000 − 출현주수) ÷ 30,000

17. 다음은 종합위험 수확감소보장 마늘 및 양배추 품목에 대한 내용이다. 아래 조건을 보고 재파종보험금과 재정식보험금을 산출하시오.(주어진 조건 외에 다른 조건은 고려하지 않음)

마늘	양배추
○ 가입수확량 : 3,600kg	○ 가입수확량 : 8,000kg
○ 가입가격 : 4,200원/kg	○ 가입가격 : 2,400원/kg
○ 자기부담비율 : 20%	○ 가입면적 : 4,000㎡
○ 출현주수 : 12,000주/10a	○ 피해면적 : 800㎡
○ 재파종 : 30,000주 이상 재파종 함	○ 자기부담비율 : 최소자기부담비율
※ 재해 : 집중호우	

> **해설**
> ① 재파종보험금 = (3,600kg × 4,200원) × 0.35 × 0.6 = 3,175,200원
> ※ 표준출현피해율 = (30,000주 − 12,000주) ÷ 30,000주 = 0.6(60%)
> ② 재정식보험금 = (8,000kg × 2,400원) × 0.2 × 0.2 = 768,000원

18. 농업인 A씨는 제주도 지역에서 남도종 마늘을 재배하면서 조기파종보장 특별약관에 가입하였다. 다음 조건에 따른 물음에 답하시오.

○ 가입수확량 : 2,800kg 　　　　○ 가입가격 : 5,200원/kg
○ 계약체결일 : 2022. 9. 10　　　○ 조기파종일 : 2022. 9. 5
○ 가입면적 : 4,000㎡　　　　　　○ 자기부담비율 : 15%

① 2022. 9월 20일 우박피해로 10a당 15,000주가 출현하여 9월 25일 10a당 30,000주 이상으로 재파종한 경우 조기파종보험금을 구하시오.

② 2022. 10월 5일 호우피해로 2,800㎡가 고사되어 농업인 A씨는 경작을 포기하고 산지폐기 처리한 후 경작불능보험금을 신청하였다. 농업인 A씨가 받을 수 있는 경작불능보험금을 산출하시오.

해설

① 조기파종보험금
= 보험가입금액 × 25% × 표준출현 피해율 = 14,560,000원 × 0.25 × 0.5 = 1,820,000원
※ 표준출현피해율 = (30,000주 − 15,000주) ÷ 30,000주 = 50%

② 경작불능보험금
= 보험가입금액 × 일정비율(조기파종보장) = 14,560,000원 × 30% = 4,368,000원

19. 농업인 A씨는 제주도 지역에서 남도종 마늘을 재배하면서 조기파종보장 특별약관에 가입하였다 다음 조건에 따른 물음에 답하시오.

> ○ 보험가입금액 10,000,000원
> ○ 계약체결일 : 2021. 9. 5
> ○ 한지형마늘 최초 판매개시일 : 2021. 10. 20
> ○ 조기파종일 : 2021. 9. 1
> ○ 가입면적 : 2,000㎡
> ○ 자기부담비율 : 20%

1) 보통약관 재파종보장의 보장기간을 쓰시오.

2) 2021. 9월 20일 우박피해로 10a당 15,000주가 출현하여 9월 25일 10a당 30,000주 이상으로 재파종한 경우 조기파종보험금을 구하시오.

3) 2021. 10월 10일 호우피해로 1,400㎡가 고사되어 농업인 A씨는 경작을 포기하고 산지폐기처리 한 후 경작불능보험금을 신청하였다. 농업인 A씨가 받을 수 있는 경작불능보험금을 산출하시오.

해설

1) 보통약관 재파종보장의 보장기간 : 2021. 10. 21 ~ 2021. 10. 31
2) 조기파종보험금
  = 보험가입금액 × 25% × 표준출현 피해율 = 10,000,000원 × 25% × 50% = 1,250,000원
  ※ 표준출현피해율(10a 기준) = (30,000 - 출현주수) ÷ 30,000
3) 경작불능보험금
  = 보험가입금액 × 일정비율(조기파종보장) = 10,000,000원 × 28% = 2,800,000원

20. 다음은 종합위험 수확감소보장 감자(가을재배) 품목에 대한 내용이다. 아래 조건을 보고 수확감소보험금을 산출하시오.(산출식을 제시하시오)

○ 보험가입금액 : 12,000,000원	○ 손해정도비율 : 60%
○ 평년수확량 : 6,000kg	○ 병충해 : 역병
○ 수확량 : 3,200kg	○ 병충해 입은 괴경의 무게 : 240kg
○ 미보상감수량 : 100kg	○ 자기부담비율 : 20%
※ 피해율은 소수 다섯째자리에서 반올림하시오. 예) 0.12345 ⇨ 12.35%	

해설

1) 병충해감수량
= 병충해 입은 괴경의 무게 × 손해정도비율 × 인정비율
= 240kg × 60% × 90%(역병) = 129.6kg

2) 피해율
= {(평년수확량 − 수확량 − 미보상감수량) + 병충해감수량} ÷ 평년수확량
= {(6,000kg − 3,200kg − 100kg) + 129.6kg} ÷ 6,000kg = 0.4716(47.16%)

3) 수확감소보험금
= 보험가입금액 × (피해율 − 자기부담비율) = 12,000,000원 × (0.4716 − 0.2) = 3,259,200원

21. 다음 품목(봄감자)에 대한 2023년도 평년수확량을 산출하시오. (소숫점 이하 절사)

(단위 : kg)

연도	평년수확량	표준수확량	조사수확량	보험가입여부
2018년	12,000	8,000	5,000	가입
2019년	11,000	9,000	-	미가입
2020년	10,000	11,000	10,000	가입
2021년	11,000	10,000	8,000	가입
2022년	10,000	9,500	무사고	가입
2023년		12,000		

> [해설]
>
> A값 : (6,000 + 10,000 + 8,000 + 11,000) ÷ 4 = 8,750kg
> B값 : (8,000 + 11,000 + 10,000 + 9,500) ÷ 4 = 9,625kg
> C값 : 12,000
> 평년수확량 = {8,750 + (9,625 − 8,750) × (1 − 4/5)} × 12,000 ÷ 9,625 = 11,127kg

22. 농작물재해보험 종합위험보장 양파 상품에 가입하려는 농지의 최근 5년간 수확량 정보이다. 2023년도 평년수확량을 산출하시오. (소숫점 이하 절사)

(단위 : kg)

연도	2018년	2019년	2020년	2021년	2022년	2023년
평년수확량	1,000	800	900	1,000	1,100	
표준수확량	900	950	950	900	1,000	1,045
조사수확량			300	무사고	700	
보험가입여부	미가입	미가입	가입	가입	가입	

> [해설]
>
> 과거평균수확량(A값) = (450 + 1,100 + 700) ÷ 3 = 750kg
> 과거평균표준수확량(B값) = (950 + 900 + 1,000) ÷ 3 = 950kg
> 평년수확량 = {750 + (950 − 750) × (1 − 3/5)} × 1,045kg ÷ 950kg = 913kg

23. 농작물재해보험 종합위험보장 밭작물 품목 중 출현율이 90% 이상인 경우 해당농지에 대해 인수가 능한 품목을 모두 쓰시오. (단, 농작물재해보험 판매상품 기준으로 한다.)

> [해설]
>
> ⇨ 옥수수, 콩, 감자(봄재배), 감자(고랭지재배), 감자(가을재배)

24. 다음 종합위험방식 상품의 보험가입자격 및 대상으로 (   )의 내용을 순서대로 쓰시오.

콩	개별 농지당 보험가입금액 (①) 이상
고구마	농지당 보험가입금액 (②) 이상
가을감자	농지당 보험가입금액 (③) 이상
차	(④)생 이상의 차나무에서 이듬해에 수확하는 햇차
옥수수	농지당 보험가입금액 (⑤) 이상

해설

① 100만원   ② 200만원   ③ 200만원   ④ 7년   ⑤ 100만원

25. 다음은 농작물재해보험 및 가축재해보험의 이론과 실무에서 정하는 종합위험보장 품목별 인수제한 목적물에 대한 내용이다. 아래 ①~③의 인수관련 내용을 보고 인수가능 또는 불가능을 판단하고 인수 불가능인 경우 그 사유를 쓰시오.

① 가을감자(종합위험보장) : 전남 보성에서 품종이 '수미'인 감자를 8월 3일 파종하였고 재식밀도는 3500주/10a임
② 양파(종합위험보장) : 전남 무안에서 멀칭이 된 농지에 10월 1일 극조생종과 조생종을 함께 정식하였고 재식밀도가 45,000/10a임
③ 종합위험보장 마늘(한지형) : 경북 군위에서 10월 1일에 멀칭이 된 농지에 재식밀도 40,000주/10a로 파종하였으며 보험가입금액이 300만원임

해설

① 인수불가.
   사유 : '수미' 품종은 가을재배에 부적합한 품종이며, 재식밀도가 10a당 3500주로 4000주 미만이므로 인수불가임
② 인수불가.
   사유 : 극조생종, 조생종을 혼식하였으며, 재식밀도가 10a당 45,000주로 40,000주를 초과하였으므로 인수불가임
③ 인수불가.
   사유 : 파종일이 10월 1일로 10월 10일 이전에 파종하였으므로 인수불가임

26. 2023년 농업인 甲은 수확감소보장 재해보험에 가입하려고 한다. 농작물 재해보험가입이 거절된 사유를 모두 서술하시오.

> ○ 甲은 전북 익산의 1,500㎡의 농지에서 씨감자 수확을 목적으로 가을감자를 시설재배하고 있다.
> ○ 농지보험가액은 250만원이다.
> ○ 재식밀도는 3,500주/10a이고, 전작으로 유채를 재배하였다.
> ○ 올해는 3년 동안 갱신하지 않은 씨감자를 파종하였다.

[해설]

① 씨감자 수학을 목적으로 재배하고 있다.
② 시설재배농지이다.
③ 재식밀도가 4,000주/10a 미만이다.
④ 전작으로 유채를 재배하였다.
⑤ 2년 이상 갱신하지 않은 씨감자를 파종한 농지이다.

27. 다음 사례를 보고 농작물재해보험 가입가능 여부 및 인수가 제한되는 경우 그 이유를 쓰시오.

> ○ A씨는 2년 전 제주도에 귀농하여 ○○시 △△리 3번지, 5번지, 12번지의 농지를 사들여 콩을 재배하고 있다.
> ○ 3번지는 땅콩과 완두콩이 식재되어 있다.
> ○ 5번지 농지는 재배방식이 산파인 경우이며, 출현 개체수는 11개체/㎡이다.
> ○ 12번지 농지는 보험가입금액이 70만원이고 출현율이 85%이다.

[해설]

① 보험가입 가능여부 : 보험가입이 불가능하다.
② 이유 :
  1. 3번지 농지는 장류 및 두부용, 나물용, 밥밑용 콩 이외의 콩이 식재된 농지이므로 인수가 제한된다.
  2. 5번지 농지는 적정 출현 개체수 미만(재배방식이 산파인 경우 출현 개체수가 15개체/㎡)이므로 인수가 제한된다.
  3. 12번지 농지는 보험가입금액이 100만원 미만이고, 출현율이 90% 미만이므로 인수가 제한된다.

28. 다음 조건으로 A씨가 2023년 농작물재해보험에 가입하려고 한다. 종합위험보장 옥수수 상품의 보험 가입 가능여부 및 사유를 모두 서술하시오.

> 2023년에 A씨는 서울에서 아내와 충남 서산시로 귀농하여, △△리 5번지 농지(보험가입금액 150만원)에 자가채종으로 10a당 1주재배 형식으로 3,000주를 경작하고 있다. 출현률은 80%이며, 3월 16일 파종되었다.

해설
① 보험가입금액이 100만원 이상이므로 가입이 가능하다.
② 자가채종을 이용해 재배하는 농가는 인수가 제한된다.
③ 충남 서산시의 경우는 1주재배의 경우 10a당 정식주수가 3,500주 이상 5,000주 이하가 가입이 가능한데, 10a당 정식주수가 3,000주이므로 가입이 불가능하다.
④ 출현률이 90%미만이므로 가입이 불가능하다.
⑤ 3월 1일부터 6월 12일까지 기간 내에 파종을 하였으므로 파종시기는 적정하여 가입이 가능하다.
따라서 A씨의 경우 ②,③,④의 사유로 가입이 불가능하다.

29. 다음 상품들의 보험가입자격이 되는 재식밀도를 쓰시오.

고구마, 가을감자, 봄감자	( ) / 10a 이상	
고 추	( ) / 10a 이상	( ) / 10a 이하
마 늘	( ) / 10a 이상	
양 파	( ) / 10a 이상	( ) / 10a 이하
옥수수(2주재배)	( ) / 10a 이상	( ) / 10a 이하
양배추	( )구 / 평당 이상	

해설

고구마, 가을감자, 봄감자	(4,000주) / 10a 이상
고 추	(1,500주) / 10a 이상 (4,000주) / 10a 이하
마 늘	(30,000주) / 10a 이상
양 파	(23,000주) / 10a 이상 (40,000주) / 10a 이하
옥수수(2주재배)	(4,000주) / 10a 이상 (6,000주) / 10a 이하
양배추	(8)구 / 평당 이상

※ 참고
인수제한 재식밀도(재식주수)

상 품		인수제한 재식밀도(재식주수)
고 추		1,500주 미만, 4,000주 초과 / 10a
고구마, 가을감자, 봄감자		4,000주 미만 / 10a
양 파		23,000주 미만, 40,000주 초과 / 10a
마 늘		30,000주 미만 / 10a
옥수수	1주 재배	3,500주 미만 5,000주 초과인 농지 / 10a (단, 전남·전북·광주·제주는 10a당 정식주수가 3,000주 미만 5,000주 초과인 농지)
	2주 재배	정식주수가 4,000주 미만 6,000주 초과 / 10a
양배추		8구 미만 / 평당
시설작물 (10a)	수박, 멜론	400주 미만
	참외, 호박	600주 미만
	풋고추	1,000주 미만
	오이, 토마토, 장미, 파프리카, 가지	1,500주 미만
	배추, 무	3,000주 미만
	딸기	5,000주 미만
	대파, 백합, 카네이션	15,000주 미만
	쪽 파	18,000주 미만
	국 화	30,000주 미만
	상 추	40,000주 미만
	부 추	62,500주 미만
	시금치	100,000주 미만

30. 다음은 종합위험보장 차 상품의 인수제한 목적물에 대한 일부내용이다. (   )에 알맞은 내용을 쓰시오.

> ○ 보험가입면적이 (①)미만인 농지
> ○ 가입하는 해의 나무 수령이 (②) 미만인 경우
> ○ 깊은 전지로 인해 차 나무의 높이가 지면으로부터 (③) 이하인 경우 가입면적에서 제외
> ○ 특수재배(④ 등) 농지
> ○ (⑤) 외 외국품종을 재배하는 농지

[해설]

① 1,000㎡
② 7년
③ 30cm
④ 하우스에서 촉성재배
⑤ 재래종

31. 다음은 종합위험보장 마늘 상품의 인수제한 목적물에 대한 일부내용이다. (   )에 알맞은 내용을 쓰시오.

> ○ 한지형은 (①) 이전 파종한 농지
> ○ 난지형은 (②) 이전 파종한 농지
> ○ 재식밀도가 (③) 미만인 농지
> ○ 마늘 파종 후 익년 (④) 이전에 수확하는 농지

[해설]

① 10월 10일
② 8월 31일
③ 30,000주/10a
④ 4월 15일

32. 다음은 종합위험보장 감자(봄재배) 상품의 인수제한 목적물에 대한 내용이다. (   )에 알맞은 내용을 쓰시오.

> ○ (①) 이상 자가 채종 재배한 농지
> ○ (②) 수확을 목적으로 재배하는 농지
> ○ 파종을 (③) 이전에 실시 농지
> ○ 출현율이 (④) 미만인 농지
> ○ 재식밀도가 (⑤) 미만인 농지
> ○ 전작으로 (⑥)를 재배한 농지

해설

① 2년
② 씨감자
③ 3월 1일
④ 90%
⑤ 4,000주/10a
⑥ 유채

제6절 밭작물(종합위험 수확감소보장방식)

제7절　밭작물(종합위험 생산비보장)

1. 대상품목 : 고추, 브로콜리, 메밀, 단호박, 당근, 배추(고랭지, 월동, 가을), 무(고랭지, 월동), 시금치(노지), 파(대파, 쪽파·실파)

2. 보장방식 : 종합위험 생산비보장방식

종합위험 생산비보장방식은 사고 발생 시점까지 투입된 작물의 생산비를 피해율에 따라 지급하는 방식이다. 따라서 수확이 개시된 후의 생산비보장보험금은 투입된 생산비보다 적거나 없을 수 있다. 이는 수확기에 투입되는 생산비는 수확과 더불어 회수(차감)되기 때문이다.

3. 상품내용

　가. 보상하는 재해 : 자연재해, 조수해, 화재, 병충해(고추)

　나. 보상하지 않는 손해 :

　　1) 계약자, 피보험자 또는 이들의 법정대리인의 고의 또는 중대한 과실로 인한 손해
　　2) 수확기에 계약자 또는 피보험자의 고의 또는 중대한 과실로 수확하지 못하여 발생한 손해
　　3) 제초작업, 시비관리 등 통상적인 영농활동을 하지 않아 발생한 손해
　　4) 원인의 직·간접을 묻지 않고 병해충으로 발생한 손해(다만, 감자품목은 제외)
　　5) 보상하지 않는 재해로 제방, 댐 등이 붕괴되어 발생한 손해
　　6) 하우스, 부대시설 등의 노후 및 하자로 생긴 손해
　　7) 계약체결 시점 현재 기상청에서 발령하고 있는 기상특보 발령 지역의 기상특보 관련 재해로 인한 손해
　　8) 보상하는 손해에 해당하지 않은 재해로 발생한 손해
　　9) 전쟁, 혁명, 내란, 사변, 폭동, 소요, 노동쟁의, 기타 이들과 유사한 사태로 생긴 손해

다. 보험기간

1) 종합위험 생산비보장

품목	보장개시	보장종료
고랭지 배추	정식완료일 24시(단, 판개 7.31 초과 ×)	정식일부터 70일째 되는 날 24시
고랭지 무	파종완료일 24시(단, 판개 7.31 초과 ×)	파종일부터 80일째 되는 날 24시
단호박	정식완료일 24시(단, 판개 5.29 초과 ×)	정식일부터 90일째 되는 날 24시
가을배추	정식완료일 24시(단, 판개 9.10 초과 ×)	정식일부터 110일째 되는 날 24시 (단, 판개 12.15 초과 ×)
고추	계약체결일 24시	정식일부터 150일째 되는 날 24시
브로콜리	정식완료일 24시(단, 판개 9.30 초과 ×)	정식일부터 160일째 되는 날 24시
대파	정식완료일 24시(단, 판개 5.20 초과 ×)	정식일부터 200일째 되는 날 24시
당근	파종완료일 24시(단, 판개 8.31 초과 ×)	최초수확 직전(단, 이듬해 2.29 초과 ×)
메밀	파종완료일 24시	최초수확 직전(단, 판개 11.20 초과 ×)
월동배추	정식완료일 24시(단, 판개 9.25 초과 ×)	최초수확직전(단, 이듬해 3.31 초과 ×)
월동무	파종완료일24시(단, 판개 10.15 초과 ×)	최초수확직전(단, 이듬해 3.31 초과 ×)
쪽파(실파) [1형]	파종완료일 24시(단, 판개 10.15 초과 ×)	최초수확 직전(단, 판개 12.31 초과 ×)
쪽파(실파) [2형]	파종완료일 24시(단, 판개 10.15 초과 ×)	최초수확 직전(단, 이듬해 5.31 초과 ×)
시금치 (노지)	파종완료일 24시(단, 판개 10.31 초과 ×)	최초수확직전(단, 이듬해 1.15 초과 ×

※ 단, 보험계약시 정식완료일(파종완료일)이 경과한 경우에는 계약체결일 24시

2) 종합위험 경작불능 보장

품목	보장개시	보장종료
생산비보장 품목 (고추, 브로콜리 제외)	생산비보장 보장개시와 동일	최초 수확 직전 다만, 종합위험생산비보장에서 정하는 보장종료일 초과 ×

라. 보험가입금액

1) 단위면적당 보장생산비 × 재배면적(천원 단위 미만 절사).
2) 고추 또는 브로콜리의 경우 손해를 보상한 경우에는 보험가입금액에서 보상액을 뺀 잔액을 손해가 생긴 후의 나머지 보험기간에 대한 잔존보험가입금액으로 한다.

마. 보험료

> 보통약관 보험가입금액 × 지역별 보통약관 영업요율
> × (1 ± 손해율에 따른 할인·할증률) × (1 - 방재시설할인율)

※ 방재시설 할인은 고추, 브로콜리 품목에만 해당

바. 보험금

1) 메밀, 단호박 등 7개 품목의 보험금

보 장	목 적	보험금 지급사유	보험금 계산(지급금액)
경작불능 보장 (보통약관)	메밀 단호박 등	보상하는 재해로 식물체 피해율이 65% 이상이고, 계약자가 경작불능 보험금을 신청한 경우(해당 농지의 계약 소멸)	보험가입금액 × 일정비율 ※ 일정비율은 자기부담비율에 따른 경작불능보험금 참조
생산비 보장 (보통약관)		보상하는 재해로 약관에 따라 계산한 피해율이 자기부담비율을 초과하는 경우	보험가입금액 × (피해율 – 자기부담비율)

[자기부담비율에 따른 경작불능보험금]

자기부담비율	경작불능보험금
20%형	보험가입금액의 40%
30%형	보험가입금액의 35%
40%형	보험가입금액의 30%

2) 고추, 브로콜리의 보험금

보장	목적	보험금 지급사유	보험금 계산(지급금액)
생산비보장 (보통약관)	고추	보상하는 손해로 약관에 따라 계산한 생산비보장 보험금이 자기부담금을 초과하는 경우	㉠ 병충해가 없는 경우 (잔존보험가입금액 × 경과비율 × 피해율) - 자기부담금 ㉡ 병충해가 있는 경우 (잔존보험가입금액 × 경과비율 × 피해율 × 병충해 등급별 인정비율) - 자기부담금
	브로콜리		(잔존보험가입금액 × 경과비율 × 피해율) - 자기부담금 ※ 잔존보험가입금액(동일)

※ 잔존보험가입금액 = 보험가입금액 – 보상액(기발생 생산비보장보험금 합계액)

사. 자기부담금(고추, 브로콜리)

1) 잔존보험가입금액 × 보험가입시 계약자가 선택한 비율(3%, 5%)

2) 생산비보장 자기부담금 선택 기준

가) 3%형 : 최근 2년간 연속 보험가입계약자로서 2년간 수령한 보험금이 순보험료의 100% 이하인 경우에 한하여 선택 가능하다.

나) 5%형 : 제한 없음

4. 보험가입 기준

가. 계약인수는 농지 단위로 가입하고 개별 농지당 최저 보험가입금액은

※ 고추, 브로콜리 : 200만원 / 메밀 : 50만원 / 나머지 품목 : 100만원이다.

단. 하나의 리·동에 있는 각각 최저금액 미만의 두 개의 농지는 하나로 취급하여 계약 가능

나. 고추 품목 : 10a당 재식주수가 1,500주 이상이고 4,000주 이하인 농지만 가입 가능하다.

다. 농지 구성 방법(동일)

5. 인수제한 목적물

구 분	내 용
공통	① 보험계약 시 피해가 확인된 농지 ② 여러 품목이 혼식된 농지(다른 작물과 혼식되어 있는 농지) ③ 하천부지, 상습침수 지역에 소재한 농지 ④ 통상적인 재배 및 영농활동을 하지 않는 농지 ⑤ 시설재배 농지 ⑥ 판매를 목적으로 경작하지 않는 농지 ⑦ 도서 지역의 경우 연륙교가 설치되어 있지 않고 정기선이 운항하지 않는 등 신속한 손해평가가 불가능한 지역에 소재한 농지 ⑧ 군사시설보호구역 중 통제보호구역내의 농지 ⑨ 기타 인수가 부적절한 농지
고추	① 보험가입금액이 200만원 미만인 농지 ② 재식밀도가 조밀(1,000㎡당 4,000주 초과) 또는 넓은(1,000㎡당 1,500주 미만) 농지 ③ 노지재배, 터널재배 이외의 재배작형으로 재배하는 농지 ④ 비닐멀칭이 되어 있지 않은 농지 ⑤ 직파한 농지 ⑥ 4월 1일 이전과 5월 31일 이후에 고추를 식재한 농지

	⑦ 동일 농지 내 재배 방법이 동일하지 않은 농지 　(단, 보장생산비가 낮은 재배 방법으로 가입하는 경우 인수 가능) ⑧ 동일 농지 내 재식 일자가 동일하지 않은 농지 　(단, 농지 전체의 정식이 완료된 날짜로 가입하는 경우 인수 가능) ⑨ 고추 정식 6개월 이내에 인삼을 재배한 농지 ⑩ 풋고추 형태로 판매하기 위해 재배하는 농지
브로콜리	① 보험가입금액이 200만원 미만인 농지 ② 정식을 하지 않았거나, 정식을 10월 1일 이후에 실시한 농지 ③ 목초지, 목야지 등 지목이 목인 농지
메밀	① 보험가입금액이 50만원 미만인 농지 ② 춘파재배 방식에 의한 봄 파종을 실시한 농지 ③ 9월 15일 이후에 파종을 실시 또는 할 예정인 농지 ④ 오염 및 훼손 등의 피해를 입어 복구가 완전히 이루어지지 않은 농지 ⑤ 최근 5년 이내에 간척된 농지 ⑥ 전환지, 휴경지 등 농지로 변경하여 경작한 지 3년 이내인 농지 ⑦ 최근 3년 연속 침수피해를 입은 농지(동일) ⑧ 목초지, 목야지 등 지목이 목인 농지
단호박	① 보험가입금액이 100만원 미만인 농지 ② 5월 29일을 초과하여 정식한 농지 ③ 미니 단호박을 재배하는 농지
당근	① 보험가입금액이 100만원 미만인 농지 ② 미니당근 재배 농지(대상 품종 : 베이비당근, 미뇽, 파맥스, 미니당근 등) ③ 8월 31일을 지나 파종을 실시하였거나 또는 할 예정인 농지 ④ 목초지, 목야지 등 지목이 목인 농지
시금치 (노지)	① 보험가입금액이 100만원 미만인 농지 ② 10월 31일을 지나 파종을 실시하였거나 또는 할 예정인 농지 ③ 다른 광역시·도에 소재하는 농지 　(단, 인접한 광역시·도에 소재하는 농지로서 보험사고 시 지역 농·축협의 통상적인 　손해조사가 가능한 농지는 본부의 승인을 받아 인수 가능) ④ 최근 3년 연속 침수피해를 입은 농지(동일) ⑤ 오염 및 훼손 등의 피해를 입어 복구가 완전히 이루어지지 않은 농지 ⑥ 최근 5년 이내에 간척된 농지 ⑦ 농업용지가 다른 용도로 전용되어 수용예정농지로 결정된 농지 ⑧ 전환지, 휴경지 등 농지로 변경하여 경작한 지 3년 이내인 농지
고랭지배추 가을배추 월동배추	① 보험가입금액이 100만원 미만인 농지 ② 정식을 9월25일 이후에 실시한 농지(월동배추에만 해당) ③ 월동배추 이외에 다른 품종 및 품목을 정식한 농지(월동배추에만 해당)

	④ 정식을 9월10일 이후에 실시한 농지(가을배추에만 해당)
	⑤ 가을배추 이외에 다른 품종 및 품목을 정식한 농지(가을배추에만 해당)
	⑥ 다른 광역시·도에 소재하는 농지(동일)
	⑦ 최근 3년 연속 침수피해를 입은 농지(동일)
	⑧ 오염 및 훼손 등의 피해를 입어 복구가 완전히 이루어지지 않은 농지
	⑨ 최근 5년 이내에 간척된 농지
	⑩ 농업용지가 다른 용도로 전용되어 수용 예정 농지로 결정된 농지
	⑪ 전환지, 휴경지 등 농지로 변경하여 경작한 지 3년 이내인 농지
고랭지무	① 보험가입금액이 100만원 미만인 농지
	② 판매개시연도 7월 31일을 초과하여 정식한 농지
월동무	① 보험가입금액이 100만원 미만인 농지
	② 10월15일 이후에 무를 파종한 농지
	③ 가을무에 해당하는 품종 또는 가을무로 수확할 목적으로 재배하는 농지
	④ 오염 및 훼손 등의 피해를 입어 복구가 완전히 이루어지지 않은 농지
	⑤ 목초지, 목야지 등 지목이 목인 농지
대파	① 보험가입금액이 100만원 미만인 농지
	② 5월 20일을 초과하여 정식한 농지
	③ 재식밀도가 15,000주/10a 미만인 농지
쪽파(실파)	① 보험가입금액이 100만원 미만인 농지
	② 종구용(씨쪽파)으로 재배하는 농지
	③ 상품 유형별 파종기간을 초과하여 파종한 농지

문제로 확인하기

01. 종합위험 생산비보장 다음 품목의 보장종료 시기에 대해 괄호 안에 들어갈 내용을 쓰시오.

품목	보장종료
고랭지 무	파종일부터 (①)일째 되는 날 24시
단호박	정식일부터 (②)일째 되는 날 24시
가을배추	정식일부터 (③)일째 되는 날 24시 (단, 판매개시연도 12월 15일 초과할 수 없음)
고랭지배추	정식일부터 (④)일째 되는 날 24시
대파	정식일부터 (⑤)일째 되는 날 24시
브로콜리	정식일부터 (⑥)일째 되는 날 24시
고추	정식일부터 (⑦)일째 되는 날 24시

해설

① 80   ② 90   ③ 110   ④ 70   ⑤ 200   ⑥ 160   ⑦ 150

02. 아래는 업무방법에서 정하고 있는 각 품목들의 정식 또는 파종완료일에 대한 내용이다. ①~⑩에 대한 내용을 읽고 맞으면 ○, 틀리면 × 표시 하시오.

구분	품목	내용
①	가을배추	정식완료일은 판매개시연도 9월 10일을 초과할 수 없음
②	단호박	정식완료일은 판매개시연도 5월 20일을 초과할 수 없음
③	대파	정식완료일은 판매개시연도 5월 30일을 초과할 수 없음
④	고랭지 배추	정식완료일은 판매개시연도 7월 31일을 초과할 수 없음
⑤	브로콜리	정식완료일은 판매개시연도 9월 30일을 초과할 수 없음
⑥	당근	파종완료일은 판매개시연도 7월 31일을 초과할 수 없음
⑦	월동배추	정식완료일은 판매개시연도 9월 20일을 초과할 수 없음
⑧	월동무	파종완료일은 판매개시연도 10월 15일을 초과할 수 없음
⑨	쪽파[1형]	파종완료일은 판매개시연도 10월 31일을 초과할 수 없음
⑩	시금치	파종완료일은 판매개시연도 10월 15일을 초과할 수 없음

> [해설]
> ① ○　　② × (5월 29일)　　③ × (5월 20일)　　④ ○　　⑤ ○
> ⑥ × (8월 31일)　⑦ × (9월 25일)　⑧ ○　　⑨ × (10월 15일)　⑩ × (10월 31일)

03. 종합위험 생산비보장 고추와 브로콜리 상품에 대해 비교한 내용이다. 빈칸을 채우시오.

구 분	고추	브로콜리
최소보험가입금액	①	②
정식일자	③	④
재식밀도(10a)	⑤	⑥
병충해 보장	⑦	⑧
보장개시	⑨	⑩
보장종료	⑪	⑫
준비기생산비계수	⑬	⑭

> [해설]
> ① 200만원
> ② 200만원
> ③ 4월 2일부터 5월 30일까지
> ④ 9월 30일 이전
> ⑤ 1,500주 이상 4,000주 이하
> ⑥ 없음
> ⑦ 인정
> ⑧ 불인정
> ⑨ 계약체결일 24시
> ⑩ 정식완료일 24시(단, 판매개시연도 9월 30일 초과할 수 없음)
> ⑪ 정식일부터 150일째 되는 날 24시
> ⑫ 정식일부터 160일째 되는 날 24시
> ⑬ 54.4%
> ⑭ 49.5%

04. 종합위험방식 생산비보장방식보험에 가입한 메밀품목에 관한 내용이다. 다음 계약사항과 조사내용을 보고 보험금을 산출하시오.(피해율은 %단위로 소수점 둘째자리 미만에서 절사하시오)

- 보험가입금액 : 5,000,000원
- 재배면적 : 3000㎡
- 피해면적 : 1,800㎡
- 자기부담비율 : 20%
- 재해 : 태풍

[해설]
(1) 피해율 = 1,800 ÷ 3,000 = 0.6 ⇨ 60%
(2) 보험금 = 5,000,000 × (0.6 − 0.2) = 2,000,000원

05. 종합위험방식 생산비보장방식보험에 가입한 월동배추 품목에 관한 내용이다. 다음 계약사항과 조사내용을 보고 보험금을 산출하시오.(피해비율, 피해율은 %단위로 소숫점 둘째자리 미만에서 절사하고, 보험금은 소숫점 이하 절사하시오.)

- 보험가입금액 : 8,000,000원
- 재배면적 : 3,500㎡
- 피해면적 : 2,000㎡
- 손해정도비율 : 60%
- 미보상비율 : 10%
- 자기부담비율 : 20%
- 재해 : 집중호우

[해설]
(1) 피해비율 = 2,000 ÷ 3,500 = 0.57142... ⇨ 57.14%
(2) 피해율 = 0.5714 × 0.6 × (1 − 0.1) = 0.30855... ⇨ 30.85%
(3) 보험금 = 8,000,000 × (0.3085 − 0.2) = 868,000원

06. 충북 괴산에서 고추 농사를 짓고 있는 A씨는 두 개의 농지에서 키우고 있는 고추를 하나의 계약으로 농작물재해보험에 가입하고자 한다. 다음 조건을 참조하여 각각의 물음에 답하시오.

농 지	재배방식	재배면적	보장생산비
A농지(괴산군 청천면 회양리 15번지)	노지재배	100㎡	8,500원
B농지(괴산군 청천면 회양리 18번지)	터널재배	140㎡	9,500원

※ 개별 가입이 안될 경우 두 농지를 합하여 1개의 농지로 가입 함
※ 보험가입일 : 2022. 04. 20
※ 자기부담비율은 5% 선택

○ 손해조사내용

사고일자	재해	경과비율	피해율
2022. 07. 25	태풍	60%	40%
2022. 08. 10	역병	40%	60%

① 보험가입금액을 산출하시오.(천원 단위 미만 절사)

② 2022. 07. 25 사고 생산비보장 보험금을 산출하시오.(소수점이하 절사)

③ 2022. 08. 10 사고 생산비보장 보험금을 산출하시오.(소수점이하 절사)

해설

① 보험가입금액
계약인수는 농지 단위로 가입하고 개별 농지당 최저 보험가입금액은 200만원이다.
단. 하나의 리·동에 있는 각각 최저금액 미만의 두 개의 농지는 하나로 취급하여 계약 가능하다.
A농지 보험가입금액 : 100㎡ × 8,500원 = 850,000원
B농지 보험가입금액 : 140㎡ × 9,500원 = 1,330,000원
각각 200만원 미만이므로 단독으로 가입할 수 없다. 또한 동일 농지 내 재배 방법이 동일하지 않은 농지는 인수가 제한되지만 보장생산비가 낮은 재배 방법으로 가입하는 경우 인수가 가능하다.
A농지 보험가입금액 : 100㎡ × 8,500원 = 850,000원
B농지 보험가입금액 : 140㎡ × 8,500원 = 1,190,000원
따라서 두 농지를 합하여 2,040,000원으로 가입 가능하다.
② 보험금 (2,040,000원 × 0.6 × 0.4) - 102,000원 = 387,600원
③ 보험금 {(2,040,000원 - 387,600) × 0.4 × 0.6 × 0.7} - 82,620원 = 194,983원

07. 종합위험보장 고추 상품의 보험금 산출방식을 ① 병충해가 없는 경우와 ② 병충해가 있는 경우로 구분하여 쓰시오.

해설
㉠ 병충해가 없는 경우
   (잔존보험가입금액 × 경과비율 × 피해율) − 자기부담금
㉡ 병충해가 있는 경우
   (잔존보험가입금액 × 경과비율 × 피해율 × 병충해 등급별 인정비율) − 자기부담금
   ※ 잔존보험가입금액 = 보험가입금액 − 보상액(기발생 생산비보장보험금 합계액)

08. 종합위험보장 브로콜리 품목의 생산비보장 자기부담금에 대하여 서술하시오.

해설
가. 보험계약 시 계약자가 선택한 자기부담금(잔존보험가입금액의 3% 또는 5%)
나. 생산비보장 자기부담금 적용 기준
   ① 3%형 : 최근 2년간 연속 보험가입계약자로서 2년간 수령보험금이 순보험료의 100%이하인 경우에 한하여 선택 가능
   ② 5%형 : 제한없음

09. 다음 조건을 참조하여 고추 품목의 생산비보장보험금과 관련한 내용을 산정하시오.

○ 보험가입금액 : 20,000,000원 ○ 보상액 : 10,000,000원
○ 경과비율 : 30% ○ 피해율 : 20%
○ 병충해 : 역병

1) 잔존보험가입금액

2) 최소 자기부담금

3) 병충해가 없는 경우 보험금

4) 병충해가 있는 경우 보험금

해설

1) 잔존보험가입금액(보험가입금액 − 보상액) = 20,000,000원 − 10,000,000원 = 10,000,000원
2) 최소 자기부담금(잔존보험가입금액의 3%) = 10,000,000 × 0.03 = 300,000원
3) 병충해가 없는 경우 보험금
   [(잔존보험가입금액 × 경과비율 × 피해율) − 자기부담금]
   = (10,000,000원 × 0.3 × 0.2) − 300,000원 = 300,000원
4) 병충해가 있는 경우 보험금
   [(잔존보험가입금액 × 경과비율 × 피해율 × 병충해 등급별 인정비율) − 자기부담금]
   = (10,000,000원 × 0.3 × 0.2 × 0.7) − 300,000원 = 120,000원

10. 다음은 종합위험 생산비보장 고추 품목에 관한 내용이다. 주어진 조건을 참조하여 보험금을 산출하시오.

○ 보험가입금액 : 12,000,000원	○ 준비기생산비계수 : 54.4%
○ 기지급보험금 : 2,000,000원	○ 표준생장일수 : 100일
○ 병충해 등급별 인정비율 : 70%	○ 생장일수 : 60일
○ 피해비율 : 50%	○ 미보상비율 : 없음
○ 손해정도비율 : 60%	○ 자기부담비율 : 5%

※ 수확기 이전에 보험사고 발생
※ 피해율은 %단위로 소숫점 둘째자리 미만에서 절사하시오

해설

○ 경과비율(수확기 이전에 보험사고가 발생한 경우)
  = 준비기생산비계수 + [(1 - 준비기생산비계수) × (생장일수 ÷ 표준생장일수)]
  = 0.544 + [(1 - 0.544) × (60 ÷ 100)] = 0.8176(81.76%)
○ 피해율 = 피해비율 × 손해정도비율 × (1 - 미보상비율) = 0.5 × 0.6 × (1 - 0) = 0.3
○ 잔존보험가입금액 = 12,000,000원 - 2,000,000원 = 10,000,000원
○ 자기부담금 = 10,000,000원 × 0.05 = 500,000원
○ 보험금
  = (잔존보험가입금액 × 경과비율 × 피해율 × 병충해 등급별 인정비율) - 자기부담금
  = (10,000,000원 × 0.8176 × 0.3 × 0.7) - 500,000원 = 1,216,960원

11. 다음은 종합위험 생산비보장 고추 품목에 관한 내용이다. 주어진 조건을 참조하여 보험금을 산출하시오.(주어진 조건만 고려하시오)

○ 보험가입금액 : 4,200,000원	○ 기지급보험금 : 400,000원
○ 재배주수 : 800주	○ 표준수확일수 : 50일
○ 피해주수 : 480주	○ 보험사고일 : 수확개시 후 20일 경과
○ 손해정도비율 : 60%	○ 미보상비율 : 10%
	○ 자기부담비율 : 5%

※ 수확기 중에 보험사고 발생
※ 피해율은 %단위로 소숫점 둘째자리 미만에서 절사하시오

해설

○ 경과비율(수확기 중에 보험사고가 발생한 경우)
 = 1 − (수확일수 ÷ 표준수확일수) = 1 − (20 ÷ 50) = 0.6(60%)
○ 피해율
 = 피해비율 × 손해정도비율 × (1 − 미보상비율)
 = (480주 ÷ 800주) × 0.6 × (1 − 0.1) = 0.324(32.4%)
○ 잔존보험가입금액 = 4,200,000원 − 400,000원 = 3,800,000원
○ 자기부담금 = 3,800,000원 × 0.05 = 190,000원
○ 보험금
 = (잔존보험가입금액 × 경과비율 × 피해율) − 자기부담금
 = (3,800,000원 × 0.6 × 0.324) − 190,000원 = 548,720원

12. 다음은 종합위험 생산비보장 고추 품목에 대한 내용이다. 아래 조건을 보고 각 물음에 답하시오.

○ 계약사항

가입면적	4,000㎡	보장생산비	3,500원/㎡
정식일	2023. 4. 25.	보험계약일	2023. 4. 28.

보험가입이력

가입연도	2018년	2019년	2020년	2021년	2022년
순보험료	1,200,000원	1,250,000원	1,280,000원	1,300,000원	1,320,000원
보험금	1,400,000원	1,350,000원	무사고	1,000,000원	1,200,000원
가입여부	가입	가입	가입	가입	가입

○ 손해평가 내용

사고일자	조사내용	
2023. 8. 10	○ 피해면적 : 1,800㎡ ○ 피해율 : 50%	○ 재해 : 호우 ○ 경과비율 : 40%
2023. 9. 10	○ 피해면적 : 1,800㎡ ○ 피해율 : 40%	○ 재해 : 태풍 ○ 경과비율 : 60%

① 보험가입금액을 구하시오.(천원 단위 미만 절사)

② 최소 자기부담비율을 구하시오.

③ 2023년 9월 10일 사고 생산비보장 보험금을 산출하시오.(소숫점 이하 절사)

④ 2023년 11월 29일 사고 생산비보장 보험금을 산출하시오.(소숫점 이하 절사)

해설

① 보험가입금액 = 4,000 × 3,500 = 14,000,000원
② 최소 자기부담비율 : 3%
　최근 2년간 연속 보험가입계약자로서 2년간 수령한 보험금이 순보험료의 100%이하이므로 3% 선택가능
　(1,200,000원 + 1,000,000원) ÷ (1,320,000원 + 1,300,000원) = 0.83969... = 83.97%
③ 2023년 9월 10일 사고 생산비보장 보험금
　보험금 = (잔존보험가입금액 × 경과비율 × 피해율) − 자기부담금
　◎ 자기부담금 14,000,000 × 0.03 = 420,000원
　◎ 보험금 = (14,000,000원 × 0.4 × 0.5) − 420,000원 = 2,380,000원
④ 2023년 11월 29일 생산비보장 보험금
　◎ 잔존보험가입금액 = 14,000,000원 − 2,380,000원 = 11,620,000원
　◎ 자기부담금 = 11,620,000원 × 0.03 = 348,600원
　◎ 보험금 = (11,620,000원 × 0.4 × 0.6) − 348,600원 = 2,440,200원

13. 종합위험 생산비보장 고추 상품에 대한 내용이다. 다음 조건을 보고 생산비보장 보험금을 산출하시오.

○ 계약사항

보험가입일	2023. 4. 25.	자기부담비율	최저비율적용
보장생산비	4,600/㎡	재배면적	3,000㎡
재배작형	노지재배		

○ 보험가입이력

연도	순보험료(원)	지급보험금(원)	보험가입이력
2020년	780,000	-	가입
2021년	630,000	827,000	가입
2022년	760,000	840,000	가입

○ 손해평가내용

보험사고	탄저병	병충해인정비율	70%
기보상액	1,200,000원	피해비율	40%
경과비율	60%	미보상비율	10%
손해정도비율	80%		

해설

보험가입금액 = 3,000 × 4,600 = 13,800,000원
잔존보험가입금액 = 13,800,000원 − 1,200,000원 = 12,600,000원
자기부담비율 5% 적용 : (827,000 + 840,000) ÷ (630,000 + 760,000) = 120%
피해율
= 피해비율 × 손해정도비율 × (1 − 미보상비율) = 40% × 80% × (1 − 10%) = 0.288(28.8%)
생산비보장보험금
= (12,600,000 × 0.6 × 0.288 × 0.7) − 630,000원 = 894,096원

14. 종합위험방식 고추 품목에 관한 다음 내용을 보고 독립된 A, B, C 농지의 보험가입 가능여부와 그 이유를 서술하시오.(단, 각각 제시된 조건 이외는 고려하지 않음)

○ A농지 : 가입금액이 100만원으로 농지 10a당 재식주수가 4,000주로 고추정식 1년 전 인삼을 재배
○ B농지 : 가입금액이 200만원, 농지 10a당 재식주수가 2,000주로 4월 2일 고추를 터널재배 형식만으로 식재
○ C농지 : 연륙교가 설치된 도서 지역에 위치하여 10a당 재식주수가 5,000주로 전 농지가 비닐 멀칭이 된 노지재배

해설

○ A농지 : 가입불가
  이유 : 가입금액이 200만원 이상인 농지만 가입이 가능하기 때문
○ B농지 : 가입가능
  이유 : 가입가능 금액인 200만원 이상에 해당하고, 농지 10a당 재식주수가 2,000주로써 1,500주 이상이고 4,000주 이하인 농지에 해당하며, 4월 2일 식재함으로써 4월 1일 이전과 5월 31일 이후에 고추를 식재한 농지가 아니고, 터널재배 형식만으로 식재한 농지이기 때문
○ C농지 : 가입불가
  이유 : 10a당 재식주수가 5,000주로써 가입가능 주수인 1,500주 이상이고 4,000주 이하인 농지에 해당하지 않기 때문

15. 다음은 종합위험보장 고추 상품의 인수제한 목적물에 대한 일부내용이다. ( )에 알맞은 내용을 쓰시오.

> (1) (①), (②) 이외의 재배작형으로 재배하는 농지
> (2) (③)이 되어 있지 않은 농지
> (3) (④) 이전과 (⑤) 이후에 고추를 식재한 농지
> (4) 동일 농지 내 재배방법이 동일하지 않은 농지. 단, 보장생산비가 (⑥) 재배방법으로 가입하는 경우 인수가능
> (5) 고추 정식 (⑦) 이내에 인삼을 재배한 농지
> (6) 재식밀도가 1,000㎡당 (⑧) 미만이거나 (⑨) 초과하는 농지

해설

| ① 노지재배 | ② 터널재배 | ③ 비닐멀칭 | ④ 4월 1일 | ⑤ 5월 31일 |
| ⑥ 낮은 | ⑦ 6개월 | ⑧ 1,500주 | ⑨ 4,000주 | |

제8절 밭작물(인삼)

1. **대상품목 : 인삼**
2. **보장방식 : 작물특정 및 시설종합위험 인삼손해보장방식**

   가. 인삼(작물)은 태풍(강풍), 폭설, 집중호우, 침수, 화재, 우박, 냉해, 폭염 등 특정위험만 보장

   나. 해가림시설은 자연재해, 조수해, 화재로 인한 종합위험을 보장

3. **상품내용**

   가. 보상하는 재해(인삼)

   > ① 태풍(강풍) : 기상청에서 태풍에 대한 특보(태풍주의보, 태풍경보)를 발령한 때 해당지역의 바람과 비 또는 최대순간풍속 14m/s 이상의 강풍
   > ② 폭설 : 기상청에서 대설에 대한 특보(대설주의보, 대설경보)를 발령한 때 해당 지역의 눈 또는 24시간 신적설이 5cm 이상인 상태
   > ③ 집중호우 : 기상청에서 호우에 대한 특보(호우주의보, 호우경보)를 발령한 때 해당 지역의 비 또는 24시간 누적 강수량이 80mm 이상인 상태
   > ④ 침수 : 태풍, 집중호우 등으로 인하여 인삼 농지에 다량의 물(고랑 바닥으로부터 침수 높이가 최소 15cm 이상)이 유입되어 상면에 물이 잠긴 상태
   > ⑤ 우박 : 적란운과 봉우리 적운 속에서 성장하는 얼음알갱이나 얼음덩이가 내려 발생하는 피해
   > ⑥ 냉해 : 출아 및 전엽기(4~5월) 중에 해당지역에 최저기온 0.5℃ 이하의 찬 기온으로 인하여 발생하는 피해를 말하며, 육안으로 판별 가능한 냉해 증상이 있는 경우에 피해를 인정
   > ⑦ 폭염 : 해당 지역에 최고기온 30℃ 이상이 7일 이상 지속되는 상태를 말하며, 잎에 육안으로 판별 가능한 타들어간 증상이 50% 이상 있는 경우에 인정
   > ⑧ 화재 : 화재로 인하여 발생하는 피해

   나. 보상하지 않는 손해(인삼)

   > ① 계약자, 피보험자 또는 이들의 법정대리인의 고의 또는 중대한 과실로 인한 손해
   > ② 수확기에 계약자 또는 피보험자의 고의 또는 중대한 과실로 수확하지 못하여 발생한 손해
   > ③ 제초작업, 시비관리 등 통상적인 영농활동을 하지 않아 발생한 손해
   > ④ 원인의 직·간접을 묻지 않고 병해충으로 발생한 손해
   > ⑤ 보상하지 않는 재해로 제방, 댐 등이 붕괴되어 발생한 손해
   > ⑥ 해가림 시설 등의 노후 및 하자로 생긴 손해
   > ⑦ 계약체결 시점 현재 기상청에서 발령하고 있는 기상특보 발령 지역의 기상특보 관련 재해로 인한 손해

⑧ 보상하는 손해에 해당하지 않은 재해로 발생한 손해
⑨ 전쟁, 혁명, 내란, 사변, 폭동, 소요, 노동쟁의, 기타 이들과 유사한 사태로 생긴 손해
⑩ 연작장해, 염류장해 등 생육 장해로 인한 손해

다. 보상하지 않는 손해(해가림시설)

① 계약자, 피보험자 또는 이들의 법정대리인의 고의 또는 중대한 과실로 인한 손해
② 보상하는 재해가 발생했을 때 생긴 도난 또는 분실로 생긴 손해
③ 보험의 목적의 노후 및 하자로 생긴 손해
④ 보상하지 않는 재해로 제방, 댐 등이 붕괴되어 발생한 손해
⑤ 침식 활동 및 지하수로 인한 손해
⑥ 계약체결 시점 현재 기상청에서 발령하고 있는 기상특보 발령 지역의 기상 특보 관련 재해로 인한 손해
⑦ 보상하는 재해에 해당하지 않은 재해로 발생한 손해
⑧ 보험의 목적의 발효, 자연 발열·발화로 생긴 손해. 그러나, 자연 발열 또는 발화로 연소된 다른 보험의 목적에 생긴 손해는 보상
⑨ 화재로 기인되지 않은 수도관, 수관 또는 수압기 등의 파열로 생긴 손해
⑩ 발전기, 여자기(정류기 포함), 변류기, 변압기, 전압조정기, 축전기, 개폐기, 차단기, 피뢰기, 배전반 및 그 밖의 전기기기 또는 장치의 전기적 사고로 생긴 손해. 그러나 그 결과로 생긴 화재손해는 보상
⑪ 원인의 직접·간접을 묻지 않고 지진, 분화 또는 전쟁, 혁명, 내란, 사변, 폭동, 소요, 노동쟁의, 기타 이들과 유사한 사태로 생긴 화재 및 연소 또는 그 밖의 손해
⑫ 핵연료 물질 또는 핵연료 물질에 의하여 오염된 물질의 방사성, 폭발성 그 밖의 유해한 특성 또는 이들의 특성에 의한 사고로 인한 손해
⑬ 이외의 방사선을 쬐는 것 또는 방사능 오염으로 인한 손해
⑭ 국가 및 지방자치단체의 명령에 의한 재산의 소각 및 이와 유사한 손해

라. 보험기간

구분		보험기간	
		보장개시	보장종료
1형	인삼	판매개시연도 5월 1일 다만, 5월 1일 이후 보험에 가입하는 경우에는 계약체결일 24시	이듬해 4월 30일 24시 다만, 6년근은 판매개시연도 10월 31일을 초과할 수 없음
	해가림시설		
2형	인삼	판매개시연도 11월 1일 다만, 11월 1일 이후 보험에 가입하는 경우에는 계약체결일 24시	이듬해 10월 31일 24시
	해가림시설		

마. 보험가입금액

1) 인삼 : 연근별(보상)가액 × 재배면적(㎡) (천원 단위 미만 절사)

〈연근별 (보상)가액〉

구분	2년근	3년근	4년근	5년근	6년근
인삼	8,000원	9,100원	10,400원	11,700원	13,700원

2) 해가림시설 : 재조달가액 × (1 - 감가상각률) (천원 단위 미만 절사)

※ 재조달가액 : 단위면적당 시설비 × 재배면적(㎡)

※ **감가상각률 적용방법**

(1) **해가림시설 설치시기에 따른 감가상각방법**

㉮ 계약자에게 설치시기를 고지 받아 해당일자를 기초로 감가상각 하되, 최초 설치시기를 특정하기 어려운 때에는 인삼의 정식시기와 동일한 시기로 한다.

㉯ 해가림시설 구조체를 재사용하여 설치를 하는 경우에는 해당 구조체의 최초 설치시기를 기초로 감가상각하며, 최초 설치시기를 알 수 없는 경우에는 해당 구조체의 최초 구입시기를 준으로 감가상각 한다.

(2) **해가림시설 설치재료에 따른 감가상각방법**

㉮ 동일한 재료(목재 또는 철재)로 설치하였으나 설치시기 경과연수가 각기 다른 해가림시설 구조체가 상존하는 경우, 가장 넓게 분포하는 해가림시설 구조체의 설치시기를 동일하게 적용한다.

㉯ 1개의 농지 내 감가상각률이 상이한 재료(목재+철재)로 해가림시설을 설치한 경우, 재료별로 설치구획이 나뉘어 있는 경우에만 인수 가능하며, 각각의 면적만큼 구분하여 가입한다.

(3) **경년감가율 적용시점과 연단위 감가상각**

㉮ 감가상각은 보험가입시점을 기준으로 적용하며, 보험가입금액은 보험기간 동안 동일하다.

㉯ 연단위 감가상각을 적용하며 경과기간이 1년 미만은 미적용한다.

예) 시설년도 : 2021년 5월 / 가입시기 : 2022년 11월 일 때
  경과기간 : 1년 6개월 ⇨ 경과기간 1년 적용

㉰ 경년감가율

유형	내용연수	경년감가율
목재	6년	13.33%
철재	18년	4.44%

㈔ **잔가율** : 잔가율 20%와 자체 유형별 내용연수를 기준으로 경년감가율 산출 및 내용연수가 경과한 경우라도 현재 정상 사용 중인 시설의 경제성을 고려하여 잔가율을 최대 30%로 수정

바. 보험료

1) 작물 특정위험보장 보통약관 적용보험료

> 보통약관 보험가입금액 × 지역별 보통약관 영업요율
> × (1 ± 손해율에 따른 할인·할증률 − 전년도 무사고할인) × (1 − 방재시설할인율)

2) 해가림시설 종합위험보장 보통약관 적용보험료

> 보통약관 보험가입금액 × 지역별 보통약관 영업요율

※ 종별 보험요율 차등적용에 관한 사항은 아래와 같음

종구분	상세	요율상대도
2종	허용적설심 및 허용풍속이 지역별 내재해형 설계기준 120%이상인 인삼재배시설	0.9
3종	허용적설심 및 허용풍속이 지역별 내재해형 설계기준 100%이상~120% 미만인 인삼재배시설	1.0
4종	허용적설심 및 허용풍속이 지역별 내재해형 설계기준 100%미만이면서, 허용적설심 7.9cm이상이고, 허용풍속이 10.5m/s 이상인 인삼재배시설	1.1
5종	허용적설심 7.9cm미만이거나, 허용풍속이 10.5m/s 미만인 인삼재배시설	1.2

사. 자기부담금(해가림시설)

1) 최소자기부담금(10만원)과 최대자기부담금(100만원) 범위 안에서 보험사고로 인하여 발생한 손해액의 10%에 해당하는 금액을 자기 부담금으로 한다.
2) 자기부담금은 1사고 단위로 적용한다.

아. 보험금

보 장	보험금 지급사유	보험금 계산(지급금액)
인삼 손해보장 (보통약관)	보상하는 재해로 피해율이 자기부담비율을 초과하는 경우	보험가입금액 × (피해율 - 자기부담비율) ※ 피해율 = (1 - 수확량 ÷ 연근별 기준수확량) × (피해면적 ÷ 재배면적) ※ 2회 이상 보험사고 발생시 　　지급보험금은 기발생지급보험금을 차감하여 계산
해가림 시설 보장 (보통약관)	보상하는 재해로 손해액이 자기부담금을 초과하는 경우	① 보험가입금액이 보험가액과 같거나 클 때 　⇨ 보험가입금액을 한도로 손해액에서 자기부담금을 차감한 금액. 그러나 보험가입금액이 보험가액을 초과하는 초과보험일 경우 보험가액을 한도로 함 ② 보험가입금액이 보험가액보다 작을 때 　⇨ 보험가입금액을 한도로 비례보상 　　= (손해액 - 자기부담금) × (보험가입금액 ÷ 보험가액)

4. 계약인수

가. 계약인수는 농지 단위로 가입하고 개별 농지당 최저 보험가입금액은 200만원이다.
　　단, 하나의 리, 동에 있는 각각 200만원 미만의 두 개의 농지는 하나의 농지로 취급하여 계약 가능하다.

나. 농지 구성 방법(동일)

5. 인수제한 목적물

구 분	내 용
인삼	① 보험가입금액이 200만원 미만인 농지 ② 2년근 미만 또는 6년근 이상 인삼 　※ 단, 직전년도 인삼1형 상품에 5년근으로 가입한 농지에 한하여 6년근 가입 가능 ③ 산양삼(장뇌삼), 묘삼, 수경재배 인삼 ④ 식재년도 기준 과거 10년 이내(논은 6년 이내)에 인삼을 재배했던 농지 ⑤ 두둑 높이가 15cm 미만인 농지 ⑥ 보험가입 이전에 피해가 이미 발생한 농지 　※ 단, 자기부담비율 미만의 피해가 발생한 경우이거나 피해 발생 부분을 수확한 경우에는 농지의 남은 부분에 한해 인수 가능 ⑦ 통상적인 재배 및 영농활동을 하지 않는다고 판단되는 농지 ⑧ 하천부지, 상습침수 지역에 소재한 농지 ⑨ 판매를 목적으로 경작하지 않는 농지 ⑩ 군사시설보호구역 중 통제보호구역내의 농지 ⑪ 연륙교가 설치되어 있지 않고 정기선이 운항하지 않는 등 신속한 손해평가가 불가능한 도서 지역 농지 ⑫ 기타 인수가 부적절한 농지
해가림 시설	① 농림축산식품부가 고시하는 내재해형 인삼재배시설 규격에 맞지 않는 시설 ② 목적물의 소유권에 대한 확인이 불가능한 시설 ③ 보험가입 당시 공사 중인 시설 ④ 정부에서 보험료의 일부를 지원하는 다른 보험계약에 이미 가입되어 있는 시설 ⑤ 통상적인 재배 및 영농활동을 하지 않는다고 판단되는 시설 ⑥ 하천부지, 상습침수 지역에 소재한 시설 ⑦ 판매를 목적으로 경작하지 않는 시설 ⑧ 군사시설보호구역 중 통제보호구역내의 시설 ⑨ 연륙교가 설치되어 있지 않고 정기선이 운항하지 않는 등 신속한 손해평가가 불가능한 도서 지역 시설 ⑩ 기타 인수가 부적절한 시설

문제로 확인하기

01. 특정위험보장 인삼의 보장하는 특정위험을 모두 쓰시오.

> [해설]
> 태풍(강풍), 우박, 집중호우, 화재, 침수, 폭설, 냉해, 폭염

02. 특정위험보장 인삼의 보상하는 손해에 대한 설명이다. 다음 괄호 안에 들어갈 말을 쓰시오.

> 1) 태풍(강풍) : 기상청에서 태풍에 대한 특보(태풍주의보, 태풍경보)를 발령한 때 해당지역의 바람과 비 또는 최대순간풍속 (①)m/s이상의 강풍
> 2) 폭설 : 기상청에서 대설에 대한 특보(대설주의보, 대설경보)를 발령한 때 해당 지역의 눈 또는 24시간 신적설이 (②)cm 이상인 상태
> 3) 집중호우 : 기상청에서 호우에 대한 특보(호우주의보, 호우경보)를 발령한 때 해당 지역의 비 또는 24시간 누적 강수량이 (③)mm이상인 상태
> 4) 침수 : 태풍, 집중호우 등으로 인하여 인삼 농지에 다량의 물(고랑 바닥으로부터 침수 높이가 최소 (④)cm 이상)이 유입되어 상면에 물이 잠긴 상태
> 5) 폭염 : 해당 지역에 최고기온 (⑤)℃ 이상이 (⑥)일 이상 지속되는 상태를 말하며, 잎에 육안으로 판별 가능한 타들어간 증상이 (⑦)% 이상 있는 경우에 인정

> [해설]
> ① 14   ② 5   ③ 80   ④ 15   ⑤ 30   ⑥ 7   ⑦ 50

03. 다음은 특정위험보장 인삼 상품의 보험기간에 대한 내용이다. ( )에 알맞은 내용을 쓰시오.

구분		보장개시	보장종료
1형	인삼	판매개시연도 (①) 다만, (①) 이후 보험에 가입하는 경우에는 계약체결일 24시	이듬해 (②) 24시 다만, 6년근은 판매개시연도 (③)을 초과할 수 없음
	해가림시설		
2형	인삼	판매개시연도 (④) 다만, (④) 이후 보험에 가입하는 경우에는 계약체결일 24시	이듬해 (⑤) 24시
	해가림시설		

해설

① 5월 1일 ② 4월 30일 ③ 10월 31일 ④ 11월 1일 ⑤ 10월 31일

04. 다음은 농작물재해보험 및 가축재해보험의 이론과 실무 상 특정위험보장 인삼 상품의 해가림시설의 보험가입금액 산정을 위한 감가상각에 대한 내용이다. ①~⑤에 알맞은 내용을 쓰시오

(1) 계약자에게 설치시기를 고지 받아 해당일자를 기초로 감가상각 하되, 최초 설치시기를 특정하기 어려운 때에는 인삼의 (①)와 동일한 시기로 할 수 있다.
(2) 해가림시설 구조체를 재사용하여 설치를 하는 경우에는 해당 구조체의 (②)를 기초로 감가상각하며, (②)를 알 수 없는 경우에는 해당 구조체의 (③)를 기준으로 감가상각 한다.
(3) 동일한 재료로 설치하였으나 설치시기, (④)가 각기 다른 해가림시설 구조체가 상존하는 경우, 가장 넓게 분포하는 해가림시설 구조체의 설치시기를 동일하게 적용한다.
(4) 1개 농지에 (⑤)이 상이한 재료로 해가림시설을 설치한 경우, 재료별로 설치구획이 나뉘어 있는 경우에만 인수 가능하며, 각각의 면적만큼 구분하여 가입한다.

해설

① 정식시기 ② 최초 설치시기 ③ 최초 구입시기 ④ 경과연수 ⑤ 감가상각률

05. 특정위험보장 인삼 해가림시설에서 정하는 잔가율에 관하여 서술하시오.

> **해설**
> 잔가율 20%와 자체 유형별 내용연수를 기준으로 경년감가율을 산출하였고, 내용연수가 경과한 경우라도 현재 정상 사용 중에 있는 시설을 당해 목적물의 경제성을 고려하여 잔가율을 최대 30%로 수정한다.

06. 인삼 해가림시설의 자기부담금에 대해 서술하시오.

> **해설**
> ① 최소자기부담금(10만원)과 최대자기부담금(100만원) 범위 안에서 보험사고로 인하여 발생한 손해액의 10%에 해당하는 금액을 자기 부담금으로 한다.
> ② 자기부담금은 1사고 단위로 적용한다.

07. 인삼 해가림시설의 감가상각과 관련하여 맞는 내용은 "O"로, 틀린 내용은 "×"로 표기하시오.

① 해가림시설 구조체를 재사용하여 설치를 하는 경우에는 해당 구조체의 최초 구입시기를 기준으로 감가상각한다. ( )

② 동일한 재료(목재 또는 철제)로 설치하였으나 설치시기 경과년수가 각기 다른 해가림시설 구조체가 상존하는 경우, 가장 넓게 분포하는 해가림시설 구조체의 설치시기를 동일하게 적용한다. ( )

③ 1개의 농지 내 감가상각률이 상이한 재료(목재+철제)로 해가림시설을 설치한 경우, 재료별로 설치구획이 나뉘어 있지 않아도 인수가 가능하다. ( )

④ 감가상각은 보험사고시점을 기준으로 적용하며, 보험가입금액은 보험기간 동안 동일하다. ( )

⑤ 감가상각은 연단위 감가상각을 적용하며 경과기간이 1년 미만은 적용하지 않는다. ( )

해설

① × ② O ③ × ④ × ⑤ O

① 해가림시설 구조체를 재사용하여 설치를 하는 경우에는 해당 구조체의 최초 설치시기를 기초로 감가상각하며, 최초 설치시기를 알 수 없는 경우에는 해당 구조체의 최초 구입시기를 기준으로 감가상각한다.
③ 설치구획이 나뉘어 있는 경우에만 인수가능하다.
④ 보험사고 시점 ⇨ 보험가입 시점

08. 농작물재해보험 인삼 상품 해가림시설에 관한 다음 조건을 보고 보험가입금액(천원 단위 미만 절사)을 구하시오.

○ 단위면적당 시설비 : 6,000원(목재B형)
○ 가입(재식)면적 : 3,000㎡
○ 시설유형 : 목재(내용연수 : 6년)
○ 시설년도 : 2014년 4월
○ 가입시기 : 2019년 11월

해설

해가림시설의 보험가입금액
= 재조달가액 × (1 - 감가상각률) = 18,000,000원 × (100% - 66.65%) = 6,003,000
재조달가액 = 단위면적당 시설비 × 재배면적 = 3,000㎡ × 6,000원 = 18,000,000원
감가상각률 = 경년감가율 × 경과연수(5년 7개월 ⇨ 5년) = 13.33% × 5년 = 66.65%

09. 다음 조건을 참조하여 농작물재해보험 인삼 상품 해가림시설의 각각 단지별 보험가입금액을 구하시오. (천원 단위 미만 절사)

단지	설치시기	계약체결일	재배면적(㎡)	유형	시설비(원)/㎡
A 단지	2020. 4. 15	2023. 6. 5	4,500	07-철인-A-2형	6,000
B 단지	2019. 6. 5	2022. 11. 20	2,800	목재A-3형	4,600

○ 시설유형 : 목재(내용연수 : 6년) / 철재(내용연수 : 18년)
○ 보험기간 경과에 따른 감가상각률은 변하지 않는 것으로 함

해설

해가림시설의 보험가입금액 = 재조달가액 × (1 - 감가상각률)
A 단지 = (4,500 × 6,000) × [1 - (3 × 0.0444)] = 23,493,600원 ⇨ 23,493,000원
B 단지 = (2,800 × 4,600) × [1 - (3 × 0.1333)] = 7,729,288원 ⇨ 7,729,000원

10. 다음은 종합위험보장 상품 중 인삼 해가림시설에 관한 내용이다. 다음 각각의 조건을 보고 보험가입금액을 각각 구하시오.(천원 단위 미만 절사)

1)

○ 단위면적당 시설비 : 5,000원
○ 가입(재배)면적 : 3,000㎡
○ 시설유형 : 목재(목재A-2형)
○ 설치시기 : 확인불가
○ 인삼정식시기 : 2020년 4월 3일
○ 보험 가입일자 : 2022년 5월 3일

해설

15,000,000원 × (100% - 26.66%) = 11,001,000원

감가상각률 = 경년감가율 × 경과연수(2년 1개월 ⇨ 2년) = 13.33% × 2년 = 26.66%

※ 계약자에게 설치시기를 고지 받아 해당일자를 기초로 감가상각 하되, 최초 설치시기를 특정하기 어려운 때에는 인삼의 정식시기와 동일한 시기로 할 수 있다.

2)

○ 단위면적당 시설비 : 4,600원
○ 가입(재배)면적 : 3,000㎡
○ 시설유형 : 목재(목재A-3형)
○ 구조체 최초 설치시기 : 확인불가
○ 구조체 최초 구입시기 : 2018년 4월 3일
○ 보험 가입일자 : 2022년 5월 3일

해설

13,800,000원 × (100% - 53.32%) = 6,441,840원 ⇨ 6,441,000원

감가상각률 = 경년감가율 × 경과연수(4년 1개월 ⇨ 4년) = 13.33% × 4년 = 53.32%

※ 해가림시설 구조체를 재사용하여 설치를 하는 경우에는 해당 구조체의 최초 설치시기를 기초로 감가상각하며, 최초 설치시기를 알 수 없는 경우에는 해당 구조체의 최초 구입시기를 기준으로 감가상각한다.

3)
○ 단위면적당 시설비 : 6,000원
○ 가입(재배)면적 : 2,000㎡
○ 시설유형 : 철재(07-철인-A-2형)
○ 설치시기 : (500㎡ : 2021. 2. 3), (1,500㎡ : 2020. 3. 4)
○ 보험 가입일자 : 2022년 5월 3일

해설

12,000,000원 × (100% − 8.88%) = 10,934,400원 ⇨ 10,934,000원

감가상각률 = 경년감가율 × 경과연수(2년 2개월 ⇨ 2년) = 4.44% × 2년 = 8.88%

※ 동일한 재료(목재 또는 철재)로 설치하였으나 설치시기 경과연수가 각기 다른 해가림시설 구조체가 상존하는 경우, 가장 넓게 분포하는 해가림시설 구조체의 설치시기를 동일하게 적용한다.

4)
○ 단위면적당 시설비 : 6,000원(철재 : 07-철인-A-2형), 5,000원(목재 : 목재A-2형)
○ 가입(재배)면적 : 2,000㎡
○ 설치구획 유형 : A구역(500㎡ / 목재), B구역(1,500㎡ / 철재)
○ 설치시기 : 2019년 4월 3일
○ 가입시기 : 2022년 5월 3일
○ 농지 내 재료별(목재, 철재)로 구획되어 해가림시설이 설치되어 있음

해설

A구역 보험가입금액 = (500㎡ × 5,000원) × {1 − (3 × 0.1333)} = 1,500,250원

B구역 보험가입금액 = (1,500㎡ × 6,000원) × {1 − (3 × 0.0444)} = 7,801,200원

⇨ 총 보험가입금액 = 1,500,250원 + 7,801,200원 = 9,301,450원 ⇨ 9,301,000원

※ 1개의 농지 내 감가상각률이 상이한 재료(목재+철재)로 해가림시설을 설치한 경우, 재료별로 설치구획이 나뉘어 있는 경우에만 인수 가능하며, 각각의 면적만큼 구분하여 가입한다.

11. 작물특정 인삼 품목에 대한 다음 조건을 보고 각각의 물음에 답하시오.

[계약사항]
○ 보험가입일자 : 2022년 5월 1일(4년근으로 1형에 가입)
○ 재배면적 : 2,000㎡
○ 자기부담비율 : 15%

〈연근별 (보상)가액〉

구분	2년근	3년근	4년근	5년근	6년근
인삼	8,000원	9,100원	10,400원	11,700원	13,700원

[조사내용]
○ 사고일자 : 22. 7. 24
○ 피해면적 : 800㎡
○ 4년근 기준수확량 : 0.8kg
○ 수확량 : 0.4kg
○ 재해 : 태풍

① 인삼 보험가입금액을 산출하시오.(천원 단위 미만 절사)

② 보험금을 산출하시오.

해설

① 인삼 보험가입금액 = 2,000㎡ × 10,400원 = 20,800,000원
② 보험금
20,800,000원 × (0.2 − 0.15) = 1,040,000원 피해율 = (1 − 0.4 ÷ 0.8) × (800 ÷ 2,000) = 20%

12. 다음은 업무방법에서 정하는 인삼 해가림시설에 대한 내용이다. (1)~(3)의 내용을 보고 ①~③에 알맞은 보험금 계산방식을 쓰시오. (보험가입금액은 천원 단위 미만 절사)

구분	내 용	보험금 계산(지급금액)
(1)	1. 재조달가액 : 3000만원 2. 유형 : 목재 3. 설치시기 : 2019년 5월 4. 가입시기 : 2021년 11월 5. 사고발생시기 : 2022년 6월	①
(2)	1. 재조달가액 : 3000만원 2. 유형 : 철재 3. 설치시기 : 2018년 10월 4. 가입시기 : 2021년 11월 5. 사고발생시기 : 2022년 5월	②
(3)	1. 재조달가액 : 3000만원 2. 유형 : 목재 3. 설치시기 : 2015년 6월 4. 가입시기 : 2021년 5월 5. 사고발생시기 : 2022년 8월 ※ 해가림시설 정상 사용 중	③

※ 목재 내용연수 : 6년, 철재 내용연수 : 18년
※ 수정잔가율 적용시 최대적용

해설

(1) 보험가입금액 = 30,000,000 × (1 − 0.2666) = 22,002,000원
　　보험가액 = 30,000,000 × (1 − 0.3999) = 18,003,000원
(2) 보험가입금액 = 30,000,000 × (1 − 0.1332) = 26,004,000원
　　보험가액 = 30,000,000 × (1 − 0.1332) = 26,004,000원
(3) 보험가입금액 = 30,000,000 × (1 − 0.7998) = 6,006,000원
　　보험가액 = 30,000,000 × 0.3(경과연수 7년, 수정잔가율 적용) = 9,000,000원
　① 보험가액을 한도로 손해액에서 자기부담금을 차감한 금액
　② 보험가입금액을 한도로 손해액에서 자기부담금을 차감한 금액
　③ (손해액 − 자기부담금) × 보험가입금액 ÷ 보험가액

13. 종합위험보장 상품 인삼 해가림시설에 관한 다음 조건을 보고 ① 보험가입금액(천원 단위 미만 절사)과 ② 보험금(원 단위 이하 절사)을 산출하시오.

○ 단위면적당 시설비 : 6,000원	○ 사고일자 : 2022년 6월 3일
○ 가입(재배)면적 : 4,000㎡	○ 재해 : 집중호우
○ 시설유형 : 목재(목재B형)	○ 손해액 : 9,000,000원
○ 설치시기 : 2019년 4월 3일	○ 사고당시 보험가액 : 16,000,000
○ 보험 가입일자 : 2022년 5월 3일	

해설

① 해가림시설의 보험가입금액
   = 재조달가액 × (1 − 감가상각률) = 24,000,000원 × (100% − 39.99%) = 14,402,400원
   ⇨ 14,402,000원
② 보험금
   = (손해액 − 자기부담금) × (보험가입금액 ÷ 보험가액)
   = (9,000,000원 − 900,000원) × (14,402,000원 ÷ 16,000,000원)
   = 7,291,012.5원 ⇨ 7,291,010원
재조달가액 = 단위면적당 시설비 × 재배면적 = 4,000㎡ × 6,000원 = 24,000,000원
감가상각률 = 경년감가율 × 경과연수(3년 1개월 ⇨ 3년) = 13.33% × 3년 = 39.99%

14. 다음은 특정위험보장 인삼 상품의 인수제한 목적물에 대한 일부내용이다. ( )에 알맞은 내용을 쓰시오.

(1) ( ) 미만 또는 ( ) 이상인 인삼

(2) 식재년도 기준 과거 ( ) 이내에 인삼을 재배했던 농지

(3) 두둑 높이가 ( ) 미만인 농지

(4) 농림축산식품부가 고시하는 ( ) 인삼재배시설 규격에 맞지 않는 해가림시설

(5) 목적물의 ( )에 대한 확인이 불가능한 해가림시설

해설

(1) 2년근, 6년근
(2) 10년
(3) 15cm
(4) 내재해형
(5) 소유권

제9절 농업수입보장

1. 대상품목 : 포도 / 마늘, 양파, 감자(가을재배), 고구마, 양배추, 콩

2. 보장방식 : 수확량감소 및 가격하락으로 인한 농업수입감소 보장

가. 농업수입보장방식은 농작물의 수확량감소나 가격하락으로 농가수입이 일정수준 이하로 하락하지 않도록 보장하는 보험이다. 기존 농작물재해보험에 농산물가격하락을 반영한 농업수입감소를 보장한다.

나. 농업수입감소보험금 산출시 가격은 기준가격과 수확기가격 중 낮은 가격을 적용한다. 따라서 실제수입을 산정할 때 실제수확량이 평년수확량 보다 적은 경우 수확기가격이 기준가격을 초과하더라도 수확량감소에 의한 손해는 농업수입감소보험금으로 지급 가능하다.

3. 상품 내용

가. 보상하는 손해

가입대상 품목	보상하는 손해 및 가격하락
포도	자연재해, 조수해, 화재, 가격하락 (비가림시설 화재의 경우, 특약 가입시 보상)
마늘, 양파, 고구마, 양배추, 콩	자연재해, 조수해, 화재, 가격하락
감자(가을재배)	자연재해, 조수해, 화재, 병충해, 가격하락

나. 보상하지 않는 손해

1) 수확감소보장과 동일
2) 개인 또는 법인의 행위가 직접적인 원인이 되어 수확기가격이 하락하여 발생한 손해

다. 보험 기간

보장	품목	대상재해	보장개시	보장종료
농업 수입 감소 보장	포도	가격 하락	계약체결일 24시	수확기 가격공시시점
	감자 (가을재배)		파종완료일 24시 다만, 보험계약시 파종완료일이 경과한 경우에는 계약체결일 24시	
	양배추		정식완료일 24시 다만, 보험계약시 정식완료일이 경과한 경우에는 계약체결일 24시이며 정식완료일은 판개 9.30 초과 ×	
	마늘, 양파, 고구마, 콩		계약체결일 24시	

라. 보험가입금액

가입수확량에 기준(가입)가격을 곱하여 산정한 금액(천원 단위 미만 절사)

마. 보험료(동일)

바. 보험금

1) 포도

목적	보장	보험금 지급사유	보험금 계산(지급금액)
포도	농업수입 감소보장 (보통약관)	보상하는 손해로 피해율이 자기부담비율을 초과하는 경우	보험가입금액 × (피해율 − 자기부담비율) ※ 피해율 = (기준수입 − 실제수입) ÷ 기준수입 ※ 기준수입 = 평년수확량 × 기준가격
	수확량감소 추가보장 (특별약관)	보상하는 손해로 피해율이 자기부담비율을 초과하는 경우	보험가입금액 × (피해율 × 10%) ※ 피해율 = (평년수확량 − 수확량 − 미보상 감수량) ÷ 평년수확량
	나무손해 보장 (특별약관)	보상하는 손해로 나무에 자기부담비율을 초과하는 손해가 발생한 경우	보험가입금액 × (피해율 − 자기부담비율) ※ 피해율 　= 피해주수(고사나무) ÷ 실제결과주수 ※ 자기부담비율은 5%로 함
비가림 시설	농업수입 감소보장 (보통약관)	자연재해, 조수해로 인하여 비가림시설에 손해가 발생한 경우	Min(손해액 − 자기부담금, 보험가입금액) ※ 자기부담금 : 최소자기부담금(30만원) 과 최대자기부담금(100만원)을 한도로 보험사고로 인하여 발생한 손해액(비 가림시설)의 10%에 해당하는 금액. 다만, 피복재단독사고는 최소자기부담 금(10만원)과 최대 자기부담금(30만 원)을 한도로 함(단, 화재손해는 자기 부담금 적용하지 않음)
	화재위험 보장 (특별약관)	화재로 인하여 비가림시설에 손해가 발생한 경우	

※ 실제수입 : (조사수확량 + 미보상감수량) × Min(기준가격, 수확기가격)

※ 비가림시설

▶ 손해액은 그 손해가 생긴 때와 곳에서의 가액에 따라 계산한다.

▶ 1사고마다 재조달가액 기준으로 계산한 손해액에서 자기부담금을 차감한 금액을 보험가입금액 한도 내에서 보상한다.

▶ 보험의 목적이 손해를 입은 장소에서 실제로 수리 또는 복구되지 않은 때에는 재조달가액에 의한 보상을 하지 않고 시가(감가상각된 금액)로 보상한다.

2) 마늘, 양파, 감자(가을감자), 고구마, 양배추, 콩

목적	보장	보험금 지급사유	보험금 계산(지급금액)
마늘	재파종보장 (보통약관)	보상하는 손해로 10a당 출현주수가 30,000주보다 작고, 10a당 30,000주 이상으로 재파종한 경우	보험가입금액 × 35% × 표준출현피해율 ※ 표준출현피해율(10a 기준) = (30,000 - 출현주수) ÷ 30,000
양배추	재정식보장 (보통약관)	보상하는 손해로 면적피해율이 자기부담비율을 초과하고 재정식한 경우	보험가입금액 × 20% × 면적피해율 ※ 면적피해율 = 피해면적 ÷ 보험가입면적
마늘, 양파, 가을감자 콩, 고구마, 양배추	경작불능보장 (보통약관)	보상하는 손해로 식물체 피해율이 65% 이상이고, 계약자가 경작불능보험금을 신청한 경우 (해당 농지 보험계약 소멸)	보험가입금액 × 일정비율 ※ 일정비율은 자기부담비율에 따른 경작불능보험금 참조
	농업수입감소보장 (보통약관)	보상하는 손해로 피해율이 자기부담비율을 초과하는 경우	보험가입금액 × (피해율 - 자기부담비율) ※ 피해율 = (기준수입 - 실제수입) ÷ 기준수입

※ 식물체 피해율 : 식물체가 고사한 면적을 보험가입면적으로 나누어 산출한다.

※ 보상하는 재해로 보험의 목적에 손해가 생긴 경우에도 불구하고 계약자 또는 피보험자의 고의로 수확기에 수확량조사를 하지 못하여 수확량을 확인할 수 없는 경우에는 농업수입감소보험금을 지급하지 않는다.

[자기부담비율에 따른 경작불능보험금]

자기부담비율	경작불능보험금
20%형	보험가입금액의 40%
30%형	보험가입금액의 35%
40%형	보험가입금액의 30%

사. 자기부담비율

1) 보험사고로 인하여 발생한 손해에 대하여 계약자 또는 피보험자가 부담하는 일정 비율(금액)로 자기부담비율(금) 이하의 손해는 보험금이 지급되지 않는다.
2) 수입감소보장 자기부담비율
   가) 보험계약시 계약자가 선택한 비율(20%, 30%, 40%)
   나) 수입감소보장 자기부담비율 적용기준 20%형, 30%형, 40%형 : 제한 없음

아. 가격 조항

기준가격과 수확기가격은 농림축산식품부의 농업수입보장보험 사업시행지침에 따라 산출한다.

품 목		기준가격	수확기가격
마늘		기초통계의 연도별 평균값의 보험가입 직전 5년(가입연도 포함) 올림픽평균값으로 산출	기초통계의 수확연도의 평균값으로 산출
콩	장류 두부용 밥밑용	서울양곡도매시장의 연도별 중품과 상품 평균가격의 보험가입 직전 5년 올림픽평균값에 농가수취비율을 곱하여 산출	수확연도의 서울양곡도매시장 중품과 상품 평균가격에 농가수취비율을 곱하여 산출
		양곡도매시장의 가격이 존재하지 않는 경우, 전국 지역농협의 평균수매가격을 활용하여 산출	
	나물용	제주도 지역농협의 보험가입 직전 5년 연도별 평균수매가를 올림픽평균하여 산출 ▶ 연도별 평균수매가는 지역농협별 수매량과 수매금액을 각각 합산하고, 수매금액의 합계를 수매량 합계로 나누어 산출	기초통계 기간 동안 제주도 지역농협의 평균수매가격으로 한다.
		하나의 농지에 2개 이상 용도(또는 품종)의 콩이 식재된 경우에는 기준가격과 수확기가격을 해당용도(또는 품종)의 면적의 비율에 따라 가중 평균하여 산출한다.	
양파		서울시농수산식품공사 가락도매시장 연도별 중품과 상품 평균가격의 보험가입 직전 5년(가입연도 포함) 올림픽평균값에 농가수취비율을 곱하여 산출	수확연도의 서울농수산식품공사 가락도매시장의 중품과 상품 평균가격에 농가수취비율을 곱하여 산출
고구마		서울시농수산식품공사 가락도매시장의 연도별 중품과 상품 평균가격의 보험가입 직전 5년 올림픽평균값에 농가수취비율을 곱하여 산출	수확연도의 서울농수산식품공사 가락도매시장의 중품과 상품 평균가격에 농가수취비율을 곱하여 산출
		하나의 농지에 2개 이상 용도(또는 품종)의 고구마가 식재된 경우에는 기준가격과 수확기가격을 해당용도(또는 품종)의 면적의 비율에 따라 가중평균하여 산출	

가을감자	서울시농수산식품공사 가락도매시장의 연도별 중품과 상품 평균가격의 보험가입 직전 5년(가입연도 포함) 올림픽 평균값에 농가수취비율을 곱하여 산출	수확연도의 서울농수산식품공사 가락도매시장의 중품과 상품 평균가격에 농가수취비율을 곱하여 산출
양배추	서울시농수산식품공사 가락도매시장 연도별 중품과 상품 평균가격의 보험가입 직전 5년(가입연도 포함) 올림픽 평균값에 농가수취비율을 곱하여 산출	수확연도의 서울농수산식품공사 가락도매시장의 중품과 상품 평균가격에 농가수취비율을 곱하여 산출
포도	서울시농수산식품공사 가락도매시장 연도별 중품과 상품 평균가격의 보험가입 직전 5년(가입연도 포함) 올림픽 평균값에 농가수취비율을 곱하여 산출	수확연도의 서울농수산식품공사 가락도매시장의 중품과 상품 평균가격에 농가수취비율을 곱하여 산출
	가격구분 이외 품종의 가격은 가격구분에 따라 산출된 가격 중 가장 낮은 가격을 적용	

※ 올림픽평균값 : 연도별 평균가격 중 최대값과 최소값을 제외하고 남은 값들의 산술평균
※ 농가수취비율 : 도매시장가격에서 유통비용 등을 차감한 농가수취가격이 차지하는 비율로 사전에 결정된 값

자. 특별 약관

1) 비가림시설 화재위험보장 특별약관(포도)

2) 종합위험 나무손해보장 특별약관(포도)

3) 수확량감소 추가보장 특별약관(포도)

보상하는 손해로 피해가 발생한 경우 동 특약에서 정한 바에 따라 피해율이 자기부담비율을 초과하는 경우 아래와 같이 계산한 보험금을 지급한다.

> 보험금 = 보험가입금액 × (피해율 × 10%)

4) 농작물 부보장 특별약관(포도)

5) 비가림시설 부보장 특별약관(포도)

[요약]

품 목		기준가격	수확기가격
마늘		기초통계의 연도별 평균값의 보험가입 직전 5년(가입연도 포함) 올림픽 평균값	기초통계(지역농협)의 수확연도의 평균값
콩	장류 두부용 밥밑용	서울양곡도매시장의 연도별 중품과 상품 평균가격의 보험가입 직전 5년 올림픽평균값 × 농가수취비율	수확연도의 서울양곡도매시장 중품과 상품 평균가격 × 농가수취비율
	나물용	제주도 지역농협의 보험가입 직전 5년 연도별 평균수매가의 올림픽평균값	기초통계 기간 동안 제주도 지역농협의 평균수매가격
양파,고구마 가을감자 양배추,포도		서울시농수산식품공사 가락도매시장 연도별 중품과 상품 평균가격의 보험가입 직전 5년 (가입연도 포함/고구마 포함×) 올림픽 평균값 × 농가수취비율	수확연도 가락도매시장 중품과 상품 평균가격 × 농가수취비율

문제로 확인하기

01. 다음은 농업수입감소보장에 대한 것이다. (   )안에 알맞은 내용을 쓰시오.

> ○ 가입대상 품목은 (①) 이다.
> ○ 농업수입보장방식은 농작물의 (②)나 (③)으로 농가수입이 일정수준 이하로 하락하지 않도록 보장하는 보험으로 기존 농작물재해보험에 농산물가격하락을 반영한 농업수입감소를 보장한다.
> ○ 농업수입감소보험금 산출시 가격은 기준가격과 수확기가격 중 (④)가격을 적용한다. 따라서 (⑤)을 산정할 때 실제수확량이 평년수확량 보다 적은 경우 수확기가격이 기준가격을 초과하더라도 (⑥)에 의한 손해는 농업수입감소보험금으로 지급 가능하다.

해설
① 포도 / 마늘, 양파, 감자(가을재배), 고구마, 양배추, 콩
② 수확량감소
③ 가격하락
④ 낮은
⑤ 실제수입
⑥ 수확량감소

02. 다음은 농업수입보장에 대한 것이다. (   )안에 알맞은 내용을 쓰시오.

> ① 보험가입금액 산출방법을 쓰시오.
> ② 피해율 산출식을 쓰시오.
> ③ 농업수입보장 상품의 보험종료시점을 쓰시오.
> ④ 농업수입보장 상품의 자기부담비율의 ㉠ 유형 및 ㉡ 적용기준을 쓰시오.

해설
① 가입수확량에 기준(가입)가격을 곱하여 산정한 금액(천원 단위 미만 절사)으로 한다.
② 피해율 = (기준수입 − 실제수입) ÷ 기준수입
③ 수확기가격 공시시점
④ ㉠ 보험계약시 계약자가 선택한 비율로 20%, 30%, 40%가 있다. ㉡ 적용기준은 제한 없음

03. 농업수입감소보장 양파 상품의 내용 중 보험금의 계산식에 관한 것이다. 다음 내용에서 ( )의 ① 용어와 ② 정의를 쓰시오.

○ 실제수입 = {조사수확량 + (   )} × min(농지별 기준가격, 농지별 수확기가격)

> **해설**
>
> ① 용어 : 미보상감수량
> ② 보상하는 재해 이외의 원인으로 수확량이 감소되었다고 평가되는 부분을 말하며, 계약 당시 이미 발생한 피해, 제초상태 불량 등으로 인한 수확감소량으로써 피해율 산정시 감수량에서 제외

04. 다음 조건을 참조하여 수입감소보장 양파의 피해율을 산정하시오.

○ 평년수확량 : 1,000kg　　　　　○ 수확량 : 500kg
○ 기준가격 : 9,000원/kg　　　　　○ 수확기가격 : 7,500원/kg
○ 미보상비율 : 20%

> **해설**
>
> ※ 피해율 = (9,000,000원 − 4,500,000원) ÷ 9,000,000원 = 0.5 ⇨ 50%
> ※ 기준수입 = 1,000kg × 9,000원/kg = 9,000,000원
> ※ 실제수입 = (500kg + 100kg) × 7,500원/kg = 4,500,000원
> ※ 미보상감수량 = (1,000kg − 500kg) × 0.2 = 100kg
> ※ 피해율 = (기준수입 − 실제수입) ÷ 기준수입
> ※ 기준수입 = 평년수확량 × 농지별 기준가격
> ※ 실제수입 = (조사수확량 + 미보상감수량) × MIN(농지별 기준가격, 농지별 수확기가격)
> ※ 미보상감수량 = (평년수확량 − 수확량) × 미보상비율

05. 아래 내용을 보고 농업수입보장 양배추 상품의 피해율을 산정하시오.(피해율은 %로 소수점 셋째자리에서 반올림하시오)

○ 평년수확량 : 1,000kg ○ 수확량 : 500kg
○ 기준가격 : 1,000원 ○ 수확기가격 : 750원
○ 미보상비율 : 20%

해설

피해율 = (1,000,000원 − 450,000원) ÷ 100만원 = 0.55 ⇨ 55%
○ 미보상감수량 = (평년수확량 − 수확량) × 미보상비율 = (1,000kg − 500kg) × 0.2 = 100kg
○ 기준수입 = 평년수확량 × 기준가격 = 1,000,000원
○ 실제수입 = (조사수확량 + 미보상감수량) × min(농지별 기준가격, 농지별 수확기가격)
  = (500 kg + 100kg) × 750원 = 450,000원

06. 다음 조건을 참조하여 수입감소보장 양배추의 수입감소보험금을 산정하시오.

○ 평년수확량 : 5,000kg ○ 가입수확량 : 4,000kg
○ 기준가격 : 1,500원/kg ○ 수확기가격 : 1,000원/kg
○ 미보상감수량 : 500kg ○ 자기부담비율 : 20%
○ 조사수확량 : 3,000kg

해설

※ 수입감소보험금 = 6,000,000원 × (0.5 − 0.2) = 1,800,000원
  *보험가입금액 = 4,000kg × 1,500원/kg = 6,000,000원
※ 피해율 = (7,500,000원 − 3,500,000원) ÷ 7,500,000원 = 0.5 ⇨ 50%
  *기준수입 = 5,000kg × 1,500원/kg = 7,500,000원
  *실제수입 = (3,000kg + 500kg) × 1,000원/kg = 3,500,000원

07. 다음 보기의 조건에서 양파의 농업수입감소보험금을 구하시오.

○ 가입수확량 : 7,000kg
○ 평년수확량 : 10,000kg
○ 농지별 기준가격 : 540원/kg
○ 농지별 수확기가격 : 630원/kg
○ 미보상비율 : 20%
○ 조사(실제)수확량 : 5,000kg
○ 자기부담비율 : 최소 자기부담비율

해설

농업수입감소보험금
= 보험가입금액 × (피해율 − 자기부담비율) = 3,780,000원 × (40% − 20%) = 756,000원
○ 보험가입금액 = 가입수확량 × 가입가격 = 7,000kg × 540원/kg = 3,780,000원
○ 피해율 = (기준수입 − 실제수입) ÷ 기준수입 = (5,400,000원 − 3,240,000원) ÷ 5,400,000원 = 40%
○ 기준수입 = 평년수확량 × 농지별 기준가격 = 10,000kg × 540원 = 5,400,000원
○ 실제수입 = (조사수확량 + 미보상감수량) × min(농지별 기준가격, 농지별 수확기가격)
= (5,000kg + 1,000) × 540원 = 3,240,000원
○ 미보상감수량 = (평년수확량 − 실제수확량) × 미보상비율 = (10,000 − 5,000) × 0.2 = 1,000kg
○ 농업수입감소보험금 = 보험가입금액 × (피해율 − 자기부담비율)

08. 농업수입감소보장 포도 품목에 보상하는 손해가 발생하여 다음과 같이 조사하였을 경우 ① 농업수입감소보장 보험금과 ② 수확량감소추가보장 보험금을 각각 산정하시오(단, 피해율은 %로 소수점 셋째자리에서 반올림하시오).

○ 평년수확량 : 3,500kg
○ 보험가입금액 : 20,000000원
○ 조사수확량 : 1,500kg
○ 미보상감수량 : 200kg
○ 기준가격 : 3,000원
○ 수확기가격 : 2,500원
○ 자기부담비율 : 20%

제9절 농업수입보장

해설

① 농업수입감소보장 보험금 : 7,904,000원
  1. 기준수입 : 3500 × 3000 = 10,500,000원
  2. 실제수입 : (1500 + 200) × 2500 = 4,250,000원
  3. 피해율 : (10,500,000 − 4,250,000) ÷ 10,500,000 = 0.595238... ⇨ 59.52%
  4. 농업수입감소보장 보험금 : 20,000,000원 × (0.5952 − 0.2) = 7,904,000원
② 수확량감소추가보장 보험금 : 1,028,600원
  1. 수확량감소추가보장 피해율 : (3500 − 1500 − 200) ÷ 3500 = 0.51428... ⇨ 51.43%
  2. 수확량감소추가보장 보험금 : 20,000,000원 × 0.5143 × 0.1 = 1,028,600원

09. 다음은 농업수입보장 '콩' 상품에 대한 내용이다. (   )안에 알맞은 내용을 쓰시오.

용도	기준가격	수확기가격
장류 두부용 밥밑용	서울양곡도매시장의 연도별 (①)의 보험가입 (②)에 농가수취비율을 곱하여 산출 양곡도매시장의 가격이 존재하지 않는 경우, (④)을 활용하여 산출	수확연도의 서울양곡도매시장 (③)을 곱하여 산출
나물용	제주도 지역농협의 (⑤)를 올림픽평균하여 산출 ▶ 연도별 평균수매가는 지역농협별 수매량과 수매금액을 각각 합산하고, 수매금액의 합계를 수매량 합계로 나누어 산출	기초통계 기간 동안 제주도 지역농협의 평균수매가격으로 한다.
하나의 농지에 2개 이상 용도(또는 품종)의 콩이 식재된 경우에는 기준가격과 수확기가격을 해당 용도(또는 품종)의 (⑥)에 따라 가중 평균하여 산출한다.		

해설

① 중품과 상품 평균가격
② 직전 5년 올림픽평균값
③ 중품과 상품 평균가격에 농가수취비율
④ 전국 지역농협의 평균수매가격
⑤ 보험가입 직전 5년 연도별 평균수매가
⑥ 면적의 비율

10. 농업수입보장방식 콩 품목(밥밑용 서리태)의 2023년도 기준가격(원/kg)과 수확기가격(원/kg)을 구하고 산출식을 답란에 쓰시오. (보험가입은 2023년에 하였고, 농가수취비율은 80.0%로 정함)

연도	서울 양곡도매시장 서리태 연도별 평균가격(원/kg)	
	중품	상품
2018년	5,250	5,350
2019년	5,200	5,400
2020년	5,300	5,500
2021년	5,000	5,100
2022년	5,500	5,800
2023년	5,300	5,800

해설

연도	서울 양곡도매시장 서리태 연도별 평균가격(원/kg)			
	중품	상품	연도별 평균	
2018년	5,150	5,250	5,200	
2019년	5,200	5,400	5,300	
2020년	5,300	5,500	5,400	
2021년	5,000	5,100	5,050	최소
2022년	5,500	5,800	5,650	최대
2023년	5,300	5,800	5,550	수확기가격

1) 기준가격 = 올림픽평균값 × 농가수취비율 = 5,300원 × 0.8 = 4,240원

   ① 올림픽평균값 = (5,200 + 5,300 + 5,400) ÷ 3 = 5,300원
   ② 농가수취비율 : 80%

2) 수확기가격 = 5,550원 × 0.8 = 4,440원

   수확연도 중품과 상품 평균가격 = (5,300원 + 5,800원) ÷ 2 = 5,550원

11. 농업수입보장방식 콩 품목(나물용)의 2023년도 기준가격(원/kg)과 수확기가격(원/kg)을 구하고 산출식을 답란에 쓰시오. (보험가입은 2023년에 하였다. 주어진 조건만 고려함)

○ 제주도 지역농협 연도별 평균 수매가격(원/kg)

연도	2018년	2019년	2020년	2021년	2022년
평균 수매가격(원/kg)	5,250	5,350	5,900	5,840	5,400

○ 2023년 제주도 지역농협 수확연도 수매가격(원/kg)

농협	A농협	B농협	C농협	D농협	E농협
가격(원/kg)	5,400	5,500	5,700	5,600	5,800

해설

1) 기준가격 = (5,350 + 5,840 + 5,400) ÷ 3 = 4,240원
2) 수확기가격 = (5,400 + 5,500 + 5,700 + 5,600 + 5,800) ÷ 5 = 5,600원

12. 농업수입감소보장방식 '콩'에 관한 내용이다. 계약내용과 조사내용을 참조하여 다음 물음에 답하시오. (피해율은 %로 소숫점 둘째자리 미만 절사. 예시 : 12.678% ⇨ 12.67%)

[계약내용]
○ 보험가입일 : 2021년 6월 20일
○ 평년수확량 : 1,500kg
○ 가입수확량 : 1,500kg
○ 자기부담비율 : 20%
○ 농가수취비율 : 80%
○ 전체 재배면적 : 2,500㎡ (백태 : 1,500㎡, 서리태 : 1,000㎡)

[조사내용]
○ 조사일 : 2021년 10월 20일
○ 수확량 : 1,000kg
○ 전체 재배면적 : 2,500㎡ (백태 : 1,500㎡, 서리태 : 1,000㎡)

■ 서울양곡도매시장 연도별 '백태' 평균가격(원/kg)

	2016	2017	2018	2019	2020	2021
상품	6,300	6,300	7,200	7,400	7,600	6,400
중품	6,100	6,000	6,800	7,000	7,100	6,200

■ 서울양곡도매시장 연도별 '서리태' 평균가격(원/kg)

	2016	2017	2018	2019	2020	2021
상품	7,800	8,400	7,800	7,500	8,600	8,400
중품	7,400	8,200	7,200	6,900	8,200	8,200

물음 1) 기준가격의 계산과정과 값을 쓰시오.

물음 2) 수확기가격의 계산과정과 값을 쓰시오.

물음 3) 농업수입감소보장보험금의 계산과정과 값을 쓰시오.

> [해설]

물음 1)
① 백태 기준가격 = (6,200 + 7,000 + 7,200) ÷ 3 = 6,800원
② 서리태 기준가격 = (7,600 + 8,300 + 7,500) ÷ 3 = 7,800원

(6,800원 × 0.6) + (7,800원 × 0.4) = 7,200원
7,200원 × 0.8 = 5,760원

물음 2)
① 백태 수확가격 = (6,400 + 6,200) ÷ 2 = 6,300원
② 서리태 수확기가격 = (8,400 + 8,200) ÷ 2 = 8,300원

(6,300원 × 0.6) + (8,300원 × 0.4) = 7,100원
7,100원 × 0.8 = 5,680원

물음 3)
보험금
= 보험가입금액 × (피해율 − 자기부담비율) = 8,640,000원 × (0.3425 − 0.2) = 1,231,200원
※ 피해율
= (기준수입 − 실제수입) ÷ 기준수입 = (8,640,000원 − 5,680,000원) ÷ 8,640,000원 = 34.25%

▶ 보험가입금액 = 가입수확량 × 기준가격 = 1,500kg × 5,760 = 8,640,000원
▶ 기준수입 = 평년수확량 × 농지별 기준가격 = 1,500kg × 5,760 = 8,640,000원
▶ 실제수입 = (조사수확량 + 미보상감수량) × min(기준가격, 수확기가격)
= (1,000kg + 0) × 5,680원 = 5,680,000원

13. 다음은 농업수입보장방식 한지형 마늘 품목에 관한 내용이다.(보험가입 : 2022년 9월) 2023년도 기준가격(원/kg)과 수확기가격(원/kg)을 구하고 산출식을 답란에 쓰시오.

연도	경북 의성군 지역농협 수매가격(원/kg)			
	의성	새의성	금성	의성중부
2018년	2,300	2,400	2,400	2,500
2019년	2,510	2,400	2,450	2,500
2020년	2,500	2,550	2,530	2,500
2021년	2,700	2,400	2,600	2,500
2022년	2,500	2,400	2,700	2,460
2023년	2,600	2,650	2,800	2,750

① 기준가격:

② 수확기 가격:

해설

① 기준가격 : 2,500원
　※ 산출식 = (2,465 + 2,520 + 2,515) ÷ 3 = 2,500원
② 수확기가격 : 2,700원
　※ 산출식 = (2,600 + 2,650 + 2,800 + 2,750) ÷ 4 = 2,700원

연도	경북 의성군 지역농협 수매가격(원/kg)					
	의성	새의성	금성	의성중부	평균값	적용
2017년	2,300	2,400	2,400	2,500	2,400	최소값
2018년	2,510	2,400	2,450	2,500	2,465	
2019년	2,500	2,550	2,530	2,500	2,520	
2020년	2,700	2,400	2,600	2,500	2,550	최대값
2021년	2,500	2,400	2,700	2,460	2,515	
2022년	2,600	2,650	2,800	2,750	2,700	

14. 농업수입감소보장방식 '고구마' 품목에 관한 내용이다. 계약내용과 조사내용을 참조하여 다음 물음에 답하시오. (피해율은 %로 소숫점 둘째자리 미만 절사. 예시 : 12.678% ⇨ 12.67%)

[계약내용]
○ 보험가입금액 : 6,200,000원
○ 평년수확량 : 4,900kg   ○ 가입수확량 : 4,900kg
○ 자기부담비율 : 최소자기부담비율 적용   ○ 농가수취비율 : 80%
○ 전체 재배면적 : 3,000㎡ (호박고구마 : 2,100㎡, 밤고구마 : 900㎡)

[조사내용]
○ 재해 : 한해
○ 수확량 : 3,300kg
○ 미보상감수량(잡초) : 300kg

■ 호박고구마 가락도매시장 연도별 평균가격(원/kg)

구분	2018	2019	2020	2021	2022	2023
중품	1,320	1,410	1,320	1,300	1,280	1,260
상품	1,520	1,530	1,400	1,420	1,380	1,360

■ 밤고구마 가락도매시장 연도별 평균가격(원/kg)

구분	2018	2019	2020	2021	2022	2023
중품	1,100	1,040	1,030	1,000	1,020	1,100
상품	1,220	1,200	1,210	1,180	1,160	1,140

물음 1) 기준가격의 계산과정과 값을 쓰시오.(소숫점 이하 절사)

물음 2) 수확기가격의 계산과정과 값을 쓰시오.(소숫점 이하 절사)

물음 3) 농업수입감소보장보험금의 계산과정과 값을 쓰시오.

해설

물음 1)
호박고구마

구분	2018	2019	2020	2021	2022	2023
상품	1,320	1,410	1,320	1,376	1,280	1,260
중품	1,520	1,530	1,400	1,380	1,380	1,360
평균	1,420	~~1,470~~	1,360	1,378	~~1,330~~	1,310

밤고구마

구분	2018	2019	2020	2021	2022	2023
상품	1,100	1,040	1,030	1,018	1,020	1,100
중품	1,220	1,200	1,210	1,180	1,160	1,140
평균	~~1,160~~	1,120	1,120	1,099	~~1,090~~	1,120

① 호박고구마 기준가격 = (1,420 + 1,360 + 1,378) ÷ 3 = 1,386원
② 밤고구마 기준가격 = (1,120 + 1,120 + 1,099) ÷ 3 = 1,113원

(1,386원 × 0.7) + (1,113 × 0.3) = 1,304.1원
1,304.1원 × 0.8 = 1,043.28원 ⇨ 1,043원

물음 2)
① 호박고구마 수확기가격 = 1,310원
② 밤고구마 수확기가격 = 1,120원

(1,310원 × 0.7) + (1,120 × 0.3) = 1,253원
1,253원 × 0.8 = 1,002.4원 ⇨ 1,002원

물음 3)
보험금 = 보험가입금액 × (피해율 − 자기부담비율) = 6,200,000원 × (0.2941 − 0.2) = 583,420원
※ 피해율 = (기준수입 − 실제수입) ÷ 기준수입
= (5,110,700원 − 3,607,200원) ÷ 5,110,700원 = 0.29418... 29.41%

▶ 기준수입 = 평년수확량 × 농지별 기준가격 = 4,900kg × 1,043 = 5,110,700원
▶ 실제수입 = (조사수확량 + 미보상감수량) × min(기준가격, 수확기가격)
= (3,300kg + 300kg) × 1,002원 = 3,607,200원

15. 농업수입보장방식 포도 품목 캠벨얼리(노지)의 2023년도 기준가격(원/kg)과 수확기가격(원/kg)을 구하고 산출식을 답란에 서술하시오. (단, 2023년에 수확하는 포도를 2022년 11월에 보험가입 하였고, 농가수취비율은 80.0%로 정함)

연도	서울 가락도매시장 캠벨얼리 연도별 평균가격(원/kg)	
	중품	상품
2017년	3,500	3,700
2018년	3,000	3,600
2019년	3,200	5,400
2020년	2,500	3,200
2021년	3,000	3,600
2022년	2,900	3,700
2023년	3,000	3,900

해설

연도	서울 가락도매시장 캠벨얼리 연도별 평균가격(원/kg)			
	중품	상품	연도별 평균	
2018년	3,000	3,600	3,300	
2019년	3,200	5,400	4,300	최대
2020년	2,500	3,200	2,850	최소
2021년	3,000	3,600	3,300	
2022년	2,900	3,700	3,300	
2023년	3,000	3,900	3,450	수확기가격

1) 기준가격 = 올림픽평균값 × 농가수취비율 = 3,300원 × 0.8 = 2,640원
   ① 올림픽평균값 = (3,300 + 3,300 + 3,300) ÷ 3 = 3,300원
   ② 농가수취비율 : 80%
2) 수확기가격 = 3,450원 × 0.8 = 2,760원
   수확연도 중품과 상품 평균가격 = (3,000원 + 3,900원) ÷ 2 = 3,450원

16. 농업수입보장방식의 양파 품목의 1) 경작불능보험금에 대해 서술하고, 2) 인수제한 농지에 대해 10개 이상을 쓰시오.(단, 경작불능보험금은 자기부담비율에 따른 지급액 포함)

> 해설

1) 경작불능보험금
   ① 경작불능 보험금은 보상하는 재해로 식물체 피해율이 65% 이상이고, 계약자가 경작불능보험금을 신청한 경우 아래의 표와 같이 계산하여 지급한다.

자기부담비율	경작불능보험금
20%형	보험가입금액의 40%
30%형	보험가입금액의 35%
40%형	보험가입금액의 30%

   ② 경작불능보험금을 지급한 경우 그 손해보상의 원인이 생긴 때로부터 해당 농지의 계약은 소멸된다.

2) 인수제한 목적물(10개 이상)
   ① 보험가입금액이 200만원 미만인 농지
   ② 통상적인 재배 및 영농활동을 하지 않는 농지
   ③ 다른 작물과 혼식되어 있는 농지
   ④ 시설재배 농지
   ⑤ 하천부지 및 상습 침수지역에 소재한 농지
   ⑥ 판매를 목적으로 경작하지 않는 농지
   ⑦ 극조생종, 조생종, 중만생종을 혼식한 농지
   ⑧ 재식밀도가 23,000주/10a 미만, 40,000주/10a 초과한 농지
   ⑨ 9월 30일 이전 정식한 농지
   ⑩ 양파 식물체가 똑바로 정식되지 않은 농지(70° 이하로 정식된 농지)
   ⑪ 부적절한 품종을 재배하는 농지 (예 : 고랭지 봄파종 재배 적응 품종, 게투린, 고떼이황, 고랭지여름, 덴신, 마운틴1호, 스프링골드, 사포로기, 울프, 장생대고, 장일황, 하루히구마, 히구마 등)
   ⑫ 무멀칭농지
   ⑬ 기타 인수가 부적절한 농지

제10절 농업용 시설물 및 시설작물(버섯재배사 및 버섯작물)

1. 대상품목 : 농업용시설물(버섯재배사 포함) 및 부대시설, 시설작물(22 품목), 버섯작물(4 품목)

2. 보장방식

▶ (농업용시설물 및 부대시설)종합위험 원예시설 손해보장방식
▶ (버섯재배사 및 부대시설)종합위험 버섯재배사 손해보장방식
▶ (시설작물, 버섯작물)종합위험 생산비보장

가. 자연재해, 조수해로 인해 농업용시설물·버섯재배사에 손해 발생시 원상복구비용을 보장, 화재피해는 특약가입시 보장
나. 부대시설 및 시설·버섯작물은 농업용시설물·버섯재배사 가입 후 보험가입 가능
다. 가입대상 작물 : 정식 또는 파종 후 재배 중인 22개 시설작물(육묘는 가입 불가)과 4개 버섯작물(배양 중인 버섯은 가입 불가)

3. 상품 내용

가. 보상하는 손해

1) 공통

가) 농업용시설물(버섯재배사 포함) 및 부대시설 : 자연재해, 조수해
나) 시설작물 및 버섯작물 : 다음 중 하나에 해당하는 것이 있는 경우에만 자연재해나 조수해로 입은 손해를 보상
 (1) 구조체, 피복재 등 농업용시설물·버섯재배사에 직접적인 피해가 발생한 경우
 (2) 농업용시설물에 직접적인 피해가 발생하지 않은 자연재해로서 작물피해율이 70% 이상 발생하여 농업용시설물 내 전체 작물의 재배를 포기하는 경우(시설작물에만 해당)
 (3) 기상청에서 발령하고 있는 기상특보 발령지역의 기상특보 관련 재해로 인해 작물에 피해가 발생한 경우(시설작물에만 해당)

1) 특별약관

가) 화재 : 화재로 인하여 발생하는 피해
나) 화재대물배상책임 : 보험에 가입한 목적물에 발생한 화재로 인해 타인의 재물에 손해를 끼침으로서 법률상의 배상책임을 졌을 때 입은 피해

나. 보상하지 않는 손해

① 계약자, 피보험자 또는 이들의 법정대리인의 고의 또는 중대한 과실
② 자연재해, 조수해가 발생했을 때 생긴 도난 또는 분실로 생긴 손해
③ 보험의 목적의 노후, 하자 및 구조적 결함으로 생긴 손해
④ 보상하지 않는 재해로 제방, 댐 등이 붕괴되어 발생한 손해
⑤ 침식활동 및 지하수로 인한 손해
⑥ 수확기에 계약자 또는 피보험자의 고의 또는 중대한 과실로 시설재배 농작물을 수확하지 못하여 발생한 손해
⑦ 제초작업, 시비관리, 온도(냉·보온)관리 등 통상적인 영농활동을 하지 않아 발생한 손해
⑧ 원인의 직접·간접을 묻지 않고 병해충으로 발생한 손해
⑨ 계약체결 시점 현재 기상청에서 발령하고 있는 기상특보 발령 지역의 기상특보 관련 재해로 인한 손해
⑩ 전쟁, 내란, 폭동, 소요, 노동쟁의 등으로 인한 손해
⑪ 보상하는 재해에 해당하지 않은 재해로 발생한 손해
⑫ 직접 또는 간접을 묻지 않고 보험의 목적인 농업용 시설물과 부대시설의 시설, 수리, 철거 등 관계 법령(국가 및 지방자치단체의 명령 포함)의 집행으로 발생한 손해
⑬ 피보험자가 파손된 보험의 목적의 수리 또는 복구를 지연함으로써 가중된 손해
⑭ 농업용 시설물이 피복재로 피복되어 있지 않는 상태 또는 그 내부가 외부와 차단되어 있지 않은 상태에서 보험의 목적에 발생한 손해
⑮ 피보험자가 농업용 시설물(부대시설 포함)을 수리 및 보수하는 중에 발생한 피해

다. 보험의 목적

1) 종합위험 원예시설 손해보장

구분		보험의 목적
농업용시설물		단동하우스(광폭형하우스를 포함), 연동하우스 및 유리(경질판)온실의 구조체 및 피복재
부대시설		모든 부대시설(단, 동산시설은 제외)
시설재배 농작물	화훼류	국화, 장미, 백합, 카네이션
	비화훼류	딸기, 오이, 토마토, 참외, 풋고추, 호박, 수박, 멜론, 파프리카, 상추, 부추, 시금치, 가지, 배추, 파(대파·쪽파), 무, 미나리, 쑥갓

가) 농업용시설물의 경우 목재·죽재 시공 하우스, 선별장·창고·농막 등은 가입대상 제외
나) 농업용시설물 및 부대시설의 경우 온실 내의 동산, 시설작물 재배 이외의 다른 목적이나 용도로 병용하고 있거나 다른 목적이나 용도로 사용되는 부분
다) 시설작물의 경우 품목별 표준생장일수와 현저히 차이 나는 생장일수(정식·파종일로부터 수확개시일까지의 일수)를 가지는 품종은 보험의 목적에서 제외

2) 종합위험 버섯 손해보장

구분	보장 대상 목적물
농업용시설물 (버섯재배사)	단동하우스(광폭형하우스를 포함), 연동하우스 및 경량철골조 등 버섯작물 재배용으로 사용하는 구조체, 피복재 또는 벽으로 구성된 시설
부대시설	버섯작물 재배를 위하여 농업용시설물(버섯재배사)에 부대하여 설치한 시설 (단, 동산시설은 제외)
시설재배 버섯	농업용시설물(버섯재배사) 및 부대시설을 이용하여 재배하는 느타리버섯(균상재배,병재배), 표고버섯(원목재배, 톱밥배지재배), 새송이버섯 (병재배), 양송이버섯(균상재배)

라. 보험기간

종합위험 원예시설 손해보장(종합위험 버섯 손해보장 동일)

구분	보장개시	보장종료
농업용시설물	청약을 승낙하고 제1회 보험료 납입한 때	보험증권에 기재된 보험종료일 24시
부대시설		
시설작물		

1) 딸기, 오이, 토마토, 참외, 풋고추, 호박, 국화, 장미, 수박, 멜론, 파프리카, 상추, 부추, 가지, 배추, 파(대파), 백합, 카네이션, 미나리 품목은 '해당 농업용시설물 내에 농작물을 정식한 시점'과 '청약을 승낙하고 제1회 보험료를 납입한 때' 중 늦은 때를 보장개시일로 한다.
2) 시금치, 파(쪽파), 무, 쑥갓 품목은 '해당 농업용시설물 내에 농작물을 파종한 시점'과 '청약을 승낙하고 제1회 보험료를 납입한 때' 중 늦은 때를 보장개시일로 한다.

4. 보험가입금액

가. 원예시설

1) 농업용시설물

가) 전산으로 산정된 기준보험가입금액의 90~130% 범위 내에서 결정
나) 적산으로 기준금액 산정이 불가능한 유리온실(경량철골조), 내재해형하우스, 비규격하우스는 계약자 고지사항을 기초로 결정
▶ 유리온실(경량철골조)은 ㎡당 5~50만원 범위에서 가입금액 선택 가능

2) 부대시설

계약자 고지사항을 기초로 보험가액을 추정하여 보험가입금액을 결정

3) 시설작물

하우스별 연간 재배 예정인 시설작물 중 생산비가 가장 높은 작물가액의 50 ~ 100% 범위 내에서 계약자가 가입금액을 결정(10% 단위)

나. 버섯

1) 버섯재배사

가) 전산으로 산정된 기준 보험가입금액의 90~130% 범위 내에서 결정

나) 적산으로 기준금액 산정이 불가능한 버섯재배사(콘크리트조, 경량철골조), 내재해형하우스, 비규격하우스는 계약자 고지사항을 기초로 보험가입금액 결정한다.

▶ 버섯재배사(콘크리트조, 경량철골조)는 ㎡당 5 ~ 50만원 범위에서 가입금액 선택 가능

2) 부대시설

계약자 고지사항을 기초로 보험가액을 추정하여 보험가입금액을 결정

3) 시설재배 버섯

하우스별 연간 재배 예정인 버섯 중 생산비가 가장 높은 버섯가액의 50~100% 범위 내에서 계약자가 가입금액을 결정(10% 단위)

> ※ 농업용시설물·부대시설의 경우 재조달가액특약 미가입시 고지된 구조체 내용에 따라 감가율을 고려하여 시가기준으로 결정(보험사고 시 지급기준과 동일)하며, 재조달가액특약 가입시 재조달가액 기준으로 결정
> 1. 재조달가액특약 가입 : 재조달가액 × (90% ~ 130%)
> 2. 재조달가액특약 미가입 : [재조달가액 × (1 - 감가상각률)] × (90% ~ 130%)

5. 보험료

가. 농업용시설물·부대시설

1) 주계약(보통약관)

> [(농업용시설물 보험가입금액 × 지역별 농업용시설물 종별 보험요율)
> + (부대시설 보험가입금액 × 지역별 부대시설 보험요율)] × 단기요율 적용지수

※ 단, 수재위험부보장 특약에 가입한 경우 위 보험료의 90% 적용

2) 화재위험보장 특별약관

> 적용보험료 = 보험가입금액 × 화재위험보장특약보험요율 × 단기요율적용지수

3) 화재대물배상책임 보장 특별약관(농업용시설물)

> 산출기초금액(12,025,000원) × 화재위험보장특약영업요율(농업용시설물, 부대시설)
> × 대물인상계수(LOL 계수) × 단기요율 적용지수

나. 시설작물

1) 주계약(보통약관)

> 적용보험료 = 보험가입금액 × 지역별·종별보험요율 × 단기요율 적용지수

2) 화재위험 보장 특별약관(동일)

다. 버섯재배사·부대시설

1) 주계약(보통약관)

> [(버섯재배사 보험가입금액 × 지역별 버섯재배사 종별 보험요율)
> + (부대시설 보험가입금액 × 지역별 부대시설 보험요율)] × 단기요율 적용지수

※ 단, 수재위험부보장 특약에 가입한 경우 위 보험료의 90% 적용

2) 화재위험보장 특별약관

> 적용보험료 = 보험가입금액 × 화재위험보장특약보험요율 × 단기요율적용지수

3) 화재대물배상책임 보장 특별약관(버섯재배사)

> 산출기초금액(12,025,000원) × 화재위험보장특약영업요율(버섯재배사)
> × 대물인상계수(LOL 계수) × 단기요율 적용지수

라. 버섯작물

1) 주계약(보통약관)

> 적용보험료 = 보험가입금액 × 지역별·종별보험요율 × 단기요율 적용지수

※ 단, 수재위험부보장 특약에 가입한 경우 위 보험료의 90% 적용

2) 화재위험 보장 특별약관(동일)

3) 표고버섯 확장위험보장 특별약관(농업용시설물)

$$보험가입금액 \times 화재위험보장특약보험요율 \times 단기요율 \ 적용지수 \times 할증적용계수$$

〈보험요율 차등적용에 관한 사항〉

종구분	상 세	요율상대도
1종	경량철골조	0.70
2종	허용 적설심 및 허용 풍속이 지역별 내재해형 설계기준의 120% 이상인 하우스	0.80
3종	허용 적설심 및 허용 풍속이 지역별 내재해형 설계기준의 100% 이상 ~ 120% 미만인 하우스	0.90
4종	허용 적설심 및 허용 풍속이 지역별 내재해형 설계기준의 100% 미만이면서, 허용 적설심 7.9cm 이상이고, 허용 풍속이 10.5m/s 이상인 하우스	1.00
5종	허용 적설심 7.9cm 미만이거나, 허용 풍속이 10.5m/s 미만인 하우스	1.10

[단기요율 적용지수]

- 보험기간이 1년 미만인 단기계약에 대하여는 아래의 단기요율 적용
- 보험기간을 연장하는 경우에는 원기간에 통산하지 아니하고 그 연장기간에 대한 단기요율 적용
- 보험기간 1년 미만의 단기계약을 체결하는 경우 보험기간에 6월, 7월, 8월, 9월, 11월, 12월, 1월, 2월, 3월이 포함될 때에는 단기요율에 각월마다 10%씩 가산. 다만, 화재위험 보장 특약은 가산하지 않음
- 그러나, 이 요율은 100%를 초과할 수 없음

[단기요율표]

보험기간	15일까지	1개월까지	2개월까지	3개월까지	4개월까지	5개월까지	6개월까지	7개월까지	8개월까지	9개월까지	10개월까지	11개월까지
단기요율	15%	20%	30%	40%	50%	60%	70%	75%	80%	85%	90%	95%

[대물인상계수(LOL계수)]

배상한도액	10	20	50	100	300	500	750	1,000	1,500	2,000	3,000
인상계수	1.00	1.56	2.58	3.45	4.70	5.23	5.69	6.12	6.64	7.00	7.12

6. 보험금

가. 농업용 시설물(버섯재배사 포함) 및 부대시설

보 장	목 적	보험금 지급사유	보험금 계산(지급금액)
농업용 시설물 손해보장 (보통약관)	농업용시설물 (버섯재배사) 및 부대시설	보상하는 손해로 손해액이 자기부담금을 초과하는 경우 (1사고당)	① 손해액의 계산 ▶ 손해가 생긴 때와 곳에서의 가액에 따라 계산함 ② 보험금 산출방법 ▶ 1사고마다 손해액이 자기부담금을 초과하는 경우 보험가입금액을 한도로 손해액에서 자기부담금을 차감하여 계산한다. ③ 보험금 = 손해액 - 자기부담금

※ 재조달가액 보장 특약을 가입하지 않거나, 수리 또는 복구를 하지 않는 경우 경년감가율을 적용한 시가(감가상각된 금액)로 보상

나. 시설작물

보 장	목 적	보험금 지급사유	보험금 계산(지급금액)
생산비 보장 (보통약관)	그 외 품목	보상하는 재해로 1사고마다 1동 단위로 생산비보장 보험금이 10만원을 초과할 때	피해작물 재배면적 × 피해작물 단위면적당 보장생산비 × 경과비율 × 피해율
	장미		① 나무가 죽지 않은 경우 장미 재배면적 × 장미 단위면적당 나무생존시 보장생산비 × 피해율 ② 나무가 죽은 경우 장미 재배면적 × 장미 단위면적당 나무고사 보장생산비 × 피해율
	부추		부추 재배면적 × 부추 단위면적당보장생산비 × 피해율 × 70%

※ 단, 일부보험일 경우 비례보상 적용

다. 버섯작물

보장	보험의 목적	지급사유	보험금 계산(지급금액)
생산비 보장 (보통약관)	표고버섯 (원목재배)	보상하는 재해로 1사고마다 생산비보장 보험금이 10만원을 초과할 때	재배원목(본)수 × 원목(본)당 보장생산비 × 피해율
	표고버섯 (톱밥배지재배)		재배배지(봉)수 × 배지(봉)당 보장생산비 × 경과비율 × 피해율
	느타리버섯 (균상재배)		재배면적 × 느타리버섯(균상재배) 단위면적당 보장생산비 × 경과비율 × 피해율
	느타리버섯 (병재배)		재배병수 × 병당보장생산비 × 경과비율 × 피해율
	새송이버섯 (병재배)		재배병수 × 병당보장생산비 × 경과비율 × 피해율
	양송이버섯 (균상재배)		재배면적 × 단위면적당 보장생산비 × 경과비율 × 피해율

※ 단, 일부보험일 경우 비례보상 적용

7. 자기부담금

최소자기부담금(30만원)과 최대자기부담금(100만원)을 한도로 보험사고로 인하여 발생한 손해액의 10%에 해당하는 금액 / 피복재단독사고는 최소(10만원)과 최대(30만원) 한도

가. 농업용시설물(버섯재배사 포함)과 부대시설 모두를 보험의 목적으로 하는 보험계약은 두 보험의 목적의 손해액 합계액을 기준으로 자기부담금을 산출

나. 자기부담금은 단지 단위, 1사고 단위로 적용

다. 화재손해는 자기부담금을 미적용(농업용시설물·버섯재배사, 부대시설에 한함)

라. 소손해면책금(시설작물 및 버섯작물에 적용) : 보장하는 재해로 1사고당 생산비보험금이 10만원 이하인 경우 보험금이 지급되지 않고, 소손해면책금을 초과하는 경우 손해액 전액을 보험금으로 지급한다.

8. 특별약관

가. 재조달가액 보장 특별약관(농업용시설물 및 버섯재배사, 부대시설)

1) **손해의 보상** : 보상하는 재해로 보험의 목적 중 농업용시설물 및 버섯재배사, 부대시설에 손해가 생긴 때에는 이 특별약관에 따라 재조달가액 기준으로 손해액을 보상

2) **보상하지 않는 손해(동일)**

나. 화재위험 보장 특별약관(농업용시설물 및 버섯재배사, 부대시설, 시설·버섯작물)

  1) **보상하는 손해** : 화재로 입은 손해

  2) **보상하지 않는 손해**

다. 화재대물배상책임 특별약관(농업용시설물 및 버섯재배사, 부대시설)

  1) **가입대상** : '화재위험보장 특별약관'에 가입한 경우에 한하여 가입가능
  2) **지급사유** : 피보험자가 보험증권에 기재된 농업용시설물 및 부대시설 내에서 발생한 화재사고로 인하여 타인의 재물을 망가트려 법률상의 배상책임이 발생한 경우
  3) **지급한도** : 화재대물배상책임특약 가입금액 한도

라. 수재위험 부보장 특별약관(농업용시설물 및 버섯재배사, 부대시설, 시설·버섯작물)

  1) 상습 침수구역, 하천부지 등에 있는 보험의 목적에 한하여 적용
  2) 홍수, 해일, 집중호우 등 수재에 의하거나 또는 이들 수재의 방재와 긴급피난에 필요한 조치로 보험의 목적에 생긴 손해는 보상하지 않는다.

마. 표고버섯 확장위험 담보 특별약관 (표고버섯)

보상하는 재해에서 정한 규정에도 불구하고, 다음 중 하나 이상에 해당하는 경우에 한하여 자연재해 및 조수해로 입은 손해를 보상한다.

  1) 농업용 시설물(버섯재배사)에 직접적인 피해가 발생하지 않은 자연재해로서 작물피해율이 70% 이상 발생하여 농업용 시설물 내 전체 시설재배 버섯의 재배를 포기하는 경우
  2) 기상청에서 발령하고 있는 기상특보 발령지역의 기상특보 관련 재해로 인해 작물에 피해가 발생한 경우

9. 계약의 소멸

가. 손해를 보상하는 경우에는 그 손해액이 한 번의 사고에 대하여 보험 가입금액 미만인 때에는 이 계약의 보험가입금액은 감액되지 않으며, 보험가입금액 이상인 때에는 그 손해보상의 원인이 생긴 때로부터 보험의 목적(농업용시설물 및 버섯재배사, 부대시설)에 대한 계약은 소멸한다. 이 경우 환급보험료는 발생하지 않는다.

나. 손해액에는 보상하는 손해의 '기타 협력비용'은 제외한다.

10. 계약인수

가. 원예시설

1) 시설 1단지 단위로 가입(단지 내 인수 제한 목적물은 제외) ⇨ 버섯 동일
가) 단지 내 해당되는 시설작물은 전체를 가입해야(일부 하우스만 선택적 가입 불가)
나) 한 단지 내에 단동·연동·유리온실 등이 혼재되어있는 경우 각각 개별단지로 판단

2) 최소 가입면적

구분	단동하우스	연동하우스	유리(경질판)온실
최소 가입면적	300㎡	300㎡	제한 없음

※ 단지 면적이 가입기준 미만인 경우 인접한 경지의 단지 면적과 합하여 가입기준 이상이 되는 경우 1단지로 판단할 수 있음

3) 농업용 시설물을 가입해야 부대시설 및 시설작물 가입 가능
단, 유리온실(경량철골조)의 경우 부대시설 및 시설작물만 가입 가능

나. 버섯

1) 최소 가입면적

구분	버섯단동하우스	버섯연동하우스	경량철골조(버섯재배사)
최소 가입면적	300㎡	300㎡	제한 없음

※ 단지 면적이 가입기준 미만인 경우 인접한 경지의 단지 면적과 합하여 가입기준 이상이 되는 경우 1단지로 판단할 수 있음

2) 버섯재배사를 가입해야 부대시설 및 버섯작물 가입 가능

다. 인수제한 목적물

농업용시설물 버섯재배사 및 부대시설	① 판매를 목적으로 시설작물을 경작하지 않는 시설 ② 작업동, 창고동 등 시설작물 경작용으로 사용되지 않는 시설 　※ 농업용시설물 한 동 면적의 80% 이상을 작물 재배용으로 사용하는 경우 　　가입 가능 ③ 피복재가 없거나 시설작물(버섯)을 재배하고 있지 않은 시설 　※ 다만, 지역적 기후특성에 따른 한시적 휴경은 제외 ④ 목재, 죽재로 시공된 시설 ⑤ 비가림시설 ⑥ 구조체, 피복재 등 목적물이 변형되거나 훼손된 시설 ⑦ 목적물의 소유권에 대한 확인이 불가능한 시설 ⑧ 건축 또는 공사 중인 시설 ⑨ 1년 이내에 철거 예정인 고정식 시설 ⑩ 하천부지 및 상습침수지역에 소재한 시설 　※ 다만, 수재위험 부보장특약에 가입하여 풍재만은 보장 가능 ⑪ 연륙교가 설치되어 있지 않고 정기선이 운항하지 않는 등 　신속한 손해평가가 불가능한 도서 지역 시설 ⑫ 정부에서 보험료의 일부를 지원하는 다른 계약에 이미 가입되어 있는 시설 ⑬ 기타 인수가 부적절한 하우스 및 부대시설
시설작물	① 작물의 재배면적이 시설 면적의 50% 미만인 경우 　※ 다만, 백합·카네이션의 경우 하우스 면적의 50% 미만이라도 동당 작기별 　　200㎡이상 재배 시 가입 가능 ② 분화류의 국화, 장미, 백합, 카네이션을 재배하는 경우 ③ 판매를 목적으로 재배하지 않는 시설작물 ④ 한 시설에서 화훼류와 비화훼류를 혼식 재배중이거나, 또는 재배 예정인 경우 ⑤ 통상적인 재배시기, 재배품목, 재배방식이 아닌 경우 ⑥ 시설작물별 10a당 인수제한 재식밀도 미만인 경우 ⑦ 품목별 표준생장일수와 현저히 차이나는 생장일수를 가지는 품종

<품목별 인수제한 재식밀도>

품 목	인수제한 재식밀도	품 목		인수제한 재식밀도
수박	400주/10a미만	배추		3,000주/10a미만
멜론	400주/10a미만	무		3,000주/10a미만
참외	600주/10a미만	딸기		5,000주/10a미만
호박	600주/10a미만	백합		15,000주/10a미만
풋고추	1,000주/10a미만	카네이션		15,000주/10a미만
오이	1,500주/10a미만	파	대파	15,000주/10a미만
가지	1,500주/10a미만		쪽파	18,000주/10a미만
토마토	1,500주/10a미만	국화		30,000주/10a미만
파프리카	1,500주/10a미만	상추		40,000주/10a미만
장미	1,500주/10a미만	부추		62,500주/10a미만
		시금치		100,000주/10a미만

표고버섯 (원목재배, 톱밥배지재배)	① 통상적인 재배 및 영농활동을 하지 않는다고 판단되는 하우스 ② 원목 5년차 이상의 표고버섯 ③ 원목재배, 톱밥배지재배 이외의 방법으로 재배하는 표고버섯 ④ 판매를 목적으로 재배하지 않는 표고버섯 ⑤ 기타 인수가 부적절한 표고버섯
느타리버섯 (균상재배, 병재배)	① 통상적인 재배 및 영농활동을 하지 않는다고 판단되는 하우스 ② 균상재배, 병재배 이외의 방법으로 재배하는 느타리버섯 ③ 판매를 목적으로 재배하지 않는 느타리버섯 ④ 기타 인수가 부적절한 느타리버섯
새송이버섯 (병재배)	① 통상적인 재배 및 영농활동을 하지 않는다고 판단되는 하우스 ② 병재배 이외의 방법으로 재배하는 새송이버섯 ③ 판매를 목적으로 재배하지 않는 새송이버섯 ④ 기타 인수가 부적절한 새송이버섯
양송이버섯 (균상재배)	① 통상적인 재배 및 영농활동을 하지 않는다고 판단되는 하우스 ② 균상재배 외의 방법으로 재배하는 양송이버섯 ③ 판매를 목적으로 재배하지 않는 양송이버섯 ④ 기타 인수가 부적절한 양송이버섯

문제로 확인하기

01. 다음은 종합위험보장 버섯 상품의 보장대상 목적물에 대한 내용이다. 해당 내용을 보고 (   )에 알맞은 재배유형을 쓰시오.

> 농업용시설물(버섯재배사) 및 부대시설을 이용하여 재배하는
> ○ 표고버섯 : (   ) 또는 (   )
> ○ 느타리버섯 : (   ) 또는 (   )
> ○ 새송이버섯 : (   )
> ○ 양송이버섯 : (   )

해설

표고버섯 : 원목재배, 톱밥배지재배
느타리버섯 : 균상재배, 병재배
새송이버섯 : 병재배
양송이버섯 : 균상재배

02. 종합위험보장 원예시설 상품에서 보상하는 손해를 보통약관 중 ① 농업용 시설물(버섯재배사 포함) 및 부대시설과 ② 시설작물 및 버섯작물의 경우로 구분하여 서술하시오.

해설

① 농업용 시설물(버섯재배사 포함) 및 부대시설 : 자연재해, 조수해
② 시설작물 및 버섯작물 : 다음 중 하나에 해당하는 것이 있는 경우에만 자연재해나 조수해로 입은 손해를 보상
  ㉠ 구조체, 피복재 등 농업용 시설물(버섯재배사)에 직접적인 피해가 발생한 경우
  ㉡ 농업용 시설물에 직접적인 피해가 발생하지 않은 자연재해로서 작물피해율이 70% 이상 발생하여 농업용 시설물 내 전체 작물의 재배를 포기하는 경우(시설작물에만 해당)
  ㉢ 기상청에서 발령하고 있는 기상특보 발령지역의 기상특보 관련 재해로 인해 작물에 피해가 발생한 경우(시설작물에만 해당)

03. 종합위험보장 원예시설 및 시설작물에 대한 내용이다. (   ) 안에 알맞은 내용을 쓰시오.

○ 부대시설 및 시설작물은 (①) 가입 후 보험가입이 가능하다.
○ 버섯재배사 : 단동하우스(광폭형하우스 포함), 연동하우스 및 (②) 등 버섯작물 재배용으로 사용하는 구조체, 피복재 또는 (③)으로 구성된 시설
○ 버섯작물 보험기간의 보장개시일은 (④) 이다.
○ 시설작물 미나리 품목은 '해당 농업용시설물 내에 농작물을 (⑤)'과 '청약을 승낙하고 제1회 보험료를 납입한 때' 중 (⑥)를 보장개시일로 한다.

해설
① 농업용시설물   ② 경량철골조   ③ 벽   ④ 청약을 승낙하고 제1회 보험료 납입한 때
⑤ 정식한 시점   ⑥ 늦은 때

04. 다음은 원예시설의 보험가입금액 산출에 대한 설명이다. 괄호 안에 알맞은 말을 쓰시오.

(1) 농업용 시설물
  ① 전산으로 산정된 기준 보험가입금액의 (㉠) 범위 내에서 결정한다.
  ② 적산으로 기준금액 산정이 불가능한 유리온실(경량철골조), (㉡), 비규격하우스는 계약자 고지사항을 기초로 보험가입금액 결정한다.
    ▶ 유리온실(경량철골조)은 ㎡당 (㉢) 범위에서 가입금액 선택 가능하다.
(2) 부대시설 : (㉣)을 기초로 보험가액을 추정하여 보험가입금액을 결정한다.
(3) 시설작물
  하우스별 연간 재배 예정인 시설작물 중 생산비가 가장 (㉤) 작물 가액의 (㉥) 범위 내에서 계약자가 가입금액을 결정(10% 단위)한다.

해설
㉠ 90~130%   ㉡ 내재해형하우스   ㉢ 5~50만원   ㉣ 계약자 고지사항
㉤ 높은   ㉥ 50~100%

05. 다음은 종합위험보장 원예시설 상품의 보상하는 손해에 대한 내용이다. 아래 (1)~(5)의 내용을 보고 보상하는 손해이면 ○, 보상하지 않는 손해이면 ×로 판단하시오.

구분	내용	○/×
(1)	사고당시 호우주의보가 발령되어 작물피해율이 50%이며 작물재배를 포기하지 않음	
(2)	사고당시 냉해(기상특보는 발령되지 않음)로 인한 작물피해율이 80%이고 작물재배를 포기함	
(3)	사고당시 대설경보로 농업용시설물에 직접적인 피해가 발생하여 작물이 40%정도 피해를 입음	
(4)	사고당시 호우(기상특보와 관련없음)로 인하여 농업용 시설물에 직접적인 피해는 없으나 작물피해율이 90%이고 작물재배를 포기하지 않음	

해설
(1) ○   (2) ○   (3) ○   (4) ×

06. 다음 종합위험보장 원예시설 상품의 보험가입기준에 대한 최소가입면적을 쓰시오.

구분	① 단동하우스	② 연동하우스	③ 유리(경질판)온실
최소 가입면적			

해설

구분	① 단동하우스	② 연동하우스	③ 유리(경질판)온실
최소 가입면적	300㎡	300㎡	제한 없음

07. 다음은 종합위험보장 원예시설에 대한 내용이다. 아래 조건을 참고하여 물음에 답하시오.

하우스 개수	가입면적	설치비용	경과연수	경년감가율
1개	2,000㎡	50,000원/㎡	3년	10%

1) 재조달가액 특약 가입한 경우

  ① 최소 보험가입금액

  ② 최대 보험가입금액

2) 재조달가액 특약 가입하지 않은 경우

  ① 최소 보험가입금액

  ② 최대 보험가입금액

해설

1) 재조달가액 특약 가입한 경우
   ① 최소 보험가입금액 = 2,000 × 50,000 × 0.9 = 90,000,000원
   ② 최대 보험가입금액 = 2,000 × 50,000 × 1.3 = 130,000,000원
2) 재조달가액 특약 가입하지 않은 경우
   ① 최소 보험가입금액 = (2,000 × 50,000) × (1 − 0.3) × 0.9 = 63,000,000원
   ② 최대 보험가입금액 = (2,000 × 50,000) × (1 − 0.3) × 1.3 = 91,000,000원

08. 다음 조건을 참조하여 시설작물 보험가입금액을 구하시오.

오이 보장생산비	토마토 보장생산비	가입면적
8,300원	10,300원	3000㎡

① 최소 보험가입금액

② 최대 보험가입금액

해설
① 10,300 × 3,000 × 50% = 15,450,000원
② 10,300 × 3,000 × 100% = 30,900,000원

09. 다음은 A단지 원예시설에 대한 내용이다. 아래 조건을 고려하여 물음에 답하시오.

대 상	인수대상 자료			
농업용시설물	보험가입면적 : 1,000㎡		단위면적당 시설비 : 150,000원	
부대시설	난방시설, 양액재배시설, 환기시설, 관수시설 등			
시설작물	작기	재배품목	가입면적	단위면적당 생산비
	1작기	오이	800㎡	8,300원

※ 다만, 부대시설의 보험가입금액은 별도로 한다.
※ 재조달가액 특약에 가입 함

① 농업용 시설물의 최소 보험가입금액과 최대 보험가입금액

② 시설작물의 최소 보험가입금액과 최대 보험가입금액

해설
① 농업용 시설물
　최소 보험가입금액 : 1,000㎡ × 150,000원 × 0.9 = 135,000,000원
　최대 보험가입금액 : 1,000㎡ × 150,000원 × 1.3 = 195,000,000원
② 시설작물의 최소 보험가입금액과 최대 보험가입금액
　최소 보험가입금액 : 800㎡ × 8,300원 × 0.5 = 3,320,000원
　최대 보험가입금액 : 800㎡ × 8,300원 = 6,640,000원

10. 다음 조건에 따른 시설작물의 주계약 보험가입금액을 구하시오.

○ 딸기 보험가액 : 2,000만원 (생산비 2,000원/kg)
○ 시금치 보험가액 : 4,000만원 (생산비 1,000/kg)
○ 계약자가 결정할 수 있는 최대 보험가입금액
○ 수재위험부보장 특약 가입
○ 지역별·종별보험요율 : 20%

해설

시설작물의 보험가입금액
하우스 별 연간 재배예정인 시설작물 중 생산비가 가장 높은 작물 가액의 50~100% 범위 내에서 계약자가 가입금액을 결정한다(10% 단위). 따라서 생산비가 높은 딸기의 보험가액 2.000만원 중 계약자가 결정할 수 있는 최대 보험가입금액은 100%인 2,000만원이다.

11. 다음 각각의 조건을 보고 단기요율 적용지수를 %로 산출하시오.

[단기요율표]

보험기간	3개월까지	4개월까지	5개월까지	6개월까지	7개월까지
단기요율	40%	50%	60%	70%	75%

[조건 1]

약관	대상	보장개시	보장종료
보통약관	농업용 시설물 및 부대시설	2021. 10	2022. 4

[조건 2]

약관	대상	보장개시	보장종료
화재위험보장 특별약관	농업용시설물 및 부대시설	2021. 12	2022. 5

해설

[조건 1]
7개월(75%) + 50% 가산(11월, 12월, 1월, 2월, 3월) = 125% ⇨ 100%(100% 초과 ×)

[조건 2]
6개월 : 70%(화재는 가산 없음)

12. 다음 조건을 고려하여 물음에 답하시오.

계약 사항			
가입대상	보험가입금액	보험요율(%)	단기요율(%)
농업용 시설물	60,000,000원	5	80
부대시설	20,000,000원	5	80
시설작물(호박)	12,000,000원	10	70

※ 수재위험 부보장 특약에 가입 함
※ 2종시설물

① 농업용 시설물 및 부대시설의 보험료

② 시설작물(호박)의 보험료

해설

① 농업용 시설물 및 부대시설의 보험료
주계약 적용보험료 = {(농업용 시설물 보험가입금액 × 지역별 농업용 시설물 종별 보험요율) + (부대시설 보험가입금액 × 지역별 부대시설 보험요율)} × 단기요율 적용지수
※ 다만, 수재위험 부보장 특약에 가입한 경우에는 위 보험료의 90% 적용
{(60,000,000 × 0.05 × 0.8) + (20,000,000 × 0.05)} × 0.8 × 0.9
= (2,400,000 + 1,000,000) × 0.8 × 0.9 = 2,448,000

② 시설작물(호박)의 보험료
주계약 적용보험료 = 보험가입금액 × 지역별·종별 보험요율 × 단기요율 적용지수
= 12,000,000 × 0.1 × 0.8 × 0.7 × 0.9 = 604,800원

13. 농작물재해보험 중 종합위험보장 원예시설 상품에 농업용 시설물과 부대시설을 가입하려고 한다. (1)~(2)의 각각의 조건을 보고 보험료를 각각 산정하시오.(산정된 보험료의 소숫점 미만은 절사하시오)

※ 단기요율표

보험기간	3개월까지	4개월까지	5개월까지	6개월까지
단기요율	40%	50%	60%	70%

(1) 주계약 보험료
　○ 농업용 시설물 보험가입금액 : 3천만원
　○ 부대시설 보험가입금액 : 1천만원
　○ 지역별 농업용 시설물 보험요율 : 5%(2종)
　○ 지역별 부대시설 보험요율 : 2%
　○ 보험기간 : 2022. 3. 1 ~ 2022. 7. 31
　○ 수재위험 부보장 특약 가입함
(2) 화재위험 보장 특약 보험료
　○ 보험가입금액 : 3천만원
　○ 화재위험보장 특약 보험요율 : 4%
　○ 수재위험 부보장 특약 가입함
　○ 보험기간 : 2022. 3. 1 ~ 2022. 7. 31

해설
(1) 주계약 보험료 = {(3천만원 × 0.05 × 0.8) + (1천만원 × 0.02)} × 0.9(단기요율 적용지수) × 0.9(수재위험 부보장 특약 할인) = 1,134,000원
　※ 5개월(60%) + 30% 가산(3월, 6월, 7월) = 90%
(2) 화재위험보장 특약 보험료 = 3천만원 × 0.04 × 0.6(단기요율 적용지수) × 0.9 = 648,000원
　※ 화재위험보장 특약은 가산하지 않음

14. 다음조건을 보고 각각의 물음에 답하시오.

○ 농업용 시설물 보험가입면적 : 1,000㎡	○ 지역별 농업용 시설물 보험요율 : 10%
○ 농업용 시설물 설치비용 : 10,000원/㎡	○ 지역별 부대시설 보험요율 : 4%
○ 부대시설(계약자고지금액 : 600만원)	○ 시설작물 지역별 보험요율 : 10%
○ 재배예정작물(가입면적은 600㎡로 동일)	○ 2종 시설물
보장생산비 : 오이(8,600원), 토마토(10,200원)	○ 보험가입기간 : 2022. 3. 1 ~ 2022. 7. 31
※ 수재위험 부보장 특약 가입	
※ 재조달가액 특약 가입	
※ 보험가입비율 : 100% 가입	

※ 단기요율표

보험기간	3개월까지	4개월까지	5개월까지	6개월까지
단기요율	40%	50%	60%	70%

① 농업용 시설물·부대시설 주계약 보험료를 산출하시오.

[해설]

주계약 적용보험료 = {(농업용 시설물 보험가입금액 × 지역별 농업용 시설물 종별 보험요율) + (부대시설 보험가입금액 × 지역별 부대시설 보험요율)} × 단기요율 적용지수
※ 5개월(60%) + 30% 가산(3월, 6월, 7월) = 90%
※ 다만, 수재위험 부보장 특약에 가입한 경우에는 위 보험료의 90% 적용
{(10,000,000 × 0.1 × 0.8) + (6,000,000 × 0.04)} × 0.9 × 0.9 = 842,400원

② 시설작물 주계약 보험료를 구하시오.(최대 보험가입금액 적용)

[해설]

적용보험료 = 보험가입금액 × 지역별·종별보험요율 × 단기요율 적용지수
= (600 × 10,200) × 0.1 × 0.8 × 0.9 × 0.9 = 396,576원

15. 다음 조건을 보고 각각의 물음에 답하시오.

○ 농업용 시설물 보험가입면적 : 800㎡	○ 지역별 농업용 시설물 보험요율 : 10%
○ 농업용 시설물 설치비용 : 100,000원/㎡	○ 지역별 부대시설 보험요율 : 4%
○ 관수시설(계약자고지금액 : 500만원)	○ 시설작물 지역별 보험요율 : 10%
○ 양액재배시설(계약자고지금액 : 1,500만원)	○ 3종 시설물
○ 재배예정작물(가입면적은 600㎡로 동일)	○ 화재위험보장 특약 영업요율 : 4%
보장생산비 : 수박(4,600원), 딸기(8,200원)	○ 보험가입기간 : 2022. 9. 1 ~ 2022. 12. 31

※ 수재위험 부보장 특약 가입
※ 재조달가액 특약 가입
※ 화재위험보장 특약 및 화재대물배상책임보장 특약 가입(배상한도액 5억원)
※ 화재위험보장 특약 및 화재대물배상책임보장 특약 보험가입금액은 주계약과 동일)

[단기요율표]

보험 기간	15일 까지	1개월 까지	2개월 까지	3개월 까지	4개월 까지	5개월 까지	6개월 까지	7개월 까지	8개월 까지	9개월 까지	10개월 까지	11개월 까지
단기 요율	15%	20%	30%	40%	50%	60%	70%	75%	80%	85%	90%	95%

[대물인상계수(LOL계수)]

배상한도액	10	20	50	100	300	500	750	1,000	1,500	2,000	3,000
인상계수	1.00	1.56	2.58	3.45	4.70	5.23	5.69	6.12	6.64	7.00	7.12

① 농업용 시설물의 최소 보험가입금액과 최대 보험가입금액을 구하시오.

② 부대시설 보험가입금액을 구하시오.

③ 시설작물의 최소 보험가입금액과 최대 보험가입금액을 구하시오.

④ 농업용 시설물(최소 보험가입금액 적용)·부대시설 주계약 보험료를 구하시오.

⑤ 농업용 시설물(최대 보험가입금액 적용)·부대시설 화재위험보장 특약 보험료를 구하시오.

⑥ 화재대물배상책임보장 특약 보험료를 구하시오.

⑦ 시설작물 주계약 보험료를 구하시오.(최대 보험가입금액 적용)

해설

① 최소 보험가입금액 : 800㎡ × 100,000원 × 0.9 = 72,000,000원
   최대 보험가입금액 : 800㎡ × 100,000원 × 1.3 = 104,000,000원
② 부대시설 보험가입금액
   관수시설(500만원) + 양액재배시설(1,500만원) = 20,000,000원
③ 최소 보험가입금액 : 600㎡ × 8,200원 × 0.5 = 2,460,000원
   최대 보험가입금액 : 600㎡ × 8,200원 = 4,920,000원
④ 농업용 시설물(최소 보험가입금액 적용)·부대시설 주계약 보험료
   주계약 적용보험료 = {(농업용 시설물 보험가입금액 × 지역별 농업용 시설물 종별 보험요율)
                    + (부대시설 보험가입금액 × 지역별 부대시설 보험요율)} × 단기요율 적용지수
   ※ 4개월(50%) + 30% 가산(9월, 11월, 12월) = 80%
   ※ 다만, 수재위험 부보장 특약에 가입한 경우에는 위 보험료의 90% 적용
      {(72,000,000 × 0.1 × 0.9) + (20,000,000 × 0.04)} × 0.8 × 0.9 = 5,241,600원
⑤ 농업용 시설물(최대 보험가입금액 적용)·부대시설 화재위험보장 특약 보험료
   적용보험료 = 보험가입금액 × 지역별·종별 보험요율 × 단기요율 적용지수
   ※ 4개월(50%) : 화재위험보장 특약은 가산하지 않음
      = 104,000,000원 × 0.04 × 0.5 × 0.9 = 1,872,000원
⑥ 화재대물배상책임보장 특약 보험료를 구하시오.
   적용보험료 = 12,025,000원 × 화재위험보장특약영업요율 × 대물인상계수 × 단기요율 적용지수
            = 12,025,000원 × 0.04 × 5.23 × 0.5 × 0.9 = 1,132.033원
⑦ 시설작물 주계약 보험료(최대 보험가입금액 적용)
   적용보험료 = 보험가입금액 × 지역별·종별보험요율 × 단기요율 적용지수
            = 4,920,000원 × 0.1 × 0.9 × 0.8 × 0.9 = 318,816원

16. 농업용 시설물 및 부대시설의 보험금 지급사유와 보험금 계산에 대해 서술하시오.

> 해설
>
> (1) 농업용 시설물 및 부대시설 보험금 지급사유 : 보상하는 손해로 손해액이 자기부담금을 초과하는 경우
> (2) 보험금 계산
> ① 손해액의 계산 : 손해가 생긴 때와 곳에서의 가액에 따라 계산함
> ② 보험금 산출방법 : 1사고마다 손해액이 자기부담금을 초과하는 경우 보험가입금액을 한도로 손해액에서 자기부담금을 차감하여 계산한다.
> ③ 보험금 = 손해액 − 자기부담금

17. ○○도 △△시 관내 농업용 시설물에서 딸기를 재배하는 A씨, 시금치를 재배하는 B씨, 부추를 재배하는 C씨, 장미를 재배하는 D씨는 모두 농작물재해보험 종합위험방식 원예시설 상품에 가입한 상태에서 자연재해로 시설물이 직접적인 피해를 받았다. 이 때, A, B, C, D씨의 작물에 대한 지급보험금 산출식을 각각 쓰시오. (단, D씨의 장미는 보상하는 재해로 나무가 죽은 경우에 해당함)

> 해설
>
> A씨 보험금(딸기) = 딸기 재배면적 × 딸기 단위면적당 보장생산비 × 경과비율 × 피해율
> B씨 보험금(시금치) = 시금치 재배면적 × 시금치 단위면적당 보장생산비 × 경과비율 × 피해율
> C씨 보험금(부추) = 부추 재배면적 × 부추 단위면적당 보장생산비 × 피해율 × 70%
> D씨 보험금(보상하는 재해로 장미나무가 죽은 경우)
> = 장미 재배면적 × 장미 단위면적당 나무고사 보장생산비 × 피해율

18. 농작물재해보험 원예시설의 1. 자기부담금과 2. 소손해면책금에 대하여 서술하시오.

> **해설**
>
> 1. 자기부담금
>   최소자기부담금(30만원)과 최대자기부담금(100만원)을 한도로 보험사고로 인하여 발생한 손해액의 10%에 해당하는 금액을 자기부담금으로 한다. 단, 피복재단독사고는 최소자기부담금(10만원)과 최대자기부담금(30만원)을 한도로 한다.
>   1) 농업용 시설물과 부대시설 모두를 보험의 목적으로 하는 보험계약은 두 보험의 목적의 손해액 합계액을 기준으로 자기부담금을 산출한다.
>   2) 자기부담금은 단지 단위, 1사고 단위로 적용한다.
>   3) 화재손해는 자기부담금을 미적용한다.(농업용 시설물, 부대시설에 한함)
> 2. 소손해면책금(시설작물 및 버섯작물에 적용) : 보장하는 재해로 1사고당 생산비보험금이 10만원 이하인 경우 보험금이 지급되지 않고, 소손해면책금을 초과하는 경우 손해액 전액을 보험금으로 지급한다.

19. 종합위험 농업용 시설물 및 시설작물에 대해 다음 조건을 보고 물음에 답하시오.

	[보험가입 내역]	[손해평가 내역]
시설작물	○ 시설면적 : 600㎡ ○ 가입면적 : 600㎡ ○ 보험가입비율 : 최대 가입 ○ 재배예정 작물 　▶ 딸기(보장생산비 : 7,800원/㎡) 　▶ 수박(보장생산비 : 10,800원/㎡)	○ 재해 : 태풍 ○ 재배작물 : 수박 ○ 재배면적 : 600㎡ ○ 피해율 : 80% ○ 경과비율 : 60% ○ 작물재배 포기 ○ 농업용시설물 : 피해없음
농업용 시설물	[보험가입 내역] ○ 가입면적 : 600㎡ ○ 설치비용 : 100,000원/㎡ ○ 보험가입비율 : 최대 가입 ○ 감가상각률 : 16% ○ 재조달가액 특별약관 미가입	[손해평가 내역] ○ 재해 : 태풍 ○ 손해액 : 20,000,000원

1) 시설작물에 대해 다음 물음에 답하시오.

　① 보험가입금액을 구하시오.

　② 생산비보장보험금을 구하시오.

2) 농업용 시설물에 대해 다음 물음에 답하시오.

　① 보험가입금액을 구하시오.

　② 농업용 시설물 보험금을 구하시오.

해설

1) 시설작물
　① 보험가입금액 = 600 × 10,800 = 6,480,000원
　② 생산비보장보험금 = 600 × 10,800 × 0.6 × 0.8 = 3,110,400원

> 피해작물 재배면적 × 피해작물 단위면적당 보장생산비 × 경과비율 × 피해율

2) 농업용 시설물
　① 보험가입금액 = (600㎡ × 100,000) × (1 − 0.16) × 1.3 = 65,520,000원
　② 농업용 시설물 보험금 = 20,000,000원 − 1,000,000원 = 19,000,000원

20. 다음 각각의 원예시설 작물에 대한 주어진 자료를 참고하여 두 품목의 피해상황에 따른 지급 보험금을 산출하시오.

구분	A농지	B농지
가입 품목	호박	수박
보장생산비	3,000원	4,000원
재배면적	600㎡	700㎡
피해면적	40㎡	100㎡
경과비율	60%	60%
손해정도비율	100%	100%

※ 피해율 : 소수 다섯째자리에서 반올림 하시오.
※ 두 농지 모두 수확기 이전 사고임
※ 보험금은 원단위 절사하시오

해설

1. A농지 보험금
   = 호박 재배면적 × 호박 단위면적당 보장생산비 × 경과비율 × 피해율
   = 600 × 3,000 × 0.6 × (40 ÷ 600) = 72,000원
   보장하는 재해로 1사고당 생산비보험금이 10만원 이하인 경우 보험금이 지급되지 않는다. 따라서 해당 농지는 보험금이 72,000원으로 산출되어 소손해면책금 10만원 이하이므로 보험금이 지급되지 않는다.

2. B농지 보험금
   = 수박 재배면적 × 수박 단위면적당 보장생산비 × 경과비율 × 피해율
   = 700 × 4,000 × 0.6 × (100 ÷ 700) = 240,000원
   소손해면책금 10만원을 초과하였으므로 109,710원을 보험금으로 전액 지급한다.

21. 화재대물배상책임 특별약관의 ① 가입대상과 ② 지급사유 그리고 ③ 지급한도에 대하여 서술하시오.

해설

① 가입대상 : 이 특별약관은 '화재위험보장 특별약관'에 가입한 경우에 한하여 가입할 수 있다.
② 지급사유 : 피보험자가 보험증권에 기재된 농업용시설물 및 부대시설 내에서 발생한 화재사고로 인하여 타인의 재물을 망가트려 법률상의 배상책임이 발생한 경우
③ 지급한도 : 화재대물배상책임특약 가입금액 한도

22. 표고버섯 확장위험 담보 특별약관에 대해 서술하시오.

> **해설**
> 보상하는 재해에서 정한 규정에도 불구하고, 다음 중 하나 이상에 해당하는 경우에 한하여 자연재해 및 조수해로 입은 손해를 보상한다.
> ㉠ 농업용 시설물(버섯재배사)에 직접적인 피해가 발생하지 않은 자연재해로서 작물피해율이 70% 이상 발생하여 농업용 시설물 내 전체 시설재배 버섯의 재배를 포기하는 경우
> ㉡ 기상청에서 발령하고 있는 기상특보 발령지역의 기상특보 관련 재해로 인해 작물에 피해가 발생한 경우

23. 다음 ( ) 안에 들어갈 말을 쓰시오.

> ○ 손해를 보상하는 경우에는 그 손해액이 (①)에 대하여 (②)인 때에는 이 계약의 보험가입금액은 감액되지 않으며, (③)인 때에는 그 손해보상의 원인이 생긴 때로부터 보험의 목적(농업용시설물, 부대시설)에 대한 계약은 소멸한다. 이 경우 환급보험료는 발생하지 않는다.
> ○ 손해액에는 보상하는 손해의 (④)은 제외한다.

> **해설**
> ① 한 번의 사고
> ② 보험가입금액 미만
> ③ 보험가입금액 이상
> ④ 기타 협력비용

24. 다음은 농업용시설물, 부대시설의 계약 소멸에 대한 내용이다. 각각의 단지에 대한 사고 회차별 손해에 따른 지급 보험금을 산출하고, 보험계약이 유지되는 것과 소멸되는 사유를 쓰시오.

단지	보험가입금액	재해	손해액		협력비용	
			1회차 사고	2회차 사고	1회차 사고	2회차 사고
A단지	80,000,000원	태풍	40,000,000원	35,000,000원	1,2000,000원	900,000원
B단지	60,000,000원	강풍	60,000,000원	1,500,000원	800,000원	없음

※ 각 단지는 모두 복구 완료함
※ 각 단지의 손해액은 농업용시설물과 부대시설에 발생한 손해액을 합산한 금액임

해설

1. A단지 보험금
    1회차 사고 보험금 = (40,000,000원 - 1,000,000원) + 1,2000,000원 = 40,200,000원
    2회차 사고 보험금 = (35,000,000원 - 1,000,000원) + 900,000원 = 34,900,000원
    총 지급 보험금 = 40,200,000원 + 34,900,000원 = 75,100,000원

2. B단지 보험금
    1회차 사고 보험금 = (60,000,000원 - 1,000,000원) + 800,000원 = 59,800,000원
    손해액이 보험가입금액 이상인 때에는 그 손해보상의 원인이 생긴 때로부터 보험의 목적(농업용시설물, 부대시설)에 대한 계약은 소멸한다.

25. 다음 각 시설작물별 10a당 각각 재식밀도를 쓰시오.

품목	시금치	부추	국화	오이	참외
재식밀도(주수)					

해설

품목	시금치	부추	국화	오이	참외
재식밀도(주수)	100,000	62,500	30,000	1,500	600

26. 종합위험보장 원예시설 보험의 계약인수와 관련하여 맞는 내용은 "○"로, 틀린 내용은 "×"로 표기하여 순서대로 나열하시오.

> ① 단동하우스와 연동하우스는 최소가입면적이 200㎡로 같고, 유리온실은 가입면적의 제한이 없다.
> ② 6개월 후에 철거 예정인 고정식 시설은 인수제한 목적물에 해당하지 않는다.
> ③ 작물의 재배면적이 시설면적의 50% 미만인 경우 인수 제한된다.
> ④ 시설백합, 카네이션의 경우 시설별 200㎡ 미만인 경우 인수 제한된다.

해설

① "×"(300㎡) ② "×"(1년 이내에) ③ ○ ④ ○

27. 다음은 종합위험보장 버섯의 농업용시설물, 부대시설 및 표고버섯의 보험가입 사례이다. 농작물재해보험 인수가능 여부와 그 사유를 모두 서술하시오.

> ○ A씨는 목재로 200㎡의 버섯재배사를 짓고, 시설물 한 동 면적의 70%를 원목재배방식으로, 2022년 현재 원목 4년차의 표고버섯을 재배하고 있다.
> ○ 피복재가 훼손되었으며, 1년 후에 산업단지로 지정되어 철거예정이다.
> ○ 현재 정부에서 보험료의 일부를 지원하는 다른 계약에 이미 가입되어 있다.
> ○ A씨는 3년 연속 침수피해를 입어 2022년에는 농작물 재해보험에 가입하려고 한다

해설

1. 인수가능 여부 : 농업용시설물, 부대시설 및 표고버섯 모두 인수가 불가능하다.
2. 해당사유
   ① 버섯재배사의 경우 최소가입면적의 제한이 없으므로, 인수가 가능하지만, 목재로 시공되었으므로 인수가 불가능 하다.
   ② 농업용시설물 한 동 면적의 80% 이상을 버섯재배용으로 사용하여야 가입이 가능하므로 인수가 제한된다.
   ③ 표고버섯의 경우 원목 5년차 이상부터 인수가 제한되는데 원목 4년차이므로 인수가 가능하다.
   ④ 구조체, 피복재 등 목적물이 변형되거나 훼손된 시설은 인수가 제한된다.
   ⑤ 1년 이내에 철거 예정인 고정식 시설이 인수제한 목적물이므로, 1년 후에 산업단지 지정으로 철거예정인 경우에는 인수가 가능하다.
   ⑥ 정부에서 보험료의 일부를 지원하는 다른 계약에 이미 가입되어 있는 경우에는 인수가 제한된다.
   ⑦ 하천부지 및 상습침수지역에 소재한 시설은 인수제한 목적물에 해당한다.
   따라서 ①,②,④,⑥,⑦의 사유로 농작물재해보험에 가입할 수 없다.

28. 다음 보기의 사례에서 농작물재해보험의 계약인수 가능여부를 분화류 국화, 시설백합 및 농업용 시설물로 각각 분류하여 서술하시오.

> 2022년 2월에 아내와 귀농한 A씨는 충북 ○○시 소재, 연동하우스(면적 550㎡)의 60%인 330㎡에는 분화류 국화를 재배하고, 작기당 면적의 40%인 220㎡에는 시설백합을 재배하기 시작하였다. 2022년 4월에 농업용 시설물과 시설작물에 대하여 보험에 가입하고자 한다.

해설

1. 분화류 국화
   작물의 재배면적이 시설면적의 50% 미만인 경우 인수가 제한되지만, 분화류의 국화, 장미, 백합, 카네이션을 재배하는 경우는 50% 미만 여부에 상관없이 인수가 제한된다.
2. 시설백합
   시설백합 또는 시설카네이션의 경우 시설면적의 50% 미만이어도 농업용시설물 1동의 작기당 재배면적이 200㎡ 이상인 경우 인수가 가능하므로, 사례에서 시설백합은 인수가 가능하다.
3. 농업용시설물
   연동 하우스로 보험가입 시 연동 전체를 1동으로 판단하며, 최소가입면적이 300㎡이므로 인수가 가능한 시설물이다.

29. 다음은 종합위험보장 원예시설의 인수제한 목적물에 대한 일부내용이다. ( )에 알맞은 내용을 쓰시오.

> ○ (①), (②) 등 시설작물 경작용으로 사용되지 않는 시설,
>   단 농업용시설물 한 동 면적의 (③)이상을 작물재배용으로 사용하는 경우 가입가능
> ○ 피복재가 없거나 시설작물을 재배하고 있지 않은 시설
>   다만, 지역적 기후특성에 따른 (④)은 제외
> ○ 하천부지 및 상습침수지역에 소재한 시설
>   다만, (⑤)에 가입하여 풍재만은 보장 가능

해설

① 작업동 ② 창고동 ③ 80% ④ 한시적 휴경 ⑤ 수재위험부보장특약

30. 아래는 종합위험보장 버섯 품목의 인수제한목적물에 대한 내용이다. ①~⑦에 알맞은 내용을 쓰시오.

---
(1) 표고버섯
  가. 원목 (①) 이상의 표고버섯
  나. (②), (③) 이외의 방법으로 재배하는 표고버섯
(2) 느타리버섯 : (④), (⑤) 이외의 방법으로 재배하는 느타리버섯
(3) 새송이버섯 : (⑥) 이외의 방법으로 재배하는 새송이버섯
(4) 양송이버섯 : (⑦) 이외의 방법으로 재배하는 양송이버섯

해설

| ① 5년차 | ② 원목재배 | ③ 톱밥배지재배 | ④ 균상재배 |
| ⑤ 병재배 | ⑥ 병재배 | ⑦ 균상재배 | |

제4장 가축재해보험 제도

제1절 사업시행 주요 내용

1. 보험의 목적 등

구 분	내 용						
보험의 목적	① 가축(16종) : 소, 말, 돼지 / 오리, 메추리, 꿩, 닭, 관상조, 거위, 칠면조, 타조, 사슴, 양, 꿀벌, 토끼, 오소리 ② 축산시설물 : 축사, 부속물, 부착물, 부속설비(태양광·태양열 발전시설 제외)						
가입 대상	소		돼지	말	가금	기타가축	축사
	한우·육우·젖소	종모우					
	• 한우·육우·젖소 (생후 15일령 이상 13세미만)	• 한우 • 젖소 • 육우	제한없음 • 종빈돈 • 종모돈 • 비육돈 • 육성돈 (후보돈) • 자돈 • 기타돼지	• 종빈마 • 종모마 • 경주마 • 육성마 • 일반마 • 제주마	• 닭 • 오리 • 꿩 • 메추리 • 타조 • 거위 • 관상조 • 칠면조	• 사슴 (만 2개월 이상) • 양(염소포함) (만 3개월 이상) • 꿀벌 • 토끼 • 오소리	• 가축사육 건물 및 부속설비

보험 가입단위	① 사육하는 가축 및 축사를 전부보험 가입하는 포괄가입제를 원칙
	② 종모우인 소와 말은 개별가입이 가능
	③ 소는 1년 이내 출하 예정인 경우 일부 가입 가능
	    ㉠ 축종별 및 성별 구분 않고 가입시 소 이력제 현황의 70% 이상
	    ㉡ 축종별 및 성별 구분하여 가입시 소 이력제 현황의 80% 이상						

정부지원	대상 : 가축재해보험 목적물을 사육하는 개인 또는 법인
	① 가입자의 납입 보험료의 50% 지원(단, 농업인 또는 법인별 5천만원 한도)
	② 말은 마리당 가입금액 4,000만원 한도 내 보험료의 50%를 지원,
	   4,000만원 초과시 초과금액의 70%까지 50% 지원(외국산 경주마 지원 제외)
	③ 닭(육계·토종닭), 돼지, 오리 축종은 가축재해보험 가입두수가 축산업 허가
	   (등록)증의 가축사육 면적을 기준으로 일정 범위를 초과하는 경우 정부 지원 제외						

보험금 지급	① 재해보험사업자는 계약자(피보험자)가 재해발생 사실 통지 시 지체없이 지급할 보험금을 결정하고, 지급할 보험금이 결정되면 7일 이내에 보험금 지급 ② 지급할 보험금이 결정되기 전이라도 피보험자의 청구가 있을 때에는 재해보험 사업자가 추정한 보험금의 50% 상당액을 가지급금으로 지급						

2. 보상하는 재해의 범위 및 축종별 보장수준(2022년 기준)

축종		보상하는 재해	보장수준(%)					
			60	70	80	90	95	100
소	주계약	① 질병 또는 사고로 인한 폐사 → 가축전염병예방법 제2조 제2항에서 정한 가축전염병 제외 ② 긴급도축 → 부상(경추골절·사지골절·탈구), 난산, 산욕마비, 급성고창증, 젖소의 유량감소 등으로 즉시 도살해야 하는 경우 ③ 도난·행방불명(종모우 제외) ④ 경제적도살(종모우 한정)	○	○	○	-	-	-
	특약	도체결함	-	-	○	-	-	-
돼지	주계약	자연재해(풍재·수재·설해·지진), 화재로 인한 폐사	-	-	○	○	○	-
	특약	질병위험, 전기적장치위험, 폭염	보험금의 10%, 20%, 30%, 40% 또는 200만원 중 큰 금액					
가금	주계약	자연재해(풍재·수재·설해·지진), 화재로 인한 폐사	○	○	○	○	-	-
	특약	전기적장치위험, 폭염	보험금의 10%, 20%, 30%, 40% 또는 200만원 중 큰 금액					
말	주계약	① 질병 또는 고로 인한 폐사 → 가축전염병예방법 제2조 제2항에서 정한 가축전염병 제외 ② 긴급도축 → 부상(경추골절·사지골절·탈구), 난산, 산욕마비, 산통, 경주마 중 실명으로 즉시 도살해야 하는 경우 ③ 불임(암컷)	-	-	○	○	○	-
	특약	씨수말 번식첫해 불임, 운송위험, 경주마 부적격	-	-	○	○	○	-
기타가축	주계약	자연재해(풍재·수재·설해·지진), 화재로 인한 폐사	○	○	○	○	-	-
	특약	(사슴, 양) 폐사·긴급도축 확장보장	○	○	○	○	-	-
		(꿀벌) 부저병·낭충봉아부패병으로 인한 폐사	○	○	○	○	-	-
축사	주계약	자연재해(풍재·수재·설해·지진), 화재로 인한 손해	-	-	-	○	○	○
	특약	설해손해 부보장(돈사·가금사에 한함)	-	-	-	-	-	-
공통특약		구내폭발위험, 화재대물배상책임	-	-	-	-	-	-

제2절 가축재해보험 약관

1. 부문별 보험의 목적

부 문	내 용	

소	① 보험기간 중에 계약에서 정한 수용장소에서 사육하는 소를 한우, 육우, 젖소로 분류하여 보험의 목적으로 함
	② 보험기간 중에 계약에서 정한 소의 수용장소에서 사육하는 소는 모두 보험에 가입하여야 함
	③ 1년 이내 출하 예정인 다음의 경우 포괄가입으로 간주
	   ㉠ 축종별 및 성별을 구분 않고 보험가입시 소 이력제 현황의 70%이상인 경우
	   ㉡ 축종별 및 성별을 구분하여 보험가입시 소 이력제 현황의 80%이상인 경우
	④ 생후 15일령부터 13세 미만까지 가입 가능(가입하는 소는 모두 귀표 부착)	

종모우	① 보험기간 중에 계약에서 정한 수용장소에서 사육하는 종모우(씨수소)를 한우, 육우, 젖소로 분류하여 보험의 목적으로 함 ② 종모우 : 능력이 우수하여 자손생산을 위해 정액을 이용하여 인공수정에 사용되는 수소	
말	① 보험기간 중에 계약에서 정한 수용장소에서 사육하는 말을 종마(종모마, 종빈마), 경주마(육성마 포함), 일반마로 분류하여 보험의 목적으로 함 ② 종마 : 우수한 형질의 유전인자를 갖는 말을 생산할 목적으로 외모, 체형, 능력 등이 뛰어난 마필을 번식용으로 쓰기 위해 사육하는 씨말 ③ 경주마 : 경주용으로 개량된 말과 경마에 출주하는 말을 총칭	
돼지	보험기간 중에 계약에서 정한 수용장소에서 사육하는 돼지를 종모돈, 종빈돈, 비육돈, 육성돈(후보돈 포함), 자돈, 기타 돼지로 분류하여 보험의 목적으로 함	
	포유자돈	출산에서 약 4주차까지가 포유기간으로 어미돼지의 모유를 섭취
	이유자돈	약 4주차~8주차까지가 자돈기간으로 어미돼지와 떨어져서 이유식에 해당하는 자돈사료를 섭취
	육성돈	약 8주차 ~ 22주차까지가 육성기간으로 근육이 생성되는 급격한 성장기
	비육돈	약 22주차 ~ 26주차까지가 비육기간으로 출하를 위하여 근내지방을 침착시키는 시기
	종돈	① 번식을 위하여 기르는 돼지 ② 종돈(종모돈, 종빈돈)은 통상 육성돈 단계에서 선발 과정을 거쳐서 후보돈으로 선발되어 종돈으로 쓰이게 된다.
가금	① 보험기간 중에 계약에서 정한 수용장소에서 사육하는 가금을 닭, 오리, 꿩, 메추리, 칠면조, 거위, 타조, 관상조로 분류하여 보험의 목적으로 함 ② 닭은 종계, 육계, 산란계, 토종닭 및 그 연관 닭을 모두 포함	
축사	보험기간 중에 계약에서 정한 가축을 수용하는 건물 및 가축사육과 관련된 건물을 보험의 목적으로 함	
	건물의 부속물	피보험자 소유인 칸막이, 대문, 담, 곳간 및 이와 비슷한 것
	건물의 부착물	피보험자 소유인 게시판, 네온싸인, 간판, 안테나, 선전탑 및 이와 비슷한 것
	건물의 부속설비	피보험자 소유인 전기가스설비, 급배수설비, 냉난방설비, 급이기, 통풍설비 등 건물의 주 용도에 적합한 부대시설 및 이와 비슷한 것
	건물의 기계장치	착유기, 원유냉각기, 가금사의 기계류(케이지, 부화기, 분류기 등) 및 이와 비슷한 것

2. 부문별 보상하는 손해

가. 소 부문(종모우 부문 포함)

구 분		보상하는 손해	자기부담금
주계약	한우 육우 젖소	① 법정전염병을 제외한 질병 또는 각종사고 (풍·수·설 등 자연재해, 화재)로 인한 폐사 ② 부상(경추골절, 사지골절, 탈구·탈골), 난산, 산욕마비, 급성고창증 및 젖소유량감소로 긴급도축을 하여야 하는 경우 ③ 가축 사체 잔존물 처리비용 ④ 소 도난 및 행방불명에 의한 손해 ※ 젖소유량감소는 유방염, 불임 및 각종 대사성 질병으로 인하여 젖소로서의 경제적 가치가 없는 경우에 한함 ※ 신규가입일 경우 가입일로부터 1개월 이내 질병관련 사고(긴급도축 제외)는 보상하지 아니한다. ※ 도난손해는 보험증권에 기재된 보관장소 내에 보관되어 있는 동안에 불법침입자, 절도 또는 강도의 도난행위로 입은 직접 손해(가축의 상해, 폐사 포함)에 한함	약관에 따라 계산한 금액의 20%, 30%, 40%
	종모우	① 연속 6주 동안 정상적으로 정액을 생산하지 못하고, 종모우로서의 경제적 가치가 없다고 판정 시 ※ 정액생산은 6주 동안 일주일에 2번에 걸쳐 정액을 채취한 후 이를 근거로 경제적 도살여부 판단 ② 그 외 보상하는 사고는 위와 동일	보험금의 20%
	축사	① 화재(벼락 포함)에 의한 손해 ② 화재(벼락 포함)에 따른 소방손해 ③ 풍재, 수재, 설해, 지진에 의한 손해 ④ 화재(벼락 포함) 및 풍재, 수재, 설해, 지진에 의한 피난 손해 ⑤ 잔존물 제거비용	풍·수·설·지: 지급보험금 계산 방식에 따라 계산한 금액에 0%, 5%, 10%을 곱한 금액 또는 50만원 중 큰 금액 화재 : 지급보험금 계산 방식에 따라 계산한 금액에 자기부담비율 0%, 5%, 10%를 곱한 금액
특별약관	소 도체결함 보장	도축장에서 도축되어 경매시까지 발견된 도체의 결함 (근출혈, 수종, 근염, 외상, 근육제거, 기타 등)으로 손해액이 발생한 경우	약관에 따라 계산한 금액의 20%
	협정 보험가액	협의 평가로 보험 가입한 금액 ※ 시가와 관계없이 가입금액을 보험가액으로 평가	주계약, 특약조건 준용
	화재대물 배상책임	축사 화재로 인해 인접 농가에 피해가 발생한 경우	-

나. 돼지 부문

구 분		보상하는 손해	자기부담금
주계약	돼지	① 화재 및 풍재, 수재, 설해, 지진에 의한 손해 ② 화재 및 풍재, 수재, 설해, 지진 발생시 방재 또는 긴급피난에 필요한 조치로 목적물에 발생한 손해 ③ 가축 사체 잔존물 처리 비용	약관에 따라 계산한 금액의 5%, 10%, 20%
	축사	① 화재(벼락 포함)에 의한 손해 ② 화재(벼락 포함)에 따른 소방손해 ③ 풍재, 수재, 설해, 지진에 의한 손해 ④ 화재(벼락 포함) 및 풍재, 수재, 설해, 지진에 의한 피난 손해 ⑤ 잔존물 제거비용	풍·수·설·지: 지급보험금 계산 방식에 따라 계산한 금액에 0%, 5%, 10%을 곱한 금액 또는 50만원 중 큰 금액 화재 : 지급보험금 계산 방식에 따라 계산한 금액에 자기부담비율 0%, 5%, 10%를 곱한 금액
특별약관	질병위험보장	TGE, PED, Rota virus에 의한 손해 ※ 신규가입일 경우 가입일로부터 1개월 이내 질병 관련 사고는 보상하지 아니한다.	보험금의 10%, 20%, 30%, 40% 또는 200만원 중 큰 금액
	전기적장치 위험보장	전기장치가 파손되어 온도의 변화로 가축 폐사 시	
	폭염재해보장	폭염에 의한 가축 피해 보상	
	축산휴지 위험보장	주계약 및 특별약관에서 보상하는 사고의 원인으로 축산업이 휴지되었을 경우에 생긴 손해액	-
	협정보험가액	협의 평가로 보험 가입한 금액 ※ 시가와 관계없이 가입금액을 보험가액으로 평가	주계약, 특약조건 준용
	설해손해 부보장	설해에 의한 손해는 보장하지 않음 ※ 축사보험료의 4.9% 할인	-
	화재대물 배상책임	축사 화재로 인해 인접 농가에 피해가 발생한 경우	-

※ 폭염재해보장 특약은 전기적장치위험보장특약 가입자에 한하여 가입 가능

※ 화재 및 풍재, 수재, 설해, 지진 손해는 사고 발생 때부터 120시간(5일) 이내에 폐사되는 보험목적에 한하여 보상하며 다만, 재해보험사업자가 인정하는 경우에 한하여 사고 발생 때부터 120시간(5일) 이후에 폐사되어도 보상한다.

다. 가금 부문

구 분		보상하는 사고	자기부담금
주계약	가금	① 화재 및 풍재, 수재, 설해, 지진에 의한 손해 ② 화재 및 풍재, 수재, 설해, 지진 발생시 방재 또는 긴급피난에 필요한 조치로 목적물에 발생한 손해 ③ 가축 사체 잔존물 처리 비용	약관에 따라 계산한 금액의 5%, 10%, 20%, 30%, 40%
	축사	① 화재(벼락 포함)에 의한 손해 ② 화재(벼락 포함)에 따른 소방손해 ③ 풍재, 수재, 설해, 지진에 의한 손해 ④ 화재(벼락 포함) 및 풍재, 수재, 설해, 지진에 의한 피난 손해 ⑤ 잔존물 제거비용	풍·수·설·지: 지급보험금 계산 방식에 따라 계산한 금액에 0%, 5%, 10%을 곱한 금액 또는 50만원 중 큰 금액 화재 : 지급보험금 계산 방식에 따라 계산한 금액에 자기부담비율 0%, 5%, 10%를 곱한 금액
특별약관	전기적장치 위험보장	전기장치가 파손되어 온도의 변화로 가축 폐사 시	약관에 따라 계산한 금액의 10%, 20%, 30%, 40% 또는 200만원 중 큰 금액
	폭염재해 보장	폭염에 의한 가축 피해 보상	
	협정보험 가액	협의 평가로 보험 가입한 금액 ※ 시가와 관계없이 가입금액을 보험가액으로 평가	주계약, 특약조건 준용
	설해손해 부보장	설해에 의한 손해는 보장하지 않음 ※ 축사보험료의 9.4% 할인	-
	화재대물 배상책임	축사 화재로 인해 인접 농가에 피해가 발생한 경우	-

※ 폭염재해보장 특약은 전기적장치위험보장특약 가입자에 한하여 가입 가능

※ 화재 및 풍재, 수재, 설해, 지진 손해(폭염제외)는 사고 발생 때부터 120시간(5일) 이내에 폐사되는 보험목적에 한하여 보상하며 다만, 재해보험사업자가 인정하는 경우에 한하여 사고 발생 때부터 120시간(5일) 이후에 폐사되어도 보상한다.

※ 폭염손해는 폭염특보 발령 전 24시간(1일) 전부터 해제 후 24시간(1일) 이내에 폐사되는 보험목적에 한하여 보상하고 폭염특보는 보험목적의 수용 장소(소재지)에 발표된 해당 지역별 폭염특보를 적용하며 보험기간 종료일까지 폭염특보가 해제되지 않을 경우 보험기간 종료일을 폭염특보 해제일로 본다. 폭염특보는 일 최고 체감온도를 기준으로 발령되는 기상경보로 주의보와 경보로 구분되며 주의보와 경보 모두 폭염특보로 본다.

라. 말 부문

구 분		보상하는 사고	자기부담금
주계약	경주마, 육성마, 종빈마, 종모마, 일반마, 제주마	① 법정전염병을 제외한 질병 또는 각종 사고(풍해·수해·설해 등 자연재해, 화재)로 인한 폐사 ② 부상(경추골절, 사지골절, 탈골·탈구), 난산, 산욕마비, 산통, 경주마의 실명으로 긴급도축 하여야하는 경우 ③ 불임 ④ 가축 사체 잔존물 처리비용 ※ 불임은 임신 가능한 암컷말(종빈마)의 생식기관의 이상과 질환으로 인하여 발생하는 영구적인 번식 장애를 의미	■ 약관에 따라 계산한 금액의 20% 단, 경주마(육성마)는 • 경마장 외 30%, • 경마장 내 5%, 10%, 20% 중 선택
	축사	① 화재(벼락 포함)에 의한 손해 ② 화재(벼락 포함)에 따른 소방손해 ③ 풍재, 수재, 설해, 지진에 의한 손해 ④ 화재(벼락 포함) 및 풍재, 수재, 설해, 지진에 의한 피난 손해 ⑤ 잔존물 제거비용	풍·수·설·지: 지급보험금 계산 방식에 따라 계산한 금액에 0%, 5%, 10%을 곱한 금액 또는 50만원 중 큰 금액 화재 : 지급보험금 계산 방식에 따라 계산한 금액에 자기부담비율 0%, 5%, 10%를 곱한 금액
특별약관	말 운송위험 확장보장	말 운송 중 발생되는 주계약 보상사고	-
	경주마 부적격	경주마 부적격 판정을 받은 경우 보상	-
	화재대물 배상책임	축사 화재로 인해 인접 농가에 피해가 발생한 경우	-

마. 기타 가축 부문

구 분		보상하는 사고	자기부담금
주계약	사슴, 양, 오소리, 꿀벌, 토끼	① 화재 및 풍재, 수재, 설해, 지진에 의한 손해 ② 화재 및 풍재, 수재, 설해, 지진 발생시 방재 또는 긴급피난에 필요한 조치로 목적물에 발생한 손해 ③ 가축 사체 잔존물 처리 비용	약관에 따라 계산한 금액의 5%, 10%, 20%, 30%, 40%
	축사	① 화재(벼락 포함)에 의한 손해 ② 화재(벼락 포함)에 따른 소방손해 ③ 풍재, 수재, 설해, 지진에 의한 손해 ④ 화재(벼락 포함) 및 풍재, 수재, 설해, 지진에 의한 피난 손해 ⑤ 잔존물 제거비용	풍·수·설·지: 지급보험금 계산 방식에 따라 계산한 금액에 0%, 5%, 10%을 곱한 금액 또는 50만원 중 큰 금액 화재 : 지급보험금 계산 방식에 따라 계산한 금액에 자기부담비율 0%, 5%, 10%를 곱한 금액
특별약관	폐사·긴급도축 확장보장 특약 (사슴,양 자동부가)	① 법정전염병을 제외한 질병 또는 각종 사고 (풍해·수해·설해 등 자연재해, 화재)로 인한 폐사 ② 부상(사지골절, 경추골절, 탈골), 산욕마비, 난산으로 긴급도축을 하여야 하는 경우 ※ 신규가입일 경우 가입일로부터 1개월 이내 질병관련 사고(긴급도축 제외)는 보상 않음	약관에 따라 계산한 금액의 5%, 10%, 20%, 30%, 40%
	꿀벌 낭충봉아 부패병	벌통의 꿀벌이 낭충봉아부패병으로 폐사(감염 벌통 소각 포함)한 경우	약관에 따라 계산한 금액의 5%, 10%, 20%, 30%, 40%
	꿀벌 부저병 보장특약	벌통의 꿀벌이 부저병으로 폐사(감염 벌통 소각 포함)한 경우	
	화재 대물배상	축사화재로 인해 인접 농가에 피해가 발생한 경우	-

※ 화재 및 풍재, 수재, 설해, 지진 손해(폭염제외)는 사고 발생 때부터 120시간(5일) 이내에 폐사되는 보험목적에 한하여 보상하며 다만, 재해보험사업자가 인정하는 경우에 한하여 사고 발생 때부터 120시간(5일) 이후에 폐사되어도 보상한다.

※ 꿀벌의 경우는 아래와 같은 벌통에 한하여 보상한다.
  ① 서양종(양봉)은 꿀벌이 있는 상태의 소비(巢脾)가 3매 이상 있는 벌통
  ② 동양종(토종벌, 한봉)은 봉군(蜂群)이 있는 상태의 벌통

바. 축사 부문

※ 보상하는 손해
① 보험의 목적이 화재 및 풍재·수재·설해·지진으로 입은 직접손해
② 피난 과정에서 발생하는 피난손해
③ 화재진압 과정에서 발생하는 소방손해
④ 약관에서 규정하고 있는 비용손해

(1) 화재에 따른 손해
(2) 화재에 따른 소방손해
(3) 태풍, 홍수, 호우, 강풍, 풍랑, 해일, 조수, 우박, 지진, 분화 및 이와 비슷한 풍재 또는 수재로 입은 손해
(4) 설해에 따른 손해
(5) 화재 또는 풍재·수재·설해·지진에 따른 피난손해
 (피난지에서 보험기간 내의 5일 동안에 생긴 상기 손해 포함)

※ 지진 피해의 경우 아래의 최저기준을 초과하는 손해를 담보한다.
① 기둥 또는 보 1개 이하를 해체하여 수선 또는 보강하는 것
② 지붕틀의 1개 이하를 해체하여 수선 또는 보강하는 것
③ 기둥, 보, 지붕틀, 벽 등에 2m 이하의 균열이 발생한 것
④ 지붕재의 2㎡ 이하를 수선하는 것

① 사고 현장에서의 잔존물의 해체비용, 청소비용 및 차에 싣는 비용인 잔존물제거비용은 손해액의 10%를 한도로 지급보험금 계산방식에 따라서 보상
② 잔존물제거비용에 사고 현장 및 인근 지역의 토양, 대기 및 수질 오염물질 제거비용과 차에 실은 후 폐기물 처리비용은 포함되지 않음
③ 보상하지 않는 위험으로 보험의 목적이 손해를 입거나 관계 법령에 의하여 제거됨으로써 생긴 손해에 대하여는 보상하지 않는다.

사. 비용손해

1. 잔존물 처리비용	① 보험목적물이 폐사한 경우 사고 현장에서의 잔존물의 견인비용 및 차에 싣는 비용(사고 현장 및 인근 지역의 토양, 대기 및 수질 오염물질 제거 비용과 차에 실은 후 폐기물 처리비용은 포함하지 않는다.(적법한 시설에서의 렌더링비용은 포함). ② 보장하지 않는 위험으로 보험의 목적이 손해를 입거나 관계 법령에 의하여 제거됨으로써 생긴 손해에 대하여는 보상하지 않는다.
2. 손해방지비용	보험사고가 발생 시 손해의 방지 또는 경감을 위하여 지출한 필요 또는 유익한 비용을 손해방지비용으로 보상한다 다만 약관에서 규정하고 있는 보험 목적의 관리의무를 위하여 지출한 비용은 제외한다.
3. 대위권 보전비용	재해보험사업자가 보험사고로 인한 피보험자의 손실을 보상해주고, 피보험자가 보험사고와 관련하여 제3자에 대하여 가지는 권리가 있는 경우 보험금을 지급한 재해보험사업자는 그 지급한 금액의 한도에서 그 권리를 법률상 당연히 취득하게 되며 이와 같이 보험사고와 관련하여 제3자로부터 손해의 배상을 받을 수 있는 경우에는 그 권리를 지키거나 행사하기 위하여 지출한 필요 또는 유익한 비용을 보상한다.
4. 잔존물 보전비용	보험사고로 인해 멸실된 보험목적물의 잔존물을 보전하기 위하여 지출한 필요 또는 유익한 비용으로 이러한 잔존물을 보전하기 위하여 지출한 필요 또는 유익한 비용을 보상한다. 그러나 잔존물 보전비용은 재해보험사업자가 보험금을 지급하고 잔존물을 취득할 의사표시를 하는 경우에 한하여 지급한다.
5. 기타 협력비용	재해보험사업자의 요구에 따라 지출한 필요 또는 유익한 비용을 보상한다.

3. 부문별 보상하지 않는 손해

부 문	내 용
공통	(1) 계약자, 피보험자 또는 이들의 법정대리인의 고의 또는 중대한 과실 (2) 계약자 또는 피보험자의 도살 및 위탁 도살에 의한 가축 폐사로 인한 손해 (3) 가축전염병예방법 제2조에서 정하는 가축전염병에 의한 폐사로 인한 손해 및 정부 및 공공기관의 살처분 또는 도태 권고로 발생한 손해 (4) 보험목적이 유실 또는 매몰되어 보험목적을 객관적으로 확인할 수 없는 손해. 다만, 풍수해 사고로 인한 직접손해 등 재해보험사업자가 인정하는 경우에는 보상 (5) 원인의 직접, 간접을 묻지 않고 전쟁, 혁명, 내란, 사변, 폭동, 소요, 노동쟁의, 기타 이들과 유사한 사태로 인한 손해 (6) 지진의 경우 보험계약일 현재 이미 진행 중인 지진(본진,여진 포함)으로 인한 손해 (7) 핵연료 물질 또는 핵연료 물질에 의하여 오염된 물질의 방사성, 폭발성 그 밖의 유해한 특성 또는 이들의 특성에 의한 사고로 인한 손해 (8) 이외의 방사선을 쬐는 것 또는 방사능 오염으로 인한 손해 (9) 계약체결 시점 현재 기상청에서 발령하고 있는 기상특보 발령 지역의 기상특보 관련 재해(풍, 수,설,지, 폭염)로 인한 손해

소	(1) 사료 공급 및 보호, 피난처 제공, 수의사의 검진, 소독 등 사고의 예방 및 손해의 경감을 위하여 당연하고 필요한 안전대책을 강구하지 않아 발생한 손해
	(2) 계약자 또는 피보험자가 보험가입 가축의 번식장애, 경제능력저하 또는 전신쇠약, 성장지체·저하에 의해 도태시키는 경우. 다만, 유유방염, 불임 및 각종 대사성 질병으로 인하여 수의학적으로 유량감소가 예견되어 젖소로서의 경제적 가치가 없다고 판단이 확실시 되는 경우의 도태는 보상
	(3) 개체 표시인 귀표가 오손, 훼손, 멸실되는 등 목적물을 객관적으로 확인할 수 없는 상태에서 발생한 손해
	(4) 외과적 치료행위로 인한 폐사 손해. 다만, 보험목적의 생명 유지를 위하여 질병, 질환 및 상해의 치료가 필요하다고 자격 있는 수의사가 확인하고 치료한 경우 제외
	(5) 독극물의 투약에 의한 폐사 손해
	(6) 정부, 공공기관, 학교 및 연구기관 등에서 학술 또는 연구용으로 공여하여 발생된 손해. 다만, 재해보험사업자의 승낙을 얻은 경우에는 제외
	(7) 보상하는 손해 이외의 사고로 재해보험사업자 등 관련 기관으로부터 긴급 출하 지시를 통보 받았음에도 불구하고 계속하여 사육 또는 치료하다 발생된 손해 및 자격 있는 수의사가 도살하여야 할 것으로 확인하였으나 이를 방치하여 발생한 손해
	(8) 제1회 보험료 등을 납입한 날의 다음월 응당일(다음 월 응당일이 없는 경우 다음 월 마지막 날) 이내에 발생한 긴급도축과 화재·풍수해에 의한 직접손해 이외의 질병 등에 의한 폐사로 인한 손해. 보험기간 중에 계약자가 보험목적을 추가하고 그에 해당하는 보험료를 납입한 경우에도 같음.
	(9) 도난 손해의 경우 일정사유
	  ① 도난 손해가 생긴 후 30일 이내에 발견하지 못한 손해
	  ② 보관장소를 72시간 이상 비워둔 동안 생긴 도난 손해
	  ③ 보험의 목적이 보관장소를 벗어나 보관되는 동안에 생긴 도난 손해 등

종모우	(1) ~ (8) : 소 동일 (9) 보험목적이 도난 또는 행방불명된 경우
말	(1) ~ (8) : 소 동일 (9) 보험목적이 도난 또는 행방불명된 경우
돼지	(1) 댐 또는 제방 등의 붕괴로 생긴 손해. 다만, 붕괴가 보상하는 손해에서 정한 위험 (화재 및 풍, 수,설,지)으로 발생된 손해는 보상 (2) 바람, 비, 눈, 우박 또는 모래먼지가 들어옴으로써 생긴 손해. 다만, 보험의 목적이 들어 있는 건물이 풍재·수재·설해·지진으로 직접 파손되어 보험의 목적에 생긴 손해는 보상 (3) 추위, 서리, 얼음으로 생긴 손해 (4) 발전기, 여자기, 변류기, 변압기, 전압조정기, 축전기, 개폐기, 차단기, 피뢰기, 배전반 및 그 밖의 전기장치 또는 설비의 전기적 사고로 생긴 손해. 그러나 그 결과로 생긴 화재손해는 보상 (5) 화재 및 풍재·수재·설해·지진 발생으로 방재 또는 긴급피난 시 피난처에서 사료공급, 보호, 환기, 수의사의 검진, 소독 등 사고의 예방 및 손해의 경감을 위하여 당연하고 필요한 안전대책을 강구하지 않아 발생한 손해 (6) 모돈의 유산으로 인한 태아 폐사 또는 성장 저하로 인한 직·간접 손해 (7) 보험목적이 도난 또는 행방불명된 경우
가금	(1) ~ (5) : 돼지와 동일 (6) 성장 저하, 산란율 저하로 인한 직·간접 손해 (7) 보험목적이 도난 또는 행방불명된 경우
기타 가축	(1) ~ (5) ; 돼지와 동일 (6) 10kg 미만(1마리 기준)의 양이 폐사하여 발생한 손해 (7) 벌의 경우 CCD(Colony Collapse Disorder : 벌떼폐사장애), 농약, 밀원수(蜜原樹)의 황화현상(黃化現象), 공사장의 소음, 전자파로 인하여 발생한 손해 및 꿀벌의 손해가 없는 벌통만의 손해 (8) 보험목적이 도난 또는 행방불명된 경우
축사	돼지 (2) ~ (4)와 동일 ① 화재 또는 풍재·수재·설해·지진 발생 시 도난 또는 분실로 생긴 손해 　보험의 목적이 발효, 자연발열 또는 자연발화로 생긴 손해. 그러나 자연발열 또는 자연발화로 연소된 다른 보험의 목적에 생긴 손해는 보상 ② 풍재·수재·설해·지진과 관계없이 댐 또는 제방이 터지거나 무너져 생긴 손해 ③ 풍재의 직접, 간접에 관계 없이 보험의 목적인 네온사인 장치에 전기적 사고로 생긴 손해 및 건식 전구의 필라멘트 만에 생긴 손해 ④ 국가 및 지방자치단체의 명령에 의한 재산의 소각 및 이와 유사한 손해

제3절 특별약관

1. 일반조항 특별약관

부문	일반조항 특별약관
공통	공동인수 특별약관
	지정대리청구서비스 특별약관
	보험료분납 특별약관
	화재대물배상책임 특별약관
	동물복지인증계약 특별약관
	구내폭발위험보장 특별약관
소	협정보험가액 특별약관 (유량검정젖소 가입 시)
돼지	협정보험가액 특별약관 (종돈 가입 시)
가금	협정보험가액 특별약관

[협정보험가액 특약]
① 특별약관에서 적용하는 가축에 대하여 계약체결시 재해보험사업자와 계약자 또는 피보험자와 협의하여 정한 보험가입금액을 보험기간 중에 보험가액으로 한다는 기평가보험 특약
② 적용 가축 : 종빈우, 종모돈, 종빈돈, 자돈(포유돈, 이유돈), 종가금, 유량검정젖소

> ※ 유량검정젖소란
> ① 젖소개량사업소의 검정사업에 참여하는 농가 중에서 일정한 요건을 충족하는 농가(직전 월의 305일 평균유량 10,000kg 이상, 평균 체세포수 30만 마리 이하)의 소(최근 산차 305일 유량이 11,000kg 이상, 체세포수 20만 마리 이하)를 의미
> ② 요건을 충족하는 유량검정젖소는 시가에 관계없이 협정보험가액 특약으로 보험가입 가능

2. 각 부문별 특별약관

부문	특별약관
소	소도체결함보장 특별약관 : 도축 후 경매 시까지 발견된 손해보상
돼지	질병위험보장 특별약관 ① 전염성위장염(TGE), 돼지유행성설사병(PED), 로타바이러스감염증 ② 보험기간 중에 3가지 질병을 직접적인 원인으로 폐사하거나, 보험기간 종료일 이전에 질병의 발생을 서면 통지한 후 30일 이내에 폐사한 경우 그 손해를 보상
	축산휴지위험보장 특별약관 : 보상하는 사고의 원인으로 구내 가축의 보험금 지급이 확정되고 피보험자가 영위하는 축산업이 중단 또는 휴지되었을 때 생긴 손해액을 보상
돼지 가금	전기적장치 위험보장 특별약관 : 보험자가 인정하는 특별한 경우를 제외하고 사고 발생한 때로부터 24시간 이내에 폐사된 보험목적에 한하여 보상
	폭염재해보장 추가특별약관 : 보험목적 수용장소 지역에 발효된 폭염특보의 발령 전 24시간(1일) 전부터 해제 후 24시간(1일) 이내에 폐사되는 보험목적에 한하여 보상하며 보험기간 종료일까지 폭염특보가 해제되지 않은 경우에는 보험기간 종료일을 폭염특보 해제일로 본다. ※ 전기적장치 특별약관 가입자만 가입가능
말	씨수말 번식첫해 선천성 불임 확장보장 특별약관
	말 운송위험 확장보장 특별약관 수탁물이 수하인에게 인도된 후 14일을 초과하여 발견된 손해는 미보상
	경주마 부적격 특별약관(경주마, 제주마, 육성마 가입 시 자동 담보) 보험의 목적인 경주마가 경주마 부적격 판정 이후 종모마 혹은 종빈마로 용도가 변동된 경우에는 미보상
	경주마 보험기간 설정에 관한 특별약관 : 1개월 이내의 질병 등에 의한 폐사도 보상
기타 가축	폐사·긴급도축 확장보장 특별약관
	꿀벌 낭충봉아부패병보장 특별약관
	꿀벌 부저병보장 특별약관
축사	설해손해 부보장 추가특별약관 돈사, 가금사에 한하여 가입 가능(돈사 4.9%, 가금사 9.4% 할인)

[가축별 주계약 가입 여부]

구 분	소 (한,육,젖)	소 (종모우)	돼지	말	가금류	기타가축
각종사고(풍, 수, 설, 지 등 / 화재)	○	○		○		
풍, 수, 설, 지 / 화재			○		○	○
질병(전염병 제외 모든 질병)	○	○		○		
긴급도축	○	○		○		
도난	○					
불임				○		
폭염	○	○		○		
축사	○	○	○	○	○	○
가축 사체 잔존물 처리비용	○	○	○	○	○	○

※ 긴급도축
- 소 : 부상(사지골절, 경추골절, 탈골), 난산, 산욕마비, 급성고창증, 젖소유량감소
- 말 : 부상, 난산, 산욕마비, 산통, 경주마의 실명
- 사슴·양 : 부상, 산욕마비, 난산

[각 부문별 특약가입 여부]

구 분	소	돼지	말	가금류	기타가축
화재대물배상 특약	○	○	○		○
전기적장치 위험보장 특약		○		○	
축사(설해손해 부보장 추가특약)		○ (돈사)		○ (가금사)	
폭염재해보장 특약		○		○	
축산휴지위험보장 특약		○			
질병위험보장 특약 (TGE, PED, Rota virus)		○			
소도체결함보장 특약	○				
폐사·긴급도축 확장보장 특약					○ (사슴·양)
낭충봉아부패병·부저병 특약					○ (꿀벌)
말운송위험, 경주마 부적격 씨수말 번식 첫해 선천성 불임, 경주마 보험기간 등			○		

문제로 확인하기

01. 농작물재해보험의 가축재해 관련 용어의 정의로 (   )에 들어갈 내용을 쓰시오.

> ○ (①) : 태풍, 홍수, 호우, 강풍, 풍랑, 해일, 대설, 조수, 우박, 지진, 분화 등으로 인한 피해
> ○ (②) : 보험의 목적의 손해로 인하여 불가피하게 발생한 전부 또는 일부의 축산업 중단되어 발생한 사업이익과 보상위험에 의한 손해가 발생하지 않았을 경우 예상되는 사업이익의 차감금액을 말한다.
> ○ (③) : 도축장에서 도축되어 경매시까지 발견된 도체의 결함이 경락가격에 직접적인 영향을 주어 손해 발생한 경우

해설

① 풍재·수재·설해·지진   ② 축산휴지손해   ③ 소(牛)도체결함

02. 농작물재해보험의 가축질병 관련 용어의 정의로 (   )에 들어갈 내용을 쓰시오.

> ○ (①) : Coronavirus 속에 속하는 전염성 위장염 바이러스의 감염에 의한 돼지의 전염성 소화기병. 구토, 수양성 설사, 탈수가 특징으로 일령에 관계없이 발병하며 자돈일수록 폐사율이 높게 나타남, 주로 추운 겨울철에 많이 발생하며 전파력이 높음
> ○ (②) : Coronavirus에 의한 자돈의 급성 유행성설사병으로 포유자돈의 경우 거의 100%의 치사율을 나타냄(로타바이러스감염증). 레오바이러스과의 로타바이러스 속의 돼지로타바이러스가 병원체이며, 주로 2~6주령의 자돈에서 설사를 일으키며 3주령부터 폐사가 더욱 심하게 나타남
> ○ (③) : 조류의 특유 병원체가 종란에 감염하여 부화 후 초생추에서 병을 발생시키는 질병(추백리 등)

해설

① 돼지 전염성 위장염(TGE)   ② 돼지 유행성설사병(PED)   ③ 난계대 전염병

03. 농작물재해보험의 기타 축산 관련 용어의 정의로 ( )에 들어갈 내용을 쓰시오.

> ○ (①) : 가축의 생산이나 사육·사료공급·가공·유통의 기능을 연계한 일체의 통합 경영활동을 의미
> ○ (②) : 어미돼지 1두가 1년간 생산한 돼지 중 출하체중(110kg)이 될 때까지 생존하여 출하한 마리 수
> ○ (③) : 소의 출생부터 도축, 포장처리, 판매까지의 정보를 기록·관리하여 위생·안전에 문제가 발생할 경우 이를 확인하여 신속하게 대처하기 위한 제도

해설
① 가축계열화   ② 돼지 MSY(Marketing per Sow per Year)   ③ 쇠고기 이력제도

04. 가축재해보험 가금 부문에 가입할 수 있는 축종을 쓰시오.

해설
오리, 메추리, 꿩, 닭, 관상조, 거위, 칠면조, 타조

05. 가축재해보험 가입대상 축종 중 긴급도축을 보장하는 축종을 쓰시오.

해설
소, 말, 사슴, 양

06. 가축재해보험 소의 가입조건에 대한 설명 중 ( )에 들어갈 내용을 쓰시오.

○ 보험의 목적인 소는 보험기간 중에 계약에서 정한 소의 수용장소에서 사육하는 소는 (①) 가입을 원칙으로 하고 있으나 예외적으로 (②)인 소의 경우는 (③)이 가능하다.
○ 단, 소가 (④) 이내 출하 예정인 경우, 축종별 및 성별을 구분 않고 보험가입시 소 이력제 현황의 (⑤)이상인 경우, 축종별 및 성별을 구분하여 보험가입시 소 이력제 현황의 (⑥) 이상인 경우 (⑦)으로 본다.
○ 소는 생후 (⑦)령부터 (⑧) 미만까지 보험가입이 가능하고, 보험에 가입하는 소는 모두 귀표가 부착되어 있어야 한다.

해설

① 전부   ② 종모우   ③ 개별가입   ④ 1년   ⑤ 70%
⑥ 80%   ⑦ 포괄가입   ⑧ 15일   ⑧ 13세

07. 다음은 가축재해보험 관련 정부지원에 대한 내용이다. ( ) 안에 알맞은 내용을 쓰시오.

○ 정부 지원을 받는 요건은 (①)에 등록하고, (②) 허가(등록)를 받은 자로 한다.
○ 가축재해보험 관련 정부의 지원은 재해보험가입자의 납입 보험료의 (③)를 지원한다. 단, 농업인 또는 법인별 (④) 한도로 한다.
○ 말은 마리당 가입금액 (⑤) 한도 내 보험료의 (⑥)를 지원하되, (⑤)을 초과하는 경우는 초과 금액의 (⑦)까지 가입금액을 산정하여 보험료의 (⑥) 지원한다. 단, 외국산 (⑧)는 정부 지원에서 제외된다.

해설

① 농업경영체   ② 축산업   ③ 50%   ④ 5천만원
⑤ 4,000만원   ⑥ 50%   ⑦ 70%   ⑧ 경주마

08. 다음 조건에서 말(일반마) 가축재해보험의 1) 정부지원 보험료, 2) 농가납입 보험료를 구하시오.

○ 보험가입금액 : 50,000,000원
○ 보험요율 : 6%
○ 지자체지원 없음

해설

총 보험료 = 보험가입금액 × 보험요율 = 5,000만원 × 0.06 = 300만원
1) 정부지원 보험료
  ① 4,000만원까지 정부지원 보험료 = 4,000만원 × 0.06 = 240만원의 50% 지원
    ⇨ 120만원 지원
  ② 4,000만원을 초과하는 경우 정부지원 보험료(초과금액의 70%까지를 50% 지원)
    = 1,000만원 × 70% = 700만원, 700만원 × 0.06 = 42만원의 50% 지원
    ⇨ 21만원 지원
  ③ 정부지원 보험료 = 120만원 + 21만원 = 141만원
2) 농가납입 보험료 = 300만원 − 141만원 = 159만원

09. 다음 계약에 대하여 정부지원액의 계산과정과 값을 쓰시오.

구분	가축재해보험
보험목적물	국산 말 1 필
보험가입금액	60,000,000원
자기부담비율	약관에 따름
영업보험료	5,000,000원
순보험료	
정부지원액	( )

○ 주계약 가입 기준임
○ 가축재해보험의 영업보험료는 업무방법에서 정하는 납입보험료와 동일함

○ 정부지원액이란 재해보험가입자가 부담하는 보험료의 일부와 재해보험사업자의 재해보험의 운영 및 관리에 필요한 비용의 전부 또는 일부를 정부가 지원하는 금액임(지방자치단체의 지원액은 포함되지 않음)
○ 재해보험사업자의 재해보험의 운영 및 관리에 필요한 비용은 부가보험료와 동일함

해설

5,000,000원 × [(40,000,000원 + 20,000,000원 × 70%) ÷ 60,000,000원] × 50%
= 2,250,000원

[참조]
1. 부가보험료 전액은 정부에서 지원한다.
2. 가축재해보험은 납입보험료의 50%를 지원하되, 말의 경우 마리당 가입금액 4천만원 한도 내에서 보험료의 50%를 지원하되, 4천만원을 초과하는 경우는 초과금액의 70%까지 가입금액을 산정하여 보험료의 50%를 지원한다(단, 외국산 경주마는 정부지원 제외).

10. 다음은 가축재해보험에 가입하는 절차에 대한 내용이다. 괄호 안에 들어 갈 알맞은 말을 쓰시오.

> 보험 홍보 및 가입안내(대리점 등) ⇨ 가입신청(재해보험가입자) ⇨ (①)
> ⇨ 청약서 작성(가입자) 및 보험료 수납(대리점 등) ⇨ 가입자에게 (②)

해설
① 사전 현지 확인(대리점 등)
② 보험증권 발급(대리점 등)

11. 다음은 가축재해보험 손해평가 및 보험금 지급 과정에 대한 내용이다. 괄호 안에 들어갈 알맞은 말을 쓰시오.

> 1) 보험사고 접수 : 계약자·피보험자는 재해보험사업자에게 보험사고 발생 사실 통보
> 2) 보험사고 조사 : 재해보험사업자는 보험사고 접수가 되면, 손해평가반을 구성하여 보험사고를 조사하고, (①)을 산정한다.
> 3) 지급보험금 결정 : (②)과 (③)을 검토하여 결정
> 4) 보험금 지급 : 지급할 보험금이 결정되면 (④) 이내에 지급하되, 지급보험금이 결정되기 전이라도, 피보험자의 청구가 있으면 추정보험금의 (⑤)까지 보험금 지급 가능

해설
① 손해액   ② 보험가입금액   ③ 손해액   ④ 7일   ⑤ 50%

12. 가축재해보험의 약관상 한우·육우·젖소의 주계약에서 1) 보상하는 손해 및 2) 자기부담금을 서술하시오

해설

1) 보상하는 손해
   ① 법정전염병을 제외한 질병 또는 각종사고(풍·수·설 등 자연재해, 화재)로 인한 폐사
   ② 부상(사지골절, 경추골절, 탈구·탈골), 난산, 산욕마비, 급성고창증 및 젖소유량감소로 긴급도축을 하여야 하는 경우
   ③ 가축 사체 잔존물 처리비용
   ④ 소 도난 및 행방불명에 의한 손해
   ※ 젖소유량감소는 유방염, 불임 및 각종 대사성 질병으로 인하여 젖소로서의 경제적 가치가 없는 경우에 한함
   ※ 신규가입일 경우 가입일로부터 1개월 이내 질병관련 사고(긴급도축 제외)는 보상하지 아니한다.

2) 자기부담금
   보험금의 20%, 30%, 40%

13. 다음은 가축재해보험 약관상 소의 보상하는 손해에 관한 것이다. 괄호 안에 들어 갈 알맞은 말을 쓰시오.

구 분		보상하는 사고	자기부담금
특별약관	소 도체결함보장	(①) 발견된 도체의 결함 (근출혈, 수종, 근염, 외상, 근육제거, 기타 등)으로 손해액이 발생한 경우	보험금의 (②)
	화재대물배상책임	(③)	

해설

① 20%
② 도축장에서 도축되어 경매시까지
③ 축사화재로 인해 인접 농가에 피해가 발생한 경우

14. 다음은 가축재해보험 약관상 돼지의 보상하는 손해에 관한 것이다. 괄호 안에 들어 갈 알맞은 말을 쓰시오.

구 분		보상하는 사고	자기부담금
주계약		▶ 화재, 풍재, 수재, 설해, 지진에 의한 손해 ▶ 화재 및 풍재, 수재, 설해, 지진 발생시 방재 또는 (①)에 필요한 조치로 목적물에 발생한 손해 ▶ (②)	보험금의 5%, 10%, 20%
특별약관	질병위험보장	TGE, PED, Rota virus에 의한 손해 ※ 신규가입일 경우 가입일로부터 (③) 이내 질병 관련 사고는 보상하지 아니한다.	보험금의 10%, 20%, 30%, 40% 또는 (④) 중 큰 금액
	(⑤)	주계약 및 특별약관에서 보상하는 사고의 원인으로 축산업이 휴지되었을 경우에 생긴 손해액	

| 해설 |

① 긴급피난
② 가축 사체 잔존물 처리 비용
③ 1개월
④ 200만원
⑤ 축산휴지위험보장

15. 가축재해보험의 약관상 돼지부문 주계약에서 축사에 대한 1) 보상하는 손해 및 2) 자기부담금을 서술하시오

해설

1) 보상하는 손해
   ① 화재(벼락 포함)에 의한 손해
   ② 화재(벼락 포함)에 따른 소방손해
   ③ 풍재, 수재, 설해, 지진에 의한 손해
   ④ 화재(벼락 포함) 및 풍재, 수재, 설해, 지진에 의한 피난 손해
   ⑤ 잔존물 제거비용
2) 자기부담금
   풍재, 수재, 설해, 지진 : 지급보험금 계산 방식에 따라 계산한 금액에 0%, 5%, 10%을 곱한 금액 또는 50만원 중 큰 금액
   화재 : 지급보험금 계산 방식에 따라 계산한 금액에 자기부담비율 0%, 5%, 10%를 곱한 금액

16. 다음은 가축재해보험 약관상 가금의 보상하는 손해에 관한 것이다. 괄호 안에 들어 갈 알맞은 말을 쓰시오.

구 분		보상하는 사고	자기부담금
주계약	축사	▶ 화재(벼락 포함)에 의한 손해 ▶ 화재(벼락 포함)에 따른 (①) ▶ 풍재, 수재, 설해, 지진에 의한 손해 ▶ 화재(벼락 포함) 및 풍재, 수재, 설해, 지진에 의한 (②) ▶ 잔존물 제거비용	약관에 따라 계산한 금액의 0%, 5%, 10% (풍재, 수재, 설해, 지진 : 최저 (③))
특별약관	(④)	설해에 의한 손해는 보장하지 않음 ※ 축사보험료의 (⑤) 할인	

해설

① 소방손해, ② 피난 손해, ③ 50만원
④ 설해손해 부보장, ⑤ 9.4%

17. 다음은 가축재해보험 약관상 축사 부문의 보상하는 손해에 관한 것이다. 괄호 안에 들어 갈 알맞은 말을 쓰시오.

> 1. 보험의 목적이 화재 및 풍재·수재·설해·지진으로 입은 (①)
> 2. 피난 과정에서 발생하는 (②)
> 3. 화재진압 과정에서 발생하는 (③)
> 4. 약관에서 규정하고 있는 (④)

해설
① 직접손해　② 피난손해　③ 소방손해　④ 비용손해

18. 다음은 가축재해보험 약관상 말의 보상하는 손해에 관한 것이다. 괄호 안에 들어 갈 알맞은 말을 쓰시오.

구 분		보상하는 사고	자기부담금
주계약	경주마 육성마 종빈마 종모마 일반마 제주마	▶ 법정전염병을 제외한 질병 또는 각종 사고로 인한 폐사 ▶ 부상, 난산, 산욕마비, (①), (②)으로 긴급도축 하여야 하는 경우 ▶ (③) ▶ 가축 사체 잔존물 처리비용	■보험금의 (④) 단, 경주마는 • 경마장 외 (⑤), • 경마장 내 5%, 10%, 20% 중 선택

해설
① 산통　② 경주마의 실명　③ 불임　④ 20%　⑤ 30%

19. 가축재해보험에서 정하고 있는 다음 축종별 긴급도축 사유를 쓰시오.

축종	긴급도축 사유
소	
말	
사슴, 양	

해설

소 : 부상, 난산, 산욕마비, 급성고창증, 젖소유량감소
말 : 부상, 난산, 산욕마비, 산통, 경주마 실명
사슴·양 : 부상, 난산, 산욕마비

20. 가축재해보험 축종별 보상에 대해 다음 조건을 보고 자기부담금을 산출하시오.

○ 축종 : 돼지(폭염재해 특약 가입)
○ 약관에 따라 산출한 손해액(보험금) : 8,000,000원
○ 자기부담비율 : 20%
○ 사고 원인 : 폭염으로 인한 폐사

해설

약관에 따라 산출한 자기부담금 = 8,000,000 × 0.2 = 1,600,000원
1,600,000원과 2,000,000원 중 큰 금액이므로 자기부담금은 2,000,000원이다.

21. 다음은 가축재해보험 약관의 가축별 주계약 가입 여부에 대한 내용이다. 가축별 보상하는 손해에 해당하면 'O' 표시를 하시오.

구 분	소		돼지	말
	한우·육우·젖소	종모우		
각종사고 (풍재, 수재, 설해, 지진 등 / 화재)				
풍재, 수재, 설해, 지진 / 화재				
질병(법정전염병 제외)				
긴급도축				
폭염				

해설

구 분	소		돼지	말
	한우·육우·젖소	종모우		
각종사고(풍재, 수재, 설해, 지진 등 / 화재)	O	O		O
풍재, 수재, 설해, 지진 / 화재			O	
질병(법정전염병 제외)	O	O		O
긴급도축	O	O		O
폭염	O	O		O

22. 다음은 가축재해보험 약관의 가축별 특별약관 가입 여부에 대한 내용이다. 가축별 가입대상 특약에 해당하면 'O' 표시를 하시오.

구 분	소	돼지	말	가금류	기타가축
화재대물배상 특약					
전기적장치 위험보장 특약					
축사(설해손해 부보장 추가특약)					
폭염재해보장 특약					
축산휴지위험보장 특약					
질병위험보장 특약 (TGE, PED, Rota virus)					
폐사·긴급도축 확장보장 특약					
낭충봉아부패병·부저병 특약					

해설

구 분	소	돼지	말	가금류	기타가축
화재대물배상 특약 (축사 특약 가입자만 가입 가능)	O	O	O	O	O
전기적장치 위험보장 특약		O		O	
축사(설해손해 부보장 추가특약)		O (돈사)		O (가금사)	
폭염재해보장 특약		O		O	
축산휴지위험보장 특약		O			
질병위험보장 특약 (TGE, PED, Rota virus)		O			
폐사·긴급도축 확장보장 특약					O (사슴·양)
낭충봉아부패병·부저병 특약					O (꿀벌)

23. 다음은 가축재해보험에서 정하고 있는 부문별 보상하는 손해이다. 각 축종별로 보상이 가능한 손해에 해당하는 번호를 모두 쓰시오.(단, 해당 축종은 가입 가능한 특약을 모두 가입함)

① 도난에 의한 손해   ② 폐렴으로 폐사
③ 수재로 인한 폐사   ④ 화재로 폐사
⑤ 사지골절로 긴급도축   ⑥ 가축 사체 잔존물 처리비용
⑦ 불임으로 긴급도축   ⑧ 폭염으로 폐사
⑨ 법정전염병 폐사   ⑩ 산통으로 인한 폐사

축종	보상하는 손해
한우	
돼지	
사슴	
닭	

해설

축종	보상하는 손해
한우	①, ②, ③, ④, ⑤, ⑥, ⑧
돼지	③, ④, ⑥, ⑧
사슴	②, ③, ④, ⑤, ⑥, ⑧
닭	③, ④, ⑥, ⑧

24. 가축재해보험에서 소 부문 특별약관에 관하여 서술하시오

해설

소 부문 특별약관으로 소 도체결함보장 특약이 있으며, 도축 후 경매 시까지 발견된 예상치 못한 소 도체결함으로 인하여 경락가격이 하락하여 발생되는 손해를 보상하여 주는 특약을 말한다. 단 해당 특약에서는 경매 후 발견된 결함으로 인한 손해는 보상하지 않는다.

25. 다음은 농작물재해보험 및 가축재해보험의 이론과 실무에서 정하는 '소'부문의 약관상 보상하는 손해에 대한 내용이다. 다음 각각의 물음에 답하시오.

   (1) 긴급도축의 범위

   (2) '젖소유량감소'의 판단 기준

   해설
   (1) 부상(사지골절, 경추골절, 탈골), 난산, 산욕마비, 급성고창증 및 젖소유량감소
   (2) 젖소유량감소는 유방염, 불임 및 각종 대사성 질병으로 인하여 젖소로서의 경제적 가치가 없는 경우에 한함

26. 돼지 가축재해보험에 대한 다음 각각의 내용을 서술하시오.

   1) 돼지의 주계약에서 보상하는 손해

   2) 돼지의 질병위험보장 특별약관에서 보상하는 손해

   해설
   1) 돼지의 주계약에서 보상하는 손해
      ① 화재 및 풍재, 수재, 설해, 지진에 의한 손해
      ② 화재 및 풍재, 수재, 설해, 지진 발생시 방재 또는 긴급피난에 필요한 조치로 목적물에 발생한 손해
      ③ 가축 사체 잔존물 처리 비용
   2) 돼지의 질병위험보장 특별약관에서 보상하는 손해
      TGE, PED, Rota virus에 의한 손해
      ※ 신규가입일 경우 가입일로부터 1개월 이내 질병 관련 사고는 보상하지 아니한다.

27. 다음은 돼지보험에서 가입할 수 있는 특별약관이다. 이들 중 "약관에 따라 계산한 금액의 10%, 20%, 30%, 40% 또는 200만원 중 큰 금액"을 자기부담금으로 공제하는 특약을 고르시오.

> ① 질병위험보장　　　　② 전기적장치위험보장
> ③ 폭염재해보장　　　　④ 축산휴지위험보장
> ⑤ 설해손해 부보장　　　⑥ 화재대물배상책임

[해설]
② 전기적장치위험보장　　　③ 폭염재해보장

28. 소 부문 보상하지 않는 손해 중 도난손해의 경우 일정사유를 쓰시오.

[해설]
① 도난 손해가 생긴 후 30일 이내에 발견하지 못한 손해
② 보관장소를 72시간 이상 비워둔 동안 생긴 도난 손해
③ 보험의 목적이 보관장소를 벗어나 보관되는 동안에 생긴 도난 손해 등

29. 현행 가축보험약관의 일반조항에 대한 7개의 특별약관을 모두 쓰시오.

[해설]
공동인수 특약, 지정대리청구서비스 특약, 보험료분납 특약, 화재대물배상책임 특약, 동물복지인증계약 특약, 구내폭발위험보장 특약, 협정보험가액 특약

30. 다음은 가축재해보험에서 정하고 있는 일반조항 특별약관에 대한 내용이다. 해당되는 약관을 쓰시오.

① 돈사, 가금사에 한하여 가입 가능한 특별약관
② 농림축산검역본부로부터 동물복지축산농장 인증을 받은 축산농장이 가축재해보험에 가입하는 경우 보험료 할인 혜택을 부여하는 특별약관
③ 계약자가 보험료를 분할하여 납부하고자 하는 경우 보험료 분납의 요건 및 절차 등에 관하여 규정하고 있는 특별약관이다.
④ 재해보험사업자가 상호협정을 체결하여 보험계약을 공동으로 인수하고 사고 발생 시 보험금을 인수비율에 따라서 부담하는 특별약관
⑤ 계약자가 보통약관 또는 특별약관에서 정한 보험금을 직접 청구할 수 없는 특별한 사정이 있을 경우에 대비하여 계약 체결 시 또는 계약체결 이후에 보험금을 대리 청구 및 수령 할 수 있는 대리청구인을 지정할 수 있는데 이러한 대리청구인의 요건 및 보험금 대리 청구 및 수령 절차 등을 규정하고 있는 특별약관

해설

① 설해손해 부보장 추가특별약관
② 동물복지인증계약 특별약관
③ 보험료분납 특별약관
④ 공동인수 특별약관
⑤ 지정대리청구서비스 특별약관

31. 다음 각각의 물음에 대해 부문별 가입할 수 있는 특별약관을 쓰시오.

① 전기적장치위험보장특약 가입자에 한하여 가입 가능한 특약
② 가축재해보험 대상 축종 중 돼지와 가금에만 공통으로 적용되는 특별약관
③ 각 부문별 특별약관 중 돈사와 가금사에 한하여 가입 가능한 특별약관
④ 돼지 부문에서 가입 가능한 특별약관

해설

① 폭염재해보장 추가 특별약관
② 전기적장치 위험보장 특별약관, 폭염재해보장 추가 특별약관
③ 설해손해 부보장 추가 특별약관
④ 질병위험보장 특별약관, 축산휴지위험보장 특별약관

32. 가축재해보험 돼지·가금부문 폭염재해보장 추가특별약관에 대한 내용이다. (   ) 안에 알맞은 내용을 쓰시오.

> 보험목적 수용장소 지역에 발효된 폭염특보의 발령 전 (①) 전부터 해제 후 (②) 이내에 폐사되는 보험목적에 한하여 보상하며 보험기간 종료일까지 폭염특보가 해제되지 않은 경우에는 (③)을 폭염특보 해제일로 본다.

해설
① 24시간(1일)　　② 24시간(1일)　　③ 보험기간 종료일

33. 다음은 각 부문별 특별약관에 관한 내용이다. (   ) 안에 알맞은 내용을 쓰시오.

> ○ 돼지 질병위험보장 특별약관 : 보험기간 중에 3가지 질병을 직접적인 원인으로 폐사하거나, 보험기간 종료일 이전에 질병의 발생을 서면 통지한 후 (①) 이내에 폐사한 경우 그 손해를 보상한다.
> ○ 돼지·가금 전기적장치 위험보장 특별약관 : 보험자가 인정하는 특별한 경우를 제외하고 사고 발생한 때로부터 (②) 이내에 폐사된 보험목적에 한하여 보상한다.
> ○ 말 운송위험 확장보장 특별약관 : 수탁물이 수하인에게 인도된 후 (③)을 초과하여 발견된 손해는 보상하지 않는다.
> ○ 경주마 보험기간 설정에 관한 특별약관 : (④) 이내의 질병 등에 의한 폐사도 보상한다.

해설
① 30일
② 24시간
③ 14일
④ 1개월

34. 돼지를 기르는 축산농 A씨는 ① 폭염으로 돼지가 폐사되는 것과 ② 축사화재로 타인에게 배상할 책임이 발생하는 것을 대비하기 위해 가축재해보험에 가입하고자 한다. 이 때, 가입할 수 있는 특약을 ①의 경우와 ②의 경우로 나누어 각각 쓰시오.

> **해설**
> ① 전기적장치위험보장 특별약관, 폭염재해보장 특별약관
> ② 화재대물배상책임 특별약관

35. 가축재해보험의 이론서에서 정하는 유량검정젖소에 관하여 다음의 질문에 답하시오.

1) 유량검정젖소의 정의

2) 가입기준(대상농가)

3) 가입기준(대상젖소)

> **해설**
> 1) 정의 : 유량검정젖소란 검정농가의 젖소 중 유량이 우수하며 상품성이 뛰어난 젖소를 말한다.
> 2) 가입기준 대상농가 : 직전 월의 305일 평균유량이 10,000kg 이상이고, 평균 체세포수가 30만 마리 이하를 충족하는 농가
> 3) 가입기준 대상젖소 : 대상농가 기준을 충족하는 농가의 젖소 중 최근 산차 305일 유량이 11,000kg 이상이고, 체세포수가 20만 마리 이하인 젖소

36. 가축재해보험의 협정보험가액 특약에 대해 다음 질문에 대해 각각 쓰시오.

① 협정보험가액 특약의 정의

② 해당 특별약관이 적용되는 가축

> **해설**
> ① 특별약관에서 적용하는 가축에 대하여 계약체결시 재해보험사업자와 계약자 또는 피보험자와 협의하여 정한 보험가입금액을 보험가입기간 중에 보험가액으로 한다는 기평가보험 특약을 말한다.
> ② 종빈우, 종모돈, 종빈돈, 자돈(포유돈, 이유돈), 종가금, 유량검정젖소

37. 현행 가축재해보험 약관의 돼지 부문 특약 중 폭염재해보장 추가특약에 대해 서술하시오.

> **해설**
> ① 가축재해보험 돼지부문 보통보험약관의 보상하는 재해가 아닌 폭염이 직접적인 원인이 되어 보험의 목적에 발생한 손해를 보상하는 특약으로 자기부담금 및 보상하지 않는 손해 등에 대하여 특별약관에 규정하고 있다.
> ② 보험목적 수용장소 지역에 발효된 폭염특보의 발령 전 24시간 전부터 해제 후 24시간 이내에 폐사되는 보험목적에 한하여 보상하며 보험기간 종료일까지 폭염특보가 해제되지 않은 경우에는 보험기간 종료일을 폭염특보 해제일로 본다.

38. 현행 가축보험약관의 말 부문 특약 4가지 종류를 쓰시오.

> **해설**
> 1) 씨수말 번식 첫 해 선천성 불임 확장보장 특약
> 2) 말 운송위험 확장보장 특약
> 3) 경주마 부적격 특약
> 4) 경주마 보험기간 설정에 관한 특약

39. 현행 가축재해보험 약관의 돼지 부문 특약 중 폭염재해보장 추가특약에 대한 내용이다. 다음 조건을 보고 폭염재해 보장기간을 쓰시오.

[조건 1]

○ 폭염주의보 발령일 : 2022. 8. 12. 16시
○ 폭염주의보 해제일 : 2022. 8. 18. 14시
○ 돼지 폐사일 : 2022. 8. 15.

[조건 2]

○ 폭염특보 발령일 : 2022. 7. 12. 12시
○ 폭염특보 해제일 : 2022. 7. 18. 17시
○ 돼지 폐사일 : 2022. 7. 15.
○ 보험기간 : 2021. 7. 15 ~ 2022. 7. 16

해설

[조건 1] 2022. 8. 11. 16시 ~ 2022. 8. 19. 14시
[조건 2] 2022. 7. 11. 12시 ~ 2022. 7. 17. 24시

40. 현행 가축재해보험 약관의 돼지 부문에 대한 내용이다. 다음 조건을 보고 보상하는 돼지 두수를 산출하시오.

[계약조건]
○ 사육 두수 : 2,000두
○ 가입특약 : 질병위험보장, 폭염재해보장, 전기적장치위험보장
○ 보험기간 : 2021. 9. 21. 0시 ~ 2022. 8. 20. 24시
○ 폭염특보 발령일 : 2022. 8. 17. 12시
○ 폭염특보 해제일 : 2022. 8. 22. 17시

[사고조사]
○ 2022. 8. 16. 14시 폭염으로 80두 폐사
○ 2022. 8. 22. 12시 폭염으로 20두 폐사
○ 2022. 8. 20. 14시 전기적장치고장으로 2022. 8. 21. 12시 60두 질식사
○ 2022. 8. 20. 12시 전기적장치고장으로 2022. 8. 21. 16시 40두 질식사
○ 2022. 8. 15. 전염성위장염(TGE)이 발병하여 8. 16 발병사실을 서면으로 통지하였으나, 해당 질병으로 2022. 9. 10. 50두 폐사

해설

보상하는 두수 = 80두 + 60두 + 50두 = 190두

41. 다음의 내용을 참고하여 물음에 답하시오. (단, 주어진 조건 외에 다른 조건은 고려하지 않음)

> 甲은 A보험회사의 가축재해보험(소)에 가입했다. 보험가입 기간 중 甲과 동일한 마을에 사는 乙 소유의 사냥개 3마리가 견사를 탈출하여 甲 소유의 축사에 있는 소 1마리를 물어 죽이는 사고가 발생했다. 조사결과 폐사한 소는 가축재해보험에 정상적으로 가입되어 있었다.
> A보험회사의 면·부책 : 부책
> 폐사한 소의 가입금액 및 손해액 : 500만원(자기부담금 20%)
> 乙의 과실 : 100%

물음 1) A보험회사가 甲에게 지급할 보험금의 계산과정과 값을 쓰시오.

물음 2) A보험회사의 ① 보험자대위의 대상(손해발생 책임자), ② 보험자대위의 구분(종류), ③ 대위금액을 쓰시오.

해설

물음 1)
500만원 × (1 − 0.2) = 400만원

물음 2)
① 보험자대위의 대상(손해발생 책임자) : 사냥개의 소유자인 乙
② 보험자대위의 구분(종류) : 사냥개는 乙의 도구에 불과하여 乙이 직접적인 손해배상을 부담하는 지위에 있으며 제3자에 의한 불법행위로 인한 손해배상 청구에 해당하므로 제3자에 대한 보험대위 즉, 청구권대위가 인정된다.
③ 대위금액 : 400만원

부록 회차별 기출문제

제1회 기출문제

※ 단답형 문제에 답하시오. (1~5번 문제)

01. 농작물재해보험 업무방법에서 정하는 용어를 순서대로 답란에 쓰시오. [5점] 변형

> ○ (　　) : 영양조건, 기간, 기온, 일조시간 따위의 필요조건이 다차서 꽃눈이 형성되는 현상
> ○ (　　) : 가입수확량 산정 및 적과종료전 보험사고시 감수량 산정의 기준이 되는 착과량
> ○ (　　) : 신초(당년에 자라난 새가지)가 1~2mm 정도 자라기 시작하는 현상
> ○ (　　) : 감수량 중 보상하는 재해 이외의 원인으로 감소한 양
> ○ (　　) : 재산보험에 있어 피보험이익을 금전으로 평가한 금액으로 보험목적에 발생할 수 있는 최대손해액(재해보험사업자가 실제 지급하는 보험금은 보험가액을 초과할 수 없음)

해설
꽃눈분화, 평년착과량, 신초발아, 미보상감수량, 보험가액

02. 다음 종합위험방식 상품의 보험가입자격 및 대상으로 ( )의 내용을 순서대로 쓰시오. [5점] 변형

> 콩 : 개별 농지당 보험가입금액 ( ) 이상
> 고구마 : 농지당 보험가입금액 ( ) 이상
> 가을감자 : 농지당 보험가입금액 ( ) 이상
> 차 : 최소가입면적은 ( ) 이상
> 옥수수 : 농지당 보험가입금액 ( ) 이상

해설

콩 : 100만원
고구마 : 200만원
가을감자 : 200만원
차 : 1,000㎡
옥수수 : 100만원

03. 종합위험방식 벼 상품 및 업무방법에서 정하는 용어를 순서대로 답란에 쓰시오. [5점] 개정

> ○ ( ) : 못자리 등에서 기른 모를 농지로 옮겨 심는 일
> ○ ( ) : 물이 있는 논에 파종 하루 전 물을 빼고 종자를 일정간격으로 점파하는 파종방법
> ○ ( ) : 벼의 이삭이 줄기 밖으로 자란 상태
> ○ ( ) : 개간, 복토 등을 통해 논으로 변경한 농지
> ○ ( ) : 자연현상으로 인하여 간석지 등 연안지대에 바닷물의 유입으로 발생하는 피해

해설

이앙, 직파(담수점파), 출수, 전환지, 조해

04. 다음 적과전종합위험 과수 품목별 보험가입이 가능한 주수의 합을 구하시오. [5점] 변형

구분	재배형태	가입하는 해의 수령	주수
사과	밀식재배	2년	200주
배		3년	250주
단감		4년	180주
떫은감		5년	260주
사과	일반재배	6년	195주

해설

※ 품목별 인수가능 수령
○ 사과 : 밀식재배 3년, 반밀식재배 4년, 일반재배 5년
○ 배 : 3년
○ 단감·떫은감 : 5년
 ⇨ 보험가입이 가능한 품목은 배, 떫은감, 사과(일반재배)이고 주수의 합은
  250주 + 260주 + 195주 = 705주이다.

05. 다음 농작물재해보험의 청약철회기준에 관한 설명 중 괄호 안에 들어갈 내용을 순서대로 답란에 쓰시오. [5점] 개정삭제

청약철회는 보험증권을 받은 날부터 (   )일 이내에서 그 청약을 철회할 수 있다.
다만, (   )로부터 (   )일을 초과한 경우에는 청약을 철회할 수 없다.

※ 서술형 문제에 답하시오. (6 ~ 10번 문제)

06. 다음은 보험가입 거절 사례이다. 농작물재해보험 가입이 거절된 사유를 보험가입자격과 인수제한과수원 기준으로 모두 서술하시오. [15점] 변형

> 2016년 A씨는 아내와 경북 ○○시로 귀농하여 B씨 소유의 농지를 아내 명의로 임차하였다. 해당 농지는 하천에 소재하는 면적 990㎡의 과수원으로 2018년 태풍으로 제방과 둑이 유실되어 2022년 현재 복구되지 않은 상태이다. A씨는 2020년 4월 반밀식 재배방식으로 사과 1년생 묘목 300주를 가식한 후 2022년 3월 농작물재해보험 적과전종합위험 방식으로 가입하려 한다. 실제 경작은 A씨 본인이 하지만 보험계약자를 서울에서 직장생활하는 아들 명의로 요청하였다.

해설

1. 보험가입자격

    농작물재해보험 사업대상자는 사업 실시지역에서 보험 대상 작물을 경작하는 개인 또는 법인이며 사업대상자 중에서 재해보험에 가입할 수 있는 자는 농어업재해보험법에 따른 농작물을 재배하는 자를 말한다.
    따라서 보험계약자를 농작물을 재배하는 A씨 명의로 하지 않고 서울에서 직장생활 하는 아들 명의로 요청하였기 때문에 가입거절 사유에 해당한다.

2. 인수제한 과수원 기준

    ① 해당 농지는 태풍으로 제방과 둑이 유실되어 복구되지 않은 상태이고, 하천부지에 소재한 과수원이라 인수제한 과수원에 해당한다.
    ② 과수원에 식재된 사과나무는 가식(假植)되어 있는 상태이므로 인수제한 과수원에 해당한다.
    ③ 적과전종합위험 방식으로 가입하려면 수령이 반밀식재배시 4년 이상이어야 하는데 4년 미만이므로 인수가 제한된다.

07. 다음 상품에 해당하는 보장방식을 보기에서 모두 선택하고 보장종료일을 (예)와 같이 서술하시오. [15점] 변형

> (예) 양파 : 수확감소보장 – 수확기 종료 시점(단, 이듬해 6월 30일을 초과할 수 없음)
> 경작불능보장 – 수확 개시 시점

<보 기>
수확감소보장, 생산비보장, 경작불능보장, 과실손해보장, 재파종보장

옥수수	
마늘	
고구마	
차	
복분자	

[해설]

옥수수	수확감소보장 : 수확기 종료시점(단, 판매개시연도 9월 30일을 초과할 수 없음) 경작불능보장 : 수확개시 시점
마늘	수확감소보장 : 수확기 종료시점(단, 이듬해 6월 30일을 초과할 수 없음) 경작불능보장 : 수확개시 시점 재파종보장 : 판매개시연도 10월 31일
고구마	수확감소보장 : 수확기 종료시점(단, 판매개시연도 10월 31일을 초과할 수 없음) 경작불능보장 : 수확개시 시점
차	수확감소보장 : 햇차수확종료시점(단, 이듬해 5월 10일을 초과할 수 없음)
복분자	경작불능보장 : 수확개시 시점(단, 이듬해 5월 31일을 초과할 수 없음) 과실손해보장 - 수확개시 이전 : 이듬해 5월 31일 - 수확개시 이후 : 이듬해 수확기 종료시점(단, 이듬해 6월 20일을 초과할 수 없음)

08. 종합위험보장 원예시설 업무방법에서 정하는 잔가율에 관하여 서술하시오. [15점] 개정삭제

특정위험보장 인삼 해가림시설에서 정하는 잔가율에 관하여 서술하시오. [15점] 변형

해설

잔가율 20%와 자체 유형별 내용연수를 기준으로 경년감가율을 산출하였고, 내용연수가 경과한 경우라도 현재 정상 사용 중에 있는 시설을 당해 목적물의 경제성을 고려하여 잔가율을 최대 30%로 수정

유형	내용연수	경년감가율
목재	6년	13.33%
철재	18년	4.44%

09. 농작물재해보험 업무방법에서 정하는 적과전종합위험의 보상하지 않는 손해에 관하여 서술하시오. (단, 적과종료 이후에 한함) [15점]

해설

① 계약자, 피보험자 또는 이들의 법정대리인의 고의 또는 중대한 과실로 인한 손해
② 제초작업, 시비관리 등 통상적인 영농활동을 하지 않아 발생한 손해
③ 원인의 직·간접을 묻지 않고 병해충으로 발생한 손해
④ 보상하지 않는 재해로 제방, 댐 등이 붕괴되어 발생한 손해
⑤ 하우스, 부대시설 등의 노후 및 하자로 생긴 손해
⑥ 보상하는 자연재해로 인하여 발생한 동녹(과실에 발생하는 검은 반점 병) 등 간접손해
⑦ 식물방역법 제36조(방제명령 등)에 의거 금지 병해충인 과수 화상병 발생에 의한 폐원으로 인한 손해 및 정부 및 공공기관의 매립으로 발생한 손해
⑧ 전쟁, 혁명, 내란, 사변, 폭동, 소요, 노동쟁의, 기타 이들과 유사한 사태로 생긴 손해
⑨ 보상하는 재해에 해당하지 않은 재해로 발생한 손해
⑩ 수확기에 계약자 또는 피보험자의 고의 또는 중대한 과실로 수확하지 못하여 발생한 손해
⑪ 최대순간풍속 14m/sec 미만의 바람으로 발생한 손해
⑫ 저장한 과실에서 나타나는 손해
⑬ 저장성 약화, 과실경도 약화 등 육안으로 판별되지 않는 손해
⑭ 농업인의 부적절한 잎소지(잎 제거)로 인하여 발생한 손해
⑮ 병으로 인해 낙엽이 발생하여 태양광에 과실이 노출됨으로써 발생한 손해

10. 다음 사례를 읽고 농작물재해보험 업무방법에서 정하는 기준에 따라 인수가능 여부와 해당사유를 서술하시오. [15점]

> A씨는 ○○시에서 6년 전 간척된 △△리 1번지(본인소유 농지 4,200㎡)와 4년 전 간척된 △△리 100번지(임차한 농지 1,000㎡, △△리 1번지와 인접한 농지)에 벼를 경작하고 있다. 최근 3년 연속으로 ○○시에 집중호우가 내려 호우경보가 발령되었고, A씨가 경작하고 있는 농지(△△리 1번지, △△리 100번지)에도 매년 침수피해가 발생하였다. 이에 A씨는 농작물재해보험에 가입하고자 가입금액을 산출한 결과 △△리 1번지 농지는 180만원, △△리 100번지 농지는 50만원이 산출되었다.

[해설]

○ 인수가능 여부
　1. △△리 1번지 농지 : 인수가능
　2. △△리 100번지 농지 : 인수제한
○ 해당사유 :
　1. △△리 1번지 농지가 인수가 가능한 이유
　　① 계약인수는 농지 단위로 가입하고 개별 농지당 최저 보험가입금액은 50만원 이상이어야 한다. 따라서 산출금액이 180만원이므로 인수가능하다.
　　② 최근 3년 연속 침수피해를 입은 농지는 인수가 제한되지만, 호우주의보 및 호우경보 등 기상특보에 해당되는 재해로 피해를 입은 경우는 제외되기 때문에 인수가 가능하다.
　　③ 최근 5년 이내에 간척된 농지는 인수가 제한되지만 6년 전에 간척되었으므로 인수가 가능하다.
　2. △△리 100번지 농지가 인수가 제한되는 이유
　　산출금액이 50만원으로 최저 가입금액을 충족하였으나, 최근 5년 이내에 간척된 농지는 인수가 제한되므로 4년 전에 간척된 해당 농지는 인수가 제한된다.

제2회 기출문제

01. 다음은 농작물재해보험 이론서 용어의 정의로 괄호 안에 들어갈 옳은 내용을 답란에 쓰시오. [5점]

> "평년수확량"이란 가입연도 직전 (ㄱ) 중 보험에 가입한 연도의 (ㄴ)와(과) (ㄷ)을(를) (ㄹ)에 따라 가중평균하여 산출한 해당 농지에 기대되는 수확량을 말한다.

해설

ㄱ : 5년   ㄴ : 실제수확량   ㄷ : 표준수확량   ㄹ : 가입횟수

02. 다음과 같이 4개의 사과 과수원을 경작하고 있는 A씨가 적과전종합위험 보험상품에 가입하고자 할 경우, 계약인수단위 규정에 따라 보험가입이 가능한 과수원 구성과 그 이유를 쓰시오. (단, 밀식재배 조건임)
[5점] 변형

구분	가입조건	소재지
1번 과수원	후지 품종 4년생, 보험가입금액 120만원	서울시 종로구 부암동
2번 과수원	홍로 품종 3년생, 보험가입금액 70만원	서울시 종로구 부암동
3번 과수원	미얀마 품종 5년생, 보험가입금액 110만원	서울시 종로구 부암동
4번 과수원	쓰가루 품종 6년생, 보험가입금액 190만원	서울시 종로구 신영동

해설

1) 과수원 구성 : 1번 과수원과 3번 과수원을 합하여 가입이 가능하다.
2) 이유
  ① 밀식재배이므로 수령이 3년 이상이어야 가입이 가능한데 해당 과수원은 모두 3년 이상으로 수령에 있어서는 가입조건을 모두 충족한다.
  ② 계약인수는 과수원 단위로 가입하고 개별 과수원당 최저 보험가입금액은 200만원 이상이어야 한다. 그러나 1번, 2번, 3번, 4번 과수원은 모두 최저 보험가입금액이 200만원 미만으로 단독으로는 보험에 가입할 수 없다. 다만, 하나의 동, 리 안에 있는 각각 200만원 미만의 두 개의 과수원은 하나의 과수원으로 취급하여 보험가입이 가능하므로 1번 과수원과 3번 과수원을 합해 이를 하나의 과수원으로 하여 가입할 수 있다.

03. 다음의 조건으로 농업용 시설물 및 시설작물을 종합위험방식 원예시설보험에 가입하려고 하는 경우 보험가입 여부를 판단하고, 그 이유를 쓰시오.(단, 주어진 조건 외에는 고려하지 않는다) [5점]

> ① 시설하우스 조건 : 폭 10m, 높이 3.5m, 길이 100m, 구조안전성 분석결과 허용풍속 10.2m/s
> ② 시설작물의 재식밀도 : 오이 1,600주/10a

해설
① 개정삭제
② 인수가능

04. 농작물재해보험 계약이 무효로 되었을 때의 보험료환급에 관한 설명이다. 괄호 안에 들어갈 내용을 답란에 쓰시오.[5점] 변형

> 1) 계약자 또는 피보험자의 책임 없는 사유에 의하는 경우에는 계약자가 납입한 보험료를 (ㄱ) 환급한다.
> 2) 계약자 또는 피보험자의 책임 있는 사유에 의하는 경우에는 해당 월 (ㄴ)에 따라 계산된 환급보험료를 지급한다.
> 3) 계약자 또는 피보험자의 고의 또는 (ㄷ)로 무효가 된 경우는 보험료를 반환하지 않는다.
> 4) 계약의 무효로 인하여 반환해야 할 보험료가 있을 때에는 계약자는 환급금을 청구하여야 하며, 청구일의 다음 날부터 지급일까지의 기간에 대하여 '보험개발원이 공시하는 (ㄹ)'을 연단위 복리로 계산한 금액을 더하여 지급한다.

해설
ㄱ : 전액   ㄴ : 미경과비율   ㄷ : 중대한 과실   ㄹ : 보험계약대출이율

05. 다음 조건에 따라 적과전종합위험 보험상품에 가입할 경우 과실손해보장 보통약관 보험료를 산출하시오. [5점] (변형)

> ○ 품목 : 사과
> ○ 보험가입금액 : 10,000,000원
> ○ 지역별 보통약관 보험요율 : 20%
> ○ 손해율에 따른 할증률 : 20%
> ○ 방재시설 할인율 : 10%
> ○ 부보장 및 한정보장 특별약관 할인율 : 10%

해설

보험료 = 보험가입금액 × 지역별 보통약관 영업요율 × (1 − 부보장 및 한정보장 특별약관 할인율)
　　　　× (1 + 손해율에 따른 할인·할증율) × (1 − 방재시설할인율)
　　　= 10,000,000원 × 0.2 × (1 − 0.1) × (1 + 0.2) × (1 − 0.1)
　　　= 1,944,000원
∴ 보험료 : 1,944,000원

06. 적과전종합위험 보험상품에 가입하는 경우 다음과 같은 조건에서 과실손해보장의 자기부담금과 나무손해보장특약의 보험가입금액 및 자기부담금을 산출하시오.(단, 결과주수 1주당 가입가격은 10만원이다) [15점] 변형

> '신고'배 6년생 700주를 실제 경작하고 있는 A씨는 최근 3년간 동 보험에 연속으로 가입하였으며, 3년간 수령한 보험금이 순보험료의 50%였다. 과실손해보장의 보험가입금액은 1,000만원으로서 최저 자기부담비율을 선택하고, 특약으로는 나무손해보장만을 선택하여 보험에 가입하고자 한다.

해설

1) 과실손해보장의 자기부담금
   과실손해보장의 자기부담비율은 지급보험금을 계산할 때 피해율에서 차감하는 비율로서, 계약할 때 계약자가 선택한 비율(10%, 15%, 20%, 30%, 40%)로 한다. A씨의 경우 최근 3년간 연속 보험가입 과수원으로서 3년간 수령한 보험금이 순보험료의 50% 이하이고, 최저 자기부담비율을 선택한다고 하였으므로 10%형 조건에 해당한다.
   ∴ 자기부담금 = 1,000만원 × 0.1 = 100만원

2) 나무손해보장 특약의 보험가입금액
   나무손해보장 특약의 보험가입금액은 보험에 가입한 결과주수에 1주당 가입가격을 곱하여 계산한 금액으로 한다.
   보험가입금액 = 700주 × 10만원/주당 = 7,000만원   답 : 7,000만원

3) 나무손해보장 특약의 자기부담금
   나무손해보장 특약의 자기부담비율은 5%로 한다.
   자기부담금 = 7,000만원 × 0.05 = 350만원   답 : 350만원

07. 종합위험방식 포도 품목의 표준수확량, 면적에 대한 산출식을 쓰고, 주간거리, 열간거리 측정방법에 관하여 서술하시오.(단, 단위를 사용할 경우는 반드시 기입하시오) [15점] 개정삭제

구 분	내 용
표준수확량	
면적	
주간거리 열간거리 측정방법	

해설

구 분	내 용
표준수확량	품종별·수령별 표준수확량 × 면적
면적	주간거리(m) × 열간거리(m) × 주수(주)
주간거리 열간거리 측정방법	ㄱ. 전체 이랑의 약 30% 수준으로 표본이랑을 선정 ㄴ. 한 이랑당 연속되는 4개 나무의 주간거리, 열간거리를 측정 ㄷ. 전체 조사된 주간거리, 열간거리의 평균을 소수점 첫째자리까지 m로 입력

08. 단감 '부유' 품종을 경작하는 A씨는 적과전종합위험 보험에 가입하면서 적과종료 이전 특정위험 5종 한정보장 특별약관에도 가입하였다. 1) 보험가입금액이 감액된 경우의 차액보험료 산출방법에 대해 서술하고, 2) 다음 조건의 차액보험료를 계산하시오.(단, 풀이과정을 반드시 쓰시오.) [15점] 변형

○ 평년착과량 : 1,300kg ○ 적과후착과량 : 1,000kg
○ 기준수확량 : 1,100kg ○ 주계약 보험가입금액 : 1,000만원
○ 계약자부담보험료 : 100만원 ○ 과수원별 할인·할증률 : 0%
○ 감액분 계약자부담보험료 : 10만원 ○ 미납입보험료 : 없음
○ 보장수준 : 50%

해설

1) 차액보험료 산출방법
   차액보험료 = (감액분 계약자부담보험료 × 감액미경과비율) - 미납입보험료
   *감액분 계약자부담보험료는 계약자부담보험료 중 감액한 가입금액에 해당하는 부분
2) 차액보험료 계산
   = (감액분 계약자부담보험료 × 감액미경과비율) - 미납입보험료
   = (10만원 × 90%) - 0원 = 90,000원
   ∴ 차액보험료 : 90,000원
   *적과종료 이전 특정위험 5종 한정보장 특별약관에 가입하고 보장수준이 50%인 경우 단감의 감액미경과비율은 90%이다.

09. 강원도 철원으로 귀농한 A씨는 100,000㎡ 논의 '오대벼'를 주계약 보험가입금액 1억원, 병충해보장특약 보험가입금액 5천만원을 선택하여 친환경재배, 직파재배방식으로 농작물재해보험에 가입하고자 한다. 다음의 추가조건에 따른 각각의 물음에 답하시오.(15점) 변형

〈추가조건〉
○ 철원지역 주계약 기본영업요율(1%), 손해율에 따른 할인율(25%), 친환경재배시 할증률(30%), 직파재배 농지할증률(20%)

(1) 주계약 순보험료를 구하시오.

해설

보험가입금액 × 지역별 기본영업요율 × (1 + 손해율에 따른 할인·할증율)
× (1 + 친환경재배시 할증률) × (1 + 직파재배 농지할증률)
= 1억원 × 0.01 × (1 − 0.25) × (1 + 0.3) + (1 + 0.2)
= 1,170,000원

(2) 병충해보장특약 보험료

해설

병충해보장특약 보험료 = 특약 보험가입금액 × 지역별 기본영업요율 × (1+손해율에 따른 할인, 할증율)
× (1 + 친환경재배시 할증률) × (1 + 직파재배 농지할증률)
= 5천만원 × 0.01 × (1 − 0.25) × (1 + 0.3) × (1 + 0.2) = 585,000원

10. 농업수입감소보장방식의 양파 품목에 있어 경작불능보험금과 인수제한 농지(10개 이상)를 쓰시오. (단, 경작불능보험금은 자기부담비율에 따른 지급액 포함) (15점)

해설

1) 경작불능보험금
   ① 경작불능 보험금은 보상하는 재해로 식물체 피해율이 65% 이상이고, 계약자가 경작불능보험금을 신청한 경우 아래의 표와 같이 계산하여 지급한다.

자기부담비율	경작불능보험금
20%형	보험가입금액의 40%
30%형	보험가입금액의 35%
40%형	보험가입금액의 30%

   ② 경작불능보험금을 지급한 경우 그 손해보상의 원인이 생긴 때로부터 해당 농지의 계약은 소멸된다.

2) 인수제한 목적물(10개 이상)
   ① 보험가입금액이 200만원 미만인 농지(단, 옥수수, 콩, 팥은 100만원 미만)
   ② 통상적인 재배 및 영농활동을 하지 않는 농지
   ③ 다른 작물과 혼식되어 있는 농지
   ④ 시설재배 농지
   ⑤ 하천부지 및 상습 침수지역에 소재한 농지
   ⑥ 판매를 목적으로 경작하지 않는 농지
   ⑦ 도서지역의 경우 연륙교가 설치되어 있지 않고 정기선이 운항하지 않는 등 신속한 손해평가가 불가능한 지역에 소재한 농지
   ⑧ 군사시설보호구역 중 통제보호구역내의 농지
   ⑨ 기타 인수가 부적절한 농지
   ⑩ 극조생종, 조생종, 중만생종을 혼식한 농지
   ⑪ 재식밀도가 23,000주/10a 미만, 40,000주/10a 초과인 농지
   ⑫ 9월 30일 이전 정식한 농지
   ⑬ 양파 식물체가 똑바로 정식되지 않은 농지(70° 이하로 정식된 농지)
   ⑭ 부적절한 품종을 재배하는 농지
   ⑮ 무멀칭농지

제3회 기출문제

※ 단답형 문제에 대해 답하시오. (1 ~ 5번 문제)

01. 농작물재해보험의 업무방법 통칙에서 정하는 용어의 정의로 (   )에 들어갈 내용을 답란에 쓰시오. [5점] 변형

> ○ "보험의 목적"은 보험의 약관에 따라 보험에 가입한 목적물로 보험증권에 기재된 농작물의 과실 또는 (㉠), (㉡), (㉢) 등을 말한다.
> ○ "표준수확량"이란 가입품목의 품종, (㉣), (㉤) 등에 따라 정해진 수확량을 말한다.

해설

㉠ 나무 ㉡ 시설작물 재배용 농업용시설물 ㉢ 부대시설
㉣ 수령 ㉤ 재배방식

02. 다음은 농작물재해보험 적과전종합위험 과수품목의 과실손해보장 보통약관의 대상재해 보험기간에 대한 기준이다. (   )에 들어갈 알맞은 날짜를 답란에 쓰시오. [5점] 변형

대상재해	품목	보험기간	
		시 기	종 기
가을동상해	사과, 배	(㉠)	(㉡)
	단감 떫은감		(㉢)

해설

㉠ 판매개시연도 9월 1일
㉡ 수확기 종료 시점 다만, 판매개시연도 11월 10일을 초과할 수 없음
㉢ 수확기 종료 시점 다만, 판매개시연도 11월 15일을 초과할 수 없음

03. 농작물재해보험 자두 품목의 아래 손해 중 보상하는 손해는 "○"로, 보상하지 않는 손해는 "×"로 ( )에 표기하시오. [5점]

① 원인의 직간접을 묻지 아니하고 병해충으로 발생한 손해 ( )

② 제초작업, 시비관리 등 통상적인 영농활동을 하지 않아 발생한 손해 ( )

③ 기온이 0°C 이상에서 발생한 이상저온에 의한 손해 ( )

④ 계약 체결시점 현재 기상청에서 발령하고 있는 기상특보 발령지역의 기상특보 관련 재해로 인한 손해 ( )

⑤ 최대순간풍속 14 m/sec 미만의 바람으로 발생한 손해 ( )

해설

① ×   ② ×   ③ ○   ④ ×   ⑤ ○

04. ○○도 △△시 관내에서 매실과수원을 경작하는 A씨는 농작물재해보험 매실품목의 나무손해보장특약에 다음과 같은 조건으로 가입한 상태에서 보험기간 내 침수로 50주가 고사되는 피해를 입었다. A씨의 피해에 대한 나무손해보장특약의 보험금 산출식을 쓰고 해당 보험금을 계산하시오. [3회 기출 변형]

○ 품종 : 천매   ○ 수령 : 10년생
○ 가입주수 : 200주   ○ 1주당 가입가격 : 50,000원

해설

보험금산출식 = 보험가입금액 × [피해율 − 자기부담비율(5%)]
※ 피해율 = 피해주수(고사된 나무) ÷ 실제결과주수
　*보험가입금액 = 가입주수 × 가입가격 = 200주 × 50,000원 = 10,000,000원
　*피해율 = 50주 ÷ 200주 = 25%
　*보험금 = 10,000,000원 × (25% − 5%) = 2,000,000원

05. 가축재해보험 한우·육우·젖소의 가입대상 및 정부지원 기준 중 ( )에 들어갈 내용을 답란에 쓰시오 [5점]

가입대상	한우·육우 : 생후 (㉠)일령 이상 (㉡)세 미만 젖소 : 생후 (㉢)일령 이상 (㉣)세 미만
지원비율	납입 보험료의 (㉤)% 국고 지원

해설

㉠ 15   ㉡ 13   ㉢ 15   ㉣ 13   ㉤ 50

※ 서술형 문제에 대해 답하시오. (6 ~ 10번 문제)

06. 농작물재해보험 업무방법에 따른 적과전종합위험 나무손해보장 특별약관에서 정하는 보상하는 손해와 보상하지 않는 손해를 답란에 각각 서술하시오. [15점]

1. 보상하는 손해

2. 보상하지 않는 손해

> **해설**
> 1. 보상하는 손해(삭제)
> 2. 보상하지 않는 손해
>   ① 계약자, 피보험자 또는 이들의 법정대리인의 고의 또는 중대한 과실로 인한 손해
>   ② 제초작업, 시비관리 등 통상적인 영농활동을 하지 않아 발생한 손해
>   ③ 보상하지 않는 재해로 제방, 댐 등이 붕괴되어 발생한 손해
>   ④ 피해를 입었으나 회생 가능한 나무 손해
>   ⑤ 토양관리 및 재배기술의 잘못된 적용으로 인해 생기는 나무 손해
>   ⑥ 병충해 등 간접손해에 의해 생긴 나무 손해
>   ⑦ 하우스, 부대시설 등의 노후 및 하자로 생긴 손해
>   ⑧ 계약체결 시점 현재 기상청에서 발령하고 있는 기상특보 발령 지역의 기상특보 관련 재해로 인한 손해
>   ⑨ 보상하는 재해에 해당하지 않은 재해로 발생한 손해
>   ⑩ 전쟁, 혁명, 내란, 사변, 폭동, 소요, 노동쟁의, 기타 이들과 유사한 사태로 생긴 손해

07. 농작물재해보험 원예시설 업무방법에서 정하는 자기부담금과 소손해면책금에 대하여 서술하시오. [15점]

> **해설**
> 1. 자기부담금
>   최소자기부담금(30만원)과 최대자기부담금(100만원)을 한도로 보험사고로 인하여 발생한 손해액의 10%에 해당하는 금액을 자기부담금으로 한다. 단, 피복재단독사고는 최소자기부담금(10만원)과 최대자기부담금(30만원)을 한도로 한다.
>   1) 농업용 시설물과 부대시설 모두를 보험의 목적으로 하는 보험계약은 두 보험의 목적의 손해액 합계액을 기준으로 자기부담금을 산출한다.

2) 자기부담금은 단지 단위, 1사고 단위로 적용한다.
3) 화재손해는 자기부담금을 미적용한다.(농업용 시설물, 부대시설에 한함)

2. 소손해면책금(시설작물 및 버섯작물에 적용) : 보장하는 재해로 1사고당 생산비보험금이 10만원 이하인 경우 보험금이 지급되지 않고, 소손해면책금을 초과하는 경우 손해액 전액을 보험금으로 지급한다.

08. 농작물재해보험 종합위험방식 벼 품목의 업무방법에서 정하는 보험금 지급사유와 지급금액 산출식을 답란에 서술하시오. (단, 자기부담비율은 15%형 기준임) [15점]

구 분	지급사유	지급금액 산출식
경작불능보험금		
수확감소보험금		
수확불능보험금		

해설

구 분	지급사유	지급금액 산출식
경작불능보험금	보상하는 손해로 식물체 피해율이 65% 이상이고, 계약자가 경작불능보험금을 신청한 경우	보험가입금액의 42%
수확감소보험금	보상하는 재해로 인해 피해율이 자기부담비율을 초과하는 경우	보험가입금액 × (피해율 - 자기부담비율) ※ 피해율 = (평년수확량 - 수확량 - 미보상감수량) ÷ 평년수확량
수확불능보험금	보상하는 손해로 제현율이 65% 미만으로 떨어져 정상 벼로서 출하가 불가능하게 되고, 계약자가 수확불능보험금을 신청한 경우	보험가입금액의 57%

09. 농업수입보장방식 포도 품목 캠벨얼리(노지)의 2022년도 기준가격(원/kg)과 수확기가격(원/kg)을 구하고 산출식을 답란에 서술하시오. (단, 2022년에 수확하는 포도를 2021년 11월 보험가입하였고, 농가수취비율은 80.0%로 정함) [15점] 기출변형

연도	서울 가락도매시장 캠벨얼리 연도별 평균가격(원/kg)	
	중품	상품
2016년	3,500	3,700
2017년	3,000	3,600
2018년	3,200	5,400
2019년	2,500	3,200
2020년	3,000	3,600
2021년	2,900	3,700
2022년	3,000	3,900

해설

연도	서울 가락도매시장 캠벨얼리 연도별 평균가격(원/kg)			
	중품	상품	연도별 평균	
2017년	3,000	3,600	3,300	
2018년	3,200	5,400	4,300	최대
2019년	2,500	3,200	2,850	최소
2020년	3,000	3,600	3,300	
2021년	2,900	3,700	3,300	
2022년	3,000	3,900	3,450	수확기가격

1) 기준가격 : 서울 가락도매시장 연도별 중품과 상품 평균가격의 보험가입 직전 5년(가입연도 포함) 올림픽평균값에 농가수취비율을 곱하여 산출
   ※ 산출식 = 올림픽평균값 × 농가수취비율 = 3,300원 × 0.8 = 2,640원
   ① 연도별 평균가격 : 연도별 가격구분별 기초통계기간의 일별가격을 평균하여 산출
   ② 올림픽평균값 : 연도별 평균가격 중 최대값과 최소값을 제외한 남은 값들의 평균값
      최대값(4,300원)과 최소값(2,850원)을 제외한 평균값
      (3,300 + 3,300 + 3,300) ÷ 3 = 3,300원
   ③ 농가수취비율 : 80%

2) 수확기가격 : 수확연도 가격구분별 기초통계기간의 서울 가락도매시장 중품과 상품 평균가격에 농가수취비율을 곱하여 산출
   ※ 산출식 = 수확연도 서울 가락도매시장 중품과 상품 평균가격 × 농가수취비율
   수확연도 서울 가락도매시장 중품과 상품 평균가격 = (3,000원 + 3,900원) ÷ 2 = 3,450원
   ∴ 수확기가격 = 3,450원 × 0.8 = 2,760원

10. 가축재해보험의 업무방법에서 정하는 유량검정젖소의 정의와 가입기준(대상농가, 대상젖소)에 관하여 답란에 서술하시오. [15점]

   ○ 유량검정젖소의 정의 :

   ○ 가입기준(대상농가) :

   ○ 가입기준(대상젖소) :

> **해설**
> 1) 정의 : 유량검정젖소란 검정농가의 젖소 중 유량이 우수하며 상품성이 높은 젖소를 말하며, 시가에 관계없이 협정보험가액 특약으로 가입한다.
> 2) 가입기준
>   - 대상농가 : 농가 기준 직전 월의 305일 평균유량이 10,000kg 이상이고, 평균 체세포수가 30만 마리 이하를 충족하는 농가가 대상이다.
>   - 대상젖소 : 대상농가 기준을 충족하는 농가의 젖소 중 최근 산차 305일 유량이 11,000kg 이상이고, 체세포수가 20만 마리 이하인 젖소가 대상이다.

제4회 기출문제

※ 단답형 문제에 대해 답하시오. (1 ~ 5번 문제)

01. 다음은 계약인수 현지조사 요령에서 현지조사 항목에 관한 내용이다. ( )에 들어갈 용어를 순서대로 쓰시오. [5점] 개정 삭제

> ○ 과수 작물 현지 조사 항목 : 면적, 품종, 수령, 주수, (①), (②), (③), 기타 적정성
> ○ 밭작물, 원예시설 현지 조사 항목 : 가입면적, 식재, (④), (⑤)의 적정성 등

02. 종합위험보장 원예시설 보험의 계약인수와 관련하여 맞는 내용은 "○"로, 틀린 내용은 "×"로 표기하여 순서대로 나열하시오. [5점]

> ① 단동하우스와 연동하우스는 최소가입면적이 200㎡로 같고, 유리온실은 가입면적의 제한이 없다.
> ② 6개월 이내에 철거 예정인 고정식 시설은 인수제한 목적물에 해당한다.
> ③ 작물의 재배면적이 시설면적의 50% 미만인 경우 인수 제한된다.
> ④ 고정식하우스는 존치기간이 1년 미만인 하우스로 시설작물 경작 후 하우스를 철거하여 노지작물을 재배하는 농지의 하우스를 말한다.

해설
① "×"(300㎡) ② "×"(1년 이내에) ③ ○ ④ "×"(이동식하우스)
※ 고정식하우스는 존치기간이 1년 이상인 하우스로 한시적 휴경기간을 포함한다.

03. 특정위험보장 과수 상품에서 다음 조건에 따라 올해 2018년의 평년착과량을 구하시오. (단, 제시된 조건 외의 다른 조건은 고려하지 않음) [5점]

(단위 : kg)

구 분	2016	2017	2018	2019	2020
표준수확량	7,900	7,300	8,700	8.900	9,200
적과후착과량	미가입	6,500	5,600	미가입	7,100

※ 기준표준수확량은 2016년부터 2020년까지 8,500kg개로 매년 동일한 것으로 가정함
※ 2021년 기준표준수확량은 9,350kg

해설

A값 : (6,500kg + 5,600kg + 7,100kg) ÷ 3 = 6,400kg
B값 : (7,300kg + 8,700kg + 9,200kg) ÷ 3 = 8,400kg
C값 : 9,350kg
D값 : (8,500kg + 8,500kg + 8,500kg) ÷ 3 = 8,500kg
Y값 : 3

평년착과량 = $\{A + (B - A) \times (1 - \frac{Y}{5})\} \times \frac{C}{D}$

= {6,400kg + (8,400kg − 6,400kg) × (1 − 3/5)} × 9,350kg ÷ 8,500kg = 7920kg

04. 다음 밭작물의 품목별 보장내용에 관한 표의 빈칸에 담보가능은 "○"로 부담보는 "×"로 표시할 때 다음 물음에 답하시오. (단, '차' 품목 예시를 포함하여 개수를 산정함) [5점]

밭작물	재파종보장	경작불능보장	수확감소보장	수입보장	생산비보장	해가림시설보장
차	×	×	○	×	×	×
인삼						
고구마, 가을감자						
콩, 양파						
마늘						
고추						

해설

① '재파종보장' 열에서 "○"의 개수 : 1개(마늘)
② '경작불능보장' 열에서 "○"의 개수 : 3개(고구마, 가을감자/콩, 양파/마늘)
③ '수입보장' 열에서 "○"의 개수 : 3개(고구마, 가을감자/콩, 양파/마늘)
④ '인삼' 행에서 "○"의 개수 : 2개(수확감소보장, 해가림시설보장)
⑤ '고구마, 가을감자' 행에서 "○"의 개수 : 3개(경작불능보장, 수확감소보장, 수입보장)

05. 종합위험담보방식 대추 품목 비가림시설에 관한 내용이다. 다음 조건에서 계약자가 가입할 수 있는 보험가입금액의 ① 최소값과 ② 최대값을 구하고, ③ 계약자가 부담할 보험료의 최소값은 얼마인지 쓰시오. (단, 화재위험보장 특약은 제외하고, 가입금액은 만원 단위 미만 절사) [5점]

○ 가입면적 : 2,500㎡
○ 지역별 보험요율(순보험요율) : 5%
○ 순보험료 정부 보조금 비율 : 50%
○ 순보험료 지방자치단체 보조금 비율 : 30%
○ 손해율에 따른 할인·할증과 방재시설 할인 없음

해설

① 보험가입금액의 최소값
    2,500㎡ × 19,000원 × 0.8 = 38,000,000원
② 보험가입금액의 최대값
    2,500㎡ × 19,000원 × 1.3 = 61,750,000원
    ※ 보험가입금액 = (㎡당 시설비 × 시설면적) × (80% ~ 130%)
③ 계약자가 부담할 보험료의 최소값
    = 보험가입금액 × 지역별 보험요율 × {1 - (정부지원 + 지자체지원)}
    = 38,000,000원 × 0.05 × {1 - (0.5 + 0.3)} = 380,000원

※ 서술형 문제에 대해 답하시오. (6~10번 문제)

06. 적과전 종합위험 과실손해보장의 보험가입금액 증액특약에 관하여 다음 내용을 서술하시오. [15점]
    2019년 삭제

    ① 보험가입금액 설정방법

    ② 인수전제조건

    ③ 안내관련 유의사항에서 보험사고 발생 시 증액특약에 미치는 영향

07. 종합위험방식 고추 품목에 관한 다음 내용을 각각 서술하시오. [15점]

    ① 다음 독립된 A, B, C 농지 각각의 보험가입 가능여부와 그 이유 (단, 각각 제시된 조건 이외는 고려하지 않음)

    > ○ A농지 : 가입금액이 100만원으로 농지 10a당 재식주수가 4,000주로 고추정식 1년 전 인삼을 재배
    > ○ B농지 : 가입금액이 200만원, 농지 10a당 재식주수가 2,000주로 4월 2일 고추를 터널재배 형식만으로 식재
    > ○ C농지 : 연륙교가 설치된 도서 지역에 위치하여 10a당 재식주수가 5,000주로 전 농지가 비닐 멀칭이 된 노지재배

해설

○ A농지 : 가입불가
  이유 : 가입금액이 200만원 이상인 농지만 가입이 가능하기 때문
○ B농지 : 가입가능
  이유 : 가입가능 금액인 200만원 이상에 해당하고, 농지 10a당 재식주수가 2,000주로써 1,500주 이상이고 4,000주 이하인 농지에 해당하며, 4월 2일 식재함으로써 4월 1일 이전과 5월 31일 이후에 고추를 식재한 농지가 아니고, 터널재배 형식만으로 식재한 농지이기 때문
○ C농지 : 가입불가
  이유 : 10a당 재식주수가 5,000주로써 가입가능 주수인 1,500주 이상이고 4,000주 이하인 농지에 해당하지 않기 때문

② 병충해가 있는 경우 생산비보장 보험금 계산식
  = (잔존보험가입금액 × 경과비율 × 피해율 × 병충해 등급별 인정비율) − 자기부담금
  *잔존보험가입금액 = 보험가입금액 − 보상액(기발생 생산비보장보험금 합계액)
  *자기부담금은 잔존보험가입금액의 3% 또는 5% 이다.

③ 수확기 이전에 보험사고가 발생한 경우 경과비율 계산식

  $$\text{준비기생산비계수} + [(1 - \text{준비기생산비계수}) \times (\text{생장일수} \div \text{표준생장일수})]$$

  *준비기생산비계수는 54.4%로 한다.
  *생장일수는 정식일로부터 사고발생일까지 경과일수로 한다.
  *표준생장일수(정식일로부터 수확개시일까지 표준적인 생장일수)는 사전에 설정된 값으로 100일로 한다.
  *생장일수를 표준생장일수로 나눈 값은 1을 초과할 수 없다.

08. 과실손해보장의 일소피해담보 특별약관에 관한 다음 내용을 각각 서술하시오. [15점] 변형

> [해설]
> ① 일소피해의 정의
>   폭염(暴炎)으로 인해 보험의 목적에 일소(日燒)가 발생하여 생긴 피해를 말하며, 일소는 과실이 태양광에 노출되어 과피 또는 과육이 괴사되어 검게 그을리거나 변색되는 현상
> ② 일소피해담보 특약의 담보조건
>   폭염은 대한민국 기상청에서 폭염특보(폭염주의보 또는 폭염경보)를 발령한 때 과수원에서 가장 가까운 3개소의 기상관측장비(기상청 설치 또는 기상청이 인증하고 실시간 관측 자료를 확인할 수 있는 관측소)로 측정한 낮 최고기온이 연속 2일 이상 33℃이상으로 관측된 경우를 말하며, 폭염특보가 발령한 때부터 해제 한 날까지 일소가 발생한 보험의 목적에 한하여 보상. 이때 폭염특보는 과수원이 위치한 지역의 폭염특보를 적용
> ③ 일소피해담보 보통약관의 적과전종합위험 담보방식의 보험기간
>   보장개시 : 적과종료 이후, 보장종료 : 판매개시연도 9월 30일

09. 보험회사에 의한 보험계약 해지에 관한 다음 내용을 각각 서술하시오. [15점]

① 보험회사에 의한 보험계약 해지 불가 사유 4가지개정삭제

② 보험회사에 의한 보험계약 해지 시 보험회사가 지급할 환급보험료 산출식

③ 보험회사에 의한 보험계약 해지 시 보험료 환급에 따른 적용이율

> [해설]
> ② 보험회사에 의한 보험계약 해지 시 보험회사가 지급할 환급보험료 산출식
>   ⓐ 계약자 또는 피보험자의 책임 없는 사유에 의하는 경우 : 무효의 경우에는 납입한 계약자부담보험료의 전액, 효력상실 또는 해지의 경우에는 해당 월 미경과비율에 따라 아래와 같이 '환급보험료'를 계산한다.
>
>   > 환급보험료 = 계약자부담보험료 × 미경과비율 〈별표〉
>   > ※ 계약자부담보험료는 최종 보험가입금액 기준으로 산출한 보험료 중 계약자가 부담한 금액

ⓑ 계약자 또는 피보험자의 책임 있는 사유에 의하는 경우 : 계산한 해당 월 미경과비율에 따른 환급보험료. 다만 계약자, 피보험자의 고의 또는 중대한 과실로 무효가 된 때에는 보험료를 반환하지 않는다.

③ 보험회사에 의한 보험계약 해지 시 보험료 환급에 따른 적용이율
청구일의 다음 날부터 지급일까지의 기간에 대하여 '보험개발원이 공시하는 보험계약대출이율'을 연단위 복리로 계산한 금액을 더하여 지급한다.

10. 가축재해보험(젖소) 사고 시 월령에 따른 보험가액을 산출하고자 한다. 각 사례별(①~⑤)로 보험가액 계산과정과 값을 쓰시오. (단, 유량검정젖소 가입시는 제외, 만원 미만 절사) [15점] 개정 삭제

〈사고 전전월 전국산지 평균가격〉
○ 분유떼기 암컷 : 100만원
○ 수정단계 : 300만원
○ 초산우 : 350만원
○ 다산우 : 480만원
○ 노산우 : 300만원

① 월령 2개월 질병사고 폐사

② 월령 11개월 대사성 질병 폐사

③ 월령 20개월 유량감소 긴급 도축

④ 월령 35개월 급성고창 폐사

⑤ 월령 60개월 사지골절 폐사

제5회 기출문제

※ 단답형 문제에 대해 답하시오. (1 ~ 5번 문제)

01. 농작물재해보험의 업무방법 통칙에서 정하는 용어의 정의로 ( )에 들어갈 내용을 쓰시오. [5점]

> ○ "보험가액"이란 재산보험에 있어 (①)을(를) (②)으로 평가한 금액으로 보험목적에 발생할 수 있는 (③)을(를) 말한다.
> ○ "적과후착과수"란 통상적인 (④) 및 (⑤) 종료시점의 착과수를 말한다.

해설

① 피보험이익 ② 금전 ③ 최대 손해액 ④ 적과 ⑤ 자연낙과

02. 농업수입감소보장 양파 상품의 내용 중 보험금의 계산식에 관한 것이다. 다음 내용에서 ( )의 ① 용어와 ② 정의를 쓰시오. [5점]

> ○ 실제수입 = {조사수확량 + ( )} × min(농지별 기준가격, 농지별 수확기가격)

해설

① 용어 : 미보상감수량
② 보상하는 재해 이외의 원인으로 수확량이 감소되었다고 평가되는 부분을 말하며, 계약 당시 이미 발생한 피해, 제초상태 불량 등으로 인한 수확감소량으로써 피해율 산정시 감수량에서 제외

03. 종합위험보장 참다래 상품에서 다음 조건에 따라 2020년의 평년수확량을 구하시오. (단, 주어진 조건 외의 다른 조건은 고려하지 않음) [5점]

(단위 : kg)

구 분	2015년	2016년	2017년	2018년	2019년	합 계	평 균
평년수확량	8,000	8,100	8,100	8,300	8,400	40,900	8,180
표준수확량	8,200	8,200	8,200	8,200	8,200	41,000	8,200
조사수확량	7,000	4,000	무사고	무사고	8,500	-	-
가입여부	가입	가입	가입	가입	가입		

※ 2020년의 표준수확량은 8,200 kg임

> **해설**
>
> A값 : (7,000 + 4,050 + 9,020 + 9,130 + 8,500) ÷ 5 = 7,540kg
> B값 : (8,200 + 8,200 + 8,200 + 8,200 + 8,200) ÷ 5 = 8,200kg
> C값 : 8,200
> Y값 : 5
> 평년수확량 = {7,540 + (8,200 − 7,540) × (1 − 5/5)} × 8,200 ÷ 8,200 = 7,540kg

04. 돼지를 기르는 축산농 A씨는 ① 폭염으로 폐사된 돼지와 ② 축사 화재로 타인에게 배상할 손해를 대비하기 위해 가축재해보험에 가입하고자 한다. 이 때, 반드시 가입해야 하는 2가지 특약을 ① 의 경우와 ② 의 경우로 나누어 각각 쓰시오. [5점]

> **해설**
>
> ① 폭염으로 폐사된 돼지 : 전기적장치위험보장 특별약관, 폭염재해보장 추가특별약관
> ② 축사화재로 타인에게 배상할 손해 : 화재대물배상책임 특별약관

05. 가축재해보험 소, 돼지 상품에 관한 다음 내용을 쓰시오. [5점]

① 협정보험가액 특약을 가입할 수 있는 세부 축종명

② 공통 인수제한계약사항

> **해설**
> ① 소 : 종빈우, 유량검정젖소
>   돼지 : 종모돈, 종빈돈, 자돈(포유돈, 이유돈)
> ② 공통인수제한 계약사항
>   1. 사육장소 내 가축 중 일부만을 보험에 가입하는 경우
>   2. 사육장소 내 일부 축사만 가입하는 경우

※ 서술형 문제에 대해 답하시오. (6 ~ 10번 문제)

06. 적과전종합위험방식 과수상품의 부보비율에 따른 보험금 계산에 관한 다음 내용을 서술하시오. [15점] 개정 삭제

07. ○○도 △△시 관내 농업용 시설물에서 딸기를 재배하는 A씨, 시금치를 재배하는 B씨, 부추를 재배하는 C씨, 장미를 재배하는 D씨는 모두 농작물재해보험 종합위험방식 원예시설 상품에 가입한 상태에서 자연재해로 시설물이 직접적인 피해를 받았다. 이 때, A, B, C, D씨의 작물에 대한 지급보험금 산출식을 각각 쓰시오. (단, D씨의 장미는 보상하는 재해로 나무가 죽은 경우에 해당함) [15점]

> **해설**
> A씨 보험금(딸기) = 피해작물 재배면적 × 피해작물 단위면적당 보장생산비 × 경과비율 × 피해율
> B씨 보험금(시금치) = 피해작물 재배면적 × 피해작물 단위면적당 보장생산비 × 경과비율 × 피해율
> C씨 보험금(부추) = 부추 재배면적 × 부추 단위면적당 보장생산비 × 피해율 × 70%
> D씨 보험금(보상하는 재해로 장미나무가 죽은 경우)
>   = 장미 재배면적 × 장미 단위면적당 나무고사 보장생산비 × 피해율

08. 농작물재해보험 종합위험 수확감소보장 상품에 관한 내용이다. 다음 보장방식에 대한 1) 보험의 목적과 2) 보험금 지급사유를 서술하고, 보험금 산출식을 쓰시오. [15점]

> **해설**
>
> 1) 보험의 목적(개정 삭제)
> 2) 보험금 지급사유, 보험금 산출식
>   ① 재이앙·재직파보장
>   1. 보험금 지급사유 : 보험기간 내에 보상하는 재해로 면적피해율이 10%를 초과하고 재이앙·재직파한 경우
>   2. 보험금 산출식 = 보험가입금액 × 25% × 면적피해율
>   (면적피해율 = 피해면적 ÷ 보험가입면적)
>   ② 재파종보장
>   1. 보험금 지급사유 : 보험계약일 24시부터 당해연도 10월 31일까지 보상하는 재해로 인해 마늘이 10a당 30,000주 미만으로 출현되어 10a당 30,000주 이상으로 재파종을 한 경우
>   2. 보험금 산출식 = 보험가입금액 × 35% × 표준출현 피해율
>   [표준출현 피해율(10a 기준) = (30,000주 − 출현주수) ÷ 30,000주)]
>   ③ 재정식보장
>   1. 보험금 지급사유 : 보상하는 재해로 인해 면적피해율이 자기부담비율을 초과하고 재정식한 경우
>   2. 보험금 산출식 = 보험가입금액 × 20% × 면적피해율
>   (면적피해율=피해면적÷보험가입면적)

09. 농작물재해보험 종합위험 수확감소보장 복숭아 상품에 관한 내용이다. 다음 조건에 대한 ① 보험금 지급사유와 ② 지급시기를 서술하고 ③ 보험금을 구하시오. (단, 보험금은 계산과정을 반드시 쓰시오.) [15점]

---

1. 계약사항
    - ○ 보험가입품목 : (종합)복숭아
    - ○ 품종 : 백도
    - ○ 수령 : 10년
    - ○ 가입주수 : 150주
    - ○ 보험가입금액 : 25,000,000원
    - ○ 평년수확량 : 9,000kg
    - ○ 가입수확량 : 9,000kg
    - ○ 자기부담비율 : 2년 연속가입 및 2년간 수령보험금이 순보험료의 100% 이하인 과수원으로 최저 자기부담비율 선택
    - ○ 특별약관 : 수확량감소추가보장

2. 조사내용
    - ○ 사고접수 : 2019. 07. 05. 기타자연재해, 병충해
    - ○ 조사일 : 2019. 07. 06.
    - ○ 사고조사내용 : 강풍, 병충해(복숭아순나방)
    - ○ 수확량 : 4,500kg (병충해과실무게 포함)
    - ○ 병충해과실무게 : 1,200kg
    - ○ 미보상비율 : 10%

[해설]

① 보험금 지급사유 : 보상하는 손해로 피해율이 자기부담비율을 초과하는 경우 지급한다.

② 지급시기(개정삭제)
  1. 수확기 경과 후 보험금 청구서류를 접수하면, 지체없이 지급할 보험금을 결정하고 지급할 보험금이 결정되면 7일 이내에 지급한다.
  2. 수확기 경과 후 보험금 청구서류를 접수하면, 지급할 보험금이 결정되기 전이라도 피보험자의 청구가 있을 때에는 회사가 추정한 보험금의 50% 상당액을 가지급금으로 지급한다.

③ 보험금
  1. 수확감소보험금 = 보험가입금액 × (피해율 − 자기부담비율)
      = 25,000,000원 × (0.45 − 0.15) = 7,500,000원

    *피해율 = {(평년수확량 − 수확량 − 미보상감수량) + 병충해감수량} ÷ 평년수확량
      = (9,000kg − 4500kg − 450kg) ÷ 9,000kg = 45%

    *자기부담비율 : 15%(2년 연속가입 및 2년간 수령보험금이 순보험료의 100% 이하인 과수원은 자기부담비율이 15%이다)

    *미보상감수량 = (평년수확량 − 수확량) × 미보상비율 = (9,000kg − 4500kg) × 10% = 450kg

*병충해감수량 : 병충해 입은 과실의 무게 × 50%, 세균구멍병이 아니므로 병충해감수량은 0kg

2. 수확량감소 추가보장 보험금 = 보험가입금액 × (피해율 × 10%)
   = 25,000,000원 × (0.45 × 0.1) = 1,125,000원

3. 총 보험금 = 7,500,000원 + 1,125,000원 = 8,625,000원

10. 종합위험보장 유자, 무화과, 포도, 감귤 상품을 요약한 내용이다. 다음 ( )에 들어갈 내용을 쓰시오. [15점]

품목	구분	대상재해	보험기간 시기	보험기간 종기
유자	수확감소보장	자연재해 조수해 화재	계약체결일 24시	(①)
	나무손해보장		판매개시연도 12월 1일 (다만 12월 1일 이후 보험에 가입하는 경우에는 계약체결일 24시)	이듬해 11월 30일
무화과	과실손해보장	자연재해 조수해 화재	계약체결일 24시	(②)
		(③)	(④)	(⑤)
	나무손해보장	자연재해 조수해 화재	판매개시연도 12월 1일	이듬해 11월 30일
포도	비가림과수 손해보장	자연재해 조수해 화재	계약체결일 24시	(⑥)
	나무손해보장		판매개시연도 12월 1일 (다만 12월 1일 이후 보험에 가입하는 경우에는 계약체결일 24시)	이듬해 11월 30일
감귤	종합위험과실 손해보장	자연재해 조수해 화재	발아기 (단, 발아기가 지난 경우에는 계약체결일 24시)	판매개시연도 11월 30일
	나무손해보장		발아기 (단, 발아기가 지난 경우에는 계약체결일 24시)	(⑦)

해설

① 수확개시 시점(단, 이듬해 10월31일을 초과할 수 없음)
② 이듬해 7월 31일
③ 태풍(강풍), 우박
④ 이듬해 8월 1일
⑤ 이듬해 수확기 종료시점(단, 이듬해 10월 31일을 초과할 수 없음)
⑥ 수확기 종료 시점(단, 이듬해 10월 10일을 초과할 수 없음)
⑦ 이듬해 2월 말일

제6회 기출문제

※ 단답형 문제에 대해 답하시오. (1 ~ 5번 문제)

01. 농작물재해보험의 업무방법 통칙에서 정하는 용어의 정의로 ( )에 들어갈 내용을 쓰시오.[5점]

> ○ "과수원(농지)"이라 함은 (①)의 토지의 개념으로 (②)와는 관계없이 과실(농작물)을 재배하는 하나의 경작지를 의미한다.
> ○ (③)이란 보험사고로 인하여 발생한 손해에 대하여 보험가입자가 부담하는 일정비율로 보험가입금액에 대한 비율을 말한다.
> ○ "신초 발아기"란 과수원에서 전체 신초가 (④)% 정도 발아한 시점을 말한다.
> ○ "개화기"란 꽃이 피는 시기를 말하며, 작물의 생물조사에서의 개화기는 꽃이 (⑤)% 정도 핀 날의 시점을 말한다.

해설

① 한덩어리   ② 필지(지번)   ③ 자기부담비율   ④ 50   ⑤ 40

02. 농작물재해보험 종합위험보장 밭작물 품목 중 출현율이 90% 미만인 농지를 인수한하는 품목 4가지를 모두 쓰시오. (단, 농작물재해보험 판매상품 기준으로 한다.) [5점]

해설

옥수수, 콩, 감자(봄, 가을, 고랭지재배)

03. 농작물재해보험 종합위험보장 과수품목의 보험기간에 대한 기준이다. ( )에 들어갈 내용을 쓰시오. [5점]

구분		보장개시	보장종료
해당보장 및 약관	목적물		
종합위험 수확감소보장 보통약관	밤	(①) 다만, (①)가 경과한 경우에는 계약체결일 24시	수확기종료 시점 다만, 판매개시연도 (②)을 초과할 수 없음
비가림과수 손해보장 보통약관	이듬해에 맺은 참다래 과실	(③) 다만, (③)가 지난 경우에는 계약체결일 24시	해당 꽃눈이 성장하여 맺은 과실의 수확기 종료 시점 다만, 이듬해 (④)을 초과할 수 없음
비가림과수 손해보장 보통약관	대추	(⑤) 다만, (⑤)가 경과한 경우에는 계약체결일 24시	수확기 종료 시점 다만, 이듬해 (②)을 초과할 수 없음

해설

① 발아기   ② 10월31일   ③ 꽃눈분화기   ④ 11월30일   ⑤ 신초발아기

04. 종합위험보장 쪽파(실파) 상품은 사업지역, 파종 및 수확시기에 따라 1형과 2형으로 구분된다. ( )에 들어갈 내용을 쓰시오. [5점] 개정삭제

○ 1형 : (①) 지역에서 (②) 이전에 파종하거나, (③) 지역에서 재배하여 (④)에 수확하는 노지 쪽파(실파)
○ 2형 : (①) 지역에서 (②) 이후에 파종하여 (⑤)에 수확하는 노지 쪽파(실파)

해설

기존 업방에 따름
① 충남아산, ② 9월15일, ③ 전남보성, ④ 당해연도, ⑤ 이듬해 4~5월

05. 종합위험보장 고추 상품의 계약인수관련 생산비 산출방법이다. (   )에 들어갈 내용을 쓰시오. [5점]
개정삭제

> ○ 농촌진흥청에서 매년 발행하는 "지역별 농산물 소득자료"의 경영비와 (①)에 (②)와 (③)를 합산하여 표준생산비를 도 또는 전국단위로 산출
> ○ 산출한 표준생산비를 (④)별(준비기, 생장기, 수확기)로 배분
> ○ 수확기에 투입되는 생산비는 수확과 더불어 회수되므로 표준생산비에서 (⑤)를 차감하여 보험 가입대상 생산비 산출

해설

기존 업방에 따름
① 자가노력비, ② 자본용역비, ③ 토지용역비, ④ 재배기간, ⑤ 수확기생산비

※ 서술형 문제에 대해 답하시오. (6 ~ 10번 문제)

06. 종합위험과수 자두 상품에서 수확감소보장의 자기부담비율과 그 적용기준을 각 비율별로 서술하시오. [15점]

해설

① 자기부담비율 : 계약할 때 계약자가 선택한 비율로 10%형, 15%형, 20%형, 30%형, 40% 형이 있다.
② 자기부담비율 적용기준
  가. 10%형 : 최근 3년간 연속 보험가입과수원으로서 3년간 수령한 보험금이 순보험료의 100% 이하인 경우에 한하여 선택 가능
  나. 15%형 : 최근 2년간 연속 보험가입과수원으로서 2년간 수령한 보험금이 순보험료의 100% 이하인 경우에 한하여 선택 가능
  다. 20%형, 30%형, 40% : 제한없음

07. 종합위험보장 ①복숭아 상품의 평년수확량 산출식을 쓰고, ②산출식 구성요소에 대해 설명하시오. [단, 과거수확량 자료가 있는 경우(최근 5년 이내 2회의 보험가입 경험이 있는 경우)에 해당하며, 과거수확량 산출 관련 다른 조건은 배제한다.] [15점]

해설

$\left\{A+(B-A)\times(1-\dfrac{Y}{5})\right\}\times\dfrac{C}{B}$	A(과거평균수확량) = Σ(과거 5년간 수확량) ÷ Y B(평균표준수확량) = Σ(과거 5년간 표준수확량) ÷ Y C = 가입년도 표준수확량 Y = 과거수확량 산출년도 횟수(가입횟수) ※ 다만, 평년수확량은 보험가입연도 표준수확량의 130%를 초과할 수 없음

※ 과거수확량 산출
① 무사고시 수확량 = 조사한 착과수 × 평균과중
② 사고시 조사수확량 값 적용(사고가 발생하여 수확량 조사를 한 경우)

구 분	수확량
조사수확량 > 평년수확량의 50%	조사수확량
조사수확량 ≤ 평년수확량의 50%	평년수확량의 50%

08. 종합위험과수 밤 상품의 ① 표준수확량 산출식을 쓰고, 다음 조건에 따라 가입한 과수원의 ② 재식밀도지수와 ③ 표준수확량(kg)을 구하시오. [15점] 개정삭제

○ 기준주수 면적 : 27,000㎡
○ 지역·품종·수령별 표준수확량 : 30kg
○ 최대인정주수 면적 : 18,000㎡
○ 가입주수 : 500주
○ 밤나무재배 면적 : 20,000㎡

> 해설

(1) 포도(단지 단위) 비가림시설의 최소 가입면적에서 최소 보험가입금액
(2) 대추(단지 단위) 비가림시설의 가입면적 300㎡에서 최대 보험가입금액
(3) 다음 조건에 따른 인삼 해가림시설의 보험가입금액(만원 단위 미만 절사)

> ○ 단위면적당 시설비 : 30,000원
> ○ 가입(재식)면적 : 300㎡
> ○ 시설유형 : 목재(내용연수 : 6년)
> ○ 시설년도 : 2014년 4월
> ○ 가입시기 : 2019년 11월

09. 농작물재해보험 상품 중 비가림시설(시설비/㎡ : 18,000원) 또는 해가림시설(시설비/㎡ : 19,000원)에 관한 다음 보험가입금액을 구하시오. [15점]

> 해설

(1) 포도(단지 단위) 비가림시설의 최소 가입면적에서 최소 보험가입금액
    200㎡ × 18,000원 × 0.8 = 2,880,000원
(2) 대추(단지 단위) 비가림시설의 가입면적 300㎡에서 최대 보험가입금액
    300㎡ × 19,000원 × 1.3 = 7,410,000원
(3) 다음 조건에 따른 인삼 해가림시설의 보험가입금액(만원 단위 미만 절사)
    해가림시설의 보험가입금액 = 재조달가액 × (1 − 감가상각률)
    = 9,000,000원 × (100% − 66.65%) = 3,001,500,   3,000,000원(만원 단위 미만 절사)

> 재조달가액 = 단위면적당 시설비 × 재배면적(300㎡ × 30,000원 = 9,000,000원)
> 감가상각률 = 경년감가율 × 경과연수(5년 7개월 ⇨ 5년) = 13.33% × 5년 = 66.65%

10. 가축 재해보험 축사 특약에 관한 다음 내용을 쓰시오. [15점] 개정삭제

(1) 보험가액 계산식

(2) 수정잔가율 적용 사유와 적용 비율

(3) 수정잔가율 적용 예외 경우와 그 적용 비율

제7회 기출문제

01. 종합위험보장 벼(조사료용 벼 제외) 상품의 병해충보장특별약관에서 보장하는 병해충 5가지만 쓰시오. [5점]

> **해설**
> 흰잎마름병, 벼멸구, 도열병, 줄무늬잎마름병, 깨씨무늬병, 먹노린재, 세균성벼알마름병

02. 콩, 마늘, 양파 품목에서 종합위험보장 상품과 비교하여 농업수입감소보장 상품에 추가로 적용되는 농지의 보험가입자격을 쓰시오. [5점] 개정삭제

> **해설**
> 사업지역에서 보험대상 농작물을 경작하는 개인 또는 법인으로 과거 5년 중 2년 이상 각각 콩, 마늘, 양파 보험을 가입하여 수확량 실적이 있는 농지

03. 보험가입금액 100,000,000원, 자기부담비율 20%의 종합위험보장 마늘 상품에 가입하였다. 보험계약 후 당해 년도 10월 31일까지 보상하는 재해로 인해 마늘이 10a당 27,000주가 출현되어 10a당 33,000주로 재파종을 한 경우 재파종보험금의 계산과정과 값을 쓰시오. [5점]

> **해설**
> 재파종보험금 = 100,000,000원 × 35% × (30,000주 − 27,000주) ÷ 30,000주 = 3,500,000원

04. 돼지를 사육하는 A 농장의 계약자가 가축재해보험에 가입하려고 한다. 다음 물음에 답하시오. (단, 보험사업자가 제시한 기준가액으로 계산할 것) [5점] 개정삭제

농장	사육두수		
A 농장	비육돈	모돈	웅돈
	50두	20두	10두

물음 1) 일괄가입방식 보험가입금액의 계산과정과 값을 쓰시오. (2점)

물음 2) 질병위험보장특약 보험가입금액의 계산과정과 값을 쓰시오. (3점)

05. 종합위험보장 상품에서 보험가입시 과거수확량 자료가 없는 경우 산출된 표준수확량의 70%를 평년수확량으로 결정하는 품목 중 특약으로 나무손해보장을 가입할 수 있는 품목 2 가지를 모두 쓰시오. [5점]

> **해설**
> 유자, 살구
> (※ 표준수확량의 70%를 평년수확량으로 결정하는 품목 : 살구, 팥, 사과대추, 유자)

06. 종합위험보장 논벼에 관한 내용이다. 계약내용과 조사내용을 참조하여 다음 물음에 답하시오. [15점]

○ 계약내용	○ 조사내용
- 보험가입금액 : 3,500,000원	- 재이앙 전 피해면적 : 2,100㎡
- 가입면적 : 7,000㎡	- 재이앙 후 식물체 피해면적 : 4,900㎡
- 자기부담비율 : 15%	

물음 1) 재이앙·재직파보험금과 경작불능보험금을 지급하는 경우를 각각 서술하시오. (4점)

> [해설]
> 재이앙·재직파보험금 : 보험험기간 내에 보상하는 재해로 면적 피해율이 10%를 초과하고, 재이앙(재직파)한 경우
> 경작불능보험금 : 보상하는 손해로 식물체 피해율이 65% 이상이고, 계약자가 경작불능보험금을 신청한 경우

물음 2) 재이앙·재직파보장과 경작불능보장의 보장종료시점을 각각 쓰시오. (2점)

> [해설]
> 재이앙·재직파보장 : 판매개시연도 7월 31일
> 경작불능보장 : 출수기 전

물음 3) 재이앙·재직파보험금의 계산과정과 값을 쓰시오. (6점)

> [해설]
> 재이앙·재직파보험금 = 3,500,000원 × 25% × (2,100㎡ ÷ 7,000㎡) = 262,500원

물음 4) 경작불능보험금의 계산과정과 값을 쓰시오. (3점)

> [해설]
> 경작불능보험금 = 3,500,000 × 42%(자기부담비율 15%형) = 1,470,000원

07. 농작물재해보험 종합위험보장 양파 상품에 가입하려는 농지의 최근 5년간 수확량 정보이다. 다음 물음에 답하시오. [15점]

(단위 : kg)

연도	2016년	2017년	2018년	2019년	2020년	2021년
평년수확량	1,000	800	900	1,000	1,100	?
표준수확량	900	950	950	900	1,000	1,045
조사수확량			300	무사고	700	
보험가입여부	미가입	미가입	가입	가입	가입	

물음 1) 2021년 평년수확량 산출을 위한 과거평균수확량의 계산과정과 값을 쓰시오. (8점)

해설

구 분		수확량
2018	300 < 900의 50%	450
2019	MA×(900, 1,000) × 1.1	1,100
2020	700 > 1,100의 50%	700

A값 : (450 + 1,100 + 700) ÷ 3 = 750kg

물음 2) 2021년 평년수확량의 계산과정과 값을 쓰시오. (7점)

해설

A값 : (450 + 1,100 + 700) ÷ 3 = 750kg
B값 : (950 + 900 + 1,000) ÷ 3 = 950kg
C값 : 1,045kg
Y값 : 3
평년수확량 = {750 + (950 − 750) × (1 − 3/5)} × 1,045 ÷ 950 = 913kg

08. 다음 계약들에 대하여 각각 정부지원액의 계산과정과 값을 쓰시오. [15점]

(단위 : 원)

구분	농작물재해보험	농작물재해보험	가축재해보험
보험목적물	사과	옥수수	국산 말 1 필
보험가입금액	100,000,000	150,000,000	60,000,000
자기부담비율	15%	10%	약관에 따름
영업보험료	12,000,000	1,800,000	5,000,000
순보험료	10,000,000	1,600,000	
정부지원액	(①)	(②)	(③)

○ 주계약 가입 기준임
○ 가축재해보험의 영업보험료는 업무방법에서 정하는 납입보험료와 동일함

○ 정부지원액이란 재해보험가입자가 부담하는 보험료의 일부와 재해보험사업자의 재해보험의 운영 및 관리에 필요한 비용의 전부 또는 일부를 정부가 지원하는 금액임(지방자치단체의 지원액은 포함되지 않음)
○ 재해보험사업자의 재해보험의 운영 및 관리에 필요한 비용은 부가보험료와 동일함

[해설]

① 사과 : 10,000,000원 × 40% + (12,000,000원 − 10,000,000원) × 100% = 6,000,000원
② 옥수수 : 1,600,000원 × 50% + (1,800,000원 − 1,600,000원) × 100% = 1,000,000원
③ 말 : 5,000,000원 × [(40,000,000원 + 20,000,000원 × 70%) ÷ 60,000,000원] × 50%
  = 2,250,000원

※ 1. 부가보험료 전액은 정부에서 지원한다.
 2. 가축재해보험은 납입보험료의 50%를 지원하되, 말의 경우 마리당 가입금액 4천만원 한도 내에서 보험료의 50%를 지원하되, 4천만원을 초과하는 경우는 초과금액의 70%까지 가입금액을 산정하여 보험료의 50%를 지원한다(단, 외국산 경주마는 정부지원 제외).

09. 종합위험보장 원예시설 상품에서 정하는 시설작물에 대하여 다음 물음에 답하시오. [15점]

물음 1) 자연재해와 조수해로 입은 시설작물의 손해를 보상하기 위한 기준을 서술하시오. (9점)

> **해설**
>
> 아래의 각목 중 하나에 해당하는 것이 있는 경우에만 위 자연재해나 조수해로 입은 손해를 보상
> ① 구조체, 피복재 등 농업용 시설물(버섯재배사)에 직접적인 피해가 발생한 경우
> ② 농업용 시설물에 직접적인 피해가 발생하지 않은 자연재해로서 작물 피해율이 70% 이상 발생하여 농업용 시설물 내 전체 작물의 재배를 포기하는 경우
> ③ 기상청에서 발령하고 있는 기상특보 발령지역의 기상특보 관련 재해로 인해 작물에 피해가 발생한 경우

물음 2) 소손해면책금 적용에 대하여 서술하시오. (3점)

> **해설**
>
> 소손해면책금 : 보상하는 재해로 1 사고당 생산비보험금이 10 만원 이하인 경우 보험금이 지급되지 않고, 소손해면책금을 초과하는 경우 손해액 전액을 보험금으로 지급하며, 이 때 소손해면책금은 10만원이다.

물음 3) 시설작물 인수제한 내용이다. ( )에 들어갈 내용을 각각 쓰시오. (3점)

> ○ 작물의 재배면적이 시설 면적의 (①)인 경우 인수 제한한다. 다만, 백합, 카네이션의 경우 시설별 (②)인 경우 인수 제한한다.

> **해설**
>
> ① 50% 미만 ② 200㎡ 미만

10. 종합위험과수 포도에 관한 내용이다. 계약내용과 조사내용을 참조하여 다음 물음에 답하시오. [15점]

1. 계약내용	2. 조사내용

○ 보험가입품목 : 포도, 비가림시설
○ 특별약관 : 나무손해보장, 수확량감소추가보장
○ 품종 : 캠벨얼리
○ 수령 : 8년
○ 가입주수 : 100 주
○ 평년수확량 : 1,500kg
○ 가입수확량 : 1,500kg
○ 비가림시설 가입면적 : 1,000 ㎡
○ 자기부담비율 : 3년 연속가입 및 3년간 수령한 보험금이 순보험료의 50% 이하인 과수원으로 최저자기부담비율 선택
○ 포도 보험가입금액 : 20,000,000 원
○ 나무손해보장 보험가입금액 : 4,000,000 원
○ 비가림시설 보험가입금액 : 18,000,000 원
	○ 사고접수 : 2021. 8. 10. 호우, 강풍
	○ 조사일 : 2021. 8. 13
	○ 재해 : 호우
	○ 조사결과
	  - 실제결과주수 : 100 주
	  - 고사된 나무 : 30 주
	  - 수확량 : 700kg
	  - 미보상비율 : 10%
	  - 비가림시설 : 피해없음

물음 1) 계약내용과 조사내용에 따라 지급 가능한 3 가지 보험금에 대하여 각각 계산과정과 값을 쓰시오. (9점)

> 해설

(1) 수확감소보험금
　*미보상감수량 = (1,500kg − 700kg) × 10% = 80kg
　*피해율 = (1,500kg − 700kg − 80kg) ÷ 1,500kg = 48%
　*자기부담비율 = 10%
　*수확감소보험금 = 20,000,000원 × (48% − 10%) = 7,600,000원

(2) 수확량감소 추가보장 보험금 = 20,000,000원 × (48% × 10%) = 960,000원

(3) 나무손해보장 보험금
　*피해율 = 30주 ÷ 100주 = 30%
　*나무손해보장 보험금 = 4,000,000원 × (30% − 5%) = 1,000,000원

물음 2) 포도 상품 비가림시설에 대한 보험가입기준과 인수제한 내용이다. (   )에 들어갈 내용을 각각 쓰시오. (6점)

> ○ 비가림시설 보험가입기준 : (①) 단위로 가입(구조체 + 피복재)하고 최소 가입면적은 (②)이다. 단위면적당 시설단가를 기준으로 80%~130% 범위에서 가입금액 선택 (10% 단위 선택)
> ○ 비가림시설 인수제한 : 비가림폭이 2.4m ± 15%, 동고가 (③)의 범위를 벗어나는 비가림시설 (과수원의 형태 및 품종에 따라 조정)

해설

① 단지 ② 200㎡ 이상 ③ 3m ± 5%

제8회 기출문제

01. 위험관리 방법 중 물리적 위험관리(위험통제를 통한 대비) 방법 5가지를 쓰시오. (5점)

> **해설**
> ① 위험회피, ② 손실통제, ③ 위험요소의 분리(위험분산), ④ 위험전가, ⑤ 위험인수

02. 농업재해의 특성 5가지만 쓰시오. (5점)

> **해설**
> ① 불예측성, ② 광역성, ③ 동시성·복합성, ④ 계절성, ⑤ 피해의 대규모성, ⑥ 불가항력성

03. 보통보험약관의 해석에 관한 내용이다. ( )에 들어갈 내용을 쓰시오. (5점)

○ 기본원칙
　보험약관은 보험계약의 성질과 관련하여 (①)에 따라 공정하게 해석되어야 하며, 계약자에 따라 다르게 해석되어서는 안 된다. 보험 약관상의 (②) 조항과 (③) 조항 간에 충돌이 발생하는 경우
　(③) 조항이 우선한다.
○ 작성자 불이익의 원칙
　보험약관의 내용이 모호한 경우에는 (④)에게 엄격·불리하게 (⑤)에게 유리하게 풀이해야 한다.

> **해설**
> ① 신의성실의 원칙, ② 인쇄, ③ 수기, ④ 보험자, ⑤ 계약자

04. 농작물재해보험대상 밭작물 품목 중 자기부담금이 잔존보험가입금액의 3% 또는 5%인 품목 2가지를 쓰시오. (5점)

해설

고추, 브로콜리

05 인수심사의 인수제한 목적물에 관한 내용이다. (   )에 들어갈 내용을 쓰시오. (5점)

○ 오미자 – 주간거리가 (   )cm 이상으로 과도하게 넓은 과수원
○ 포도 – 가입하는 해의 나무 수령이 (   )년 미만인 과수원
○ 복분자 – 가입연도 기준, 수령이 1년 이하 또는 (   )년 이상인 포기로만 구성된 과수원
○ 보리 – 파종을 10월 1일 이전과 11월 (   )일 이후에 실시한 농지
○ 양파 – 재식밀도가 (   )주/10a 미만, 40,000주/10a 초과한 농지

해설

① 50   ② 3   ③ 11   ④ 20   ⑤ 23,000

06. 농업수입감소보장방식 '콩'에 관한 내용이다. 계약내용과 조사내용을 참조하여 다음 물음에 답하시오. (피해율은 %로 소숫점 둘째자리 미만 절사. 예시 : 12.678% ⇨ 12.67%) (15점)

○ 계약내용
  보험가입일 : 2021년 6월 20일
  평년수확량 : 1,500kg
  가입수확량 : 1,500kg
  자기부담비율 : 20%
  농가수취비율 : 80%
  전체 재배면적 : 2,500㎡ (백태 : 1,500㎡, 서리태 : 1,000㎡)
○ 조사내용
  조사일 : 2021년 10월 20일
  전체 재배면적 : 2,500㎡ (백태 : 1,500㎡, 서리태 : 1,000㎡)
  수확량 : 1,000kg

■ 서울양곡도매시장 연도별 '백태' 평균가격(원/kg)

등급＼연도	2016	2017	2018	2019	2020	2021
상품	6,300	6,300	7,200	7,400	7,600	6,400
중품	6,100	6,000	6,800	7,000	7,100	6,200

■ 서울양곡도매시장 연도별 '서리태' 평균가격(원/kg)

등급＼연도	2016	2017	2018	2019	2020	2021
상품	7,800	8,400	7,800	7,500	8,600	8,400
중품	7,400	8,200	7,200	6,900	8,200	8,200

물음 1) 기준가격의 계산과정과 값을 쓰시오. (5점)

> [해설]
>
> ① 백태 기준가격 = (6,200 + 7,000 + 7,200) ÷ 3 = 6,800원
> ② 서리태 기준가격 = (7,600 + 8,300 + 7,500) ÷ 3 = 7,800원
>
> (6,800원 × 0.6) + (7,800 × 0.4) = 7,200원
> 7,200원 × 0.8 = 5,760원
>
> 따라서 기준가격 : 5,760원

물음 2) 수확기가격의 계산과정과 값을 쓰시오. (5점)

> [해설]
>
> ① 백태 수확가격 = (6,400 + 6,200) ÷ 2 = 6,300원
> ② 서리태 수확기가격 = (8,400 + 8,200) ÷ 2 = 8,300원
>
> (6,300원 × 0.6) + (8,300 × 0.4) = 7,100원
> 7,100원 × 0.8 = 5,680원
>
> 따라서 수확기가격 : 5,680원

물음 3) 농업수입감소보장보험금의 계산과정과 값을 쓰시오. (5점)

> [해설]
>
> 보험금 = 보험가입금액 × (피해율 − 자기부담비율)
> = 8,640,000원 × (0.3425 − 0.2) = 1,231,200원
> ※ 피해율 = (기준수입 − 실제수입) ÷ 기준수입
> = (8,640,000원 − 5,680,000원) ÷ 8,640,000원 = 34.25%
>
> ▶ 보험가입금액 = 가입수확량 × 기준가격 = 1,500kg × 5,760 = 8,640,000원
> ▶ 기준수입 = 평년수확량 × 농지별 기준가격 = 1,500kg × 5,760 = 8,640,000원
> ▶ 실제수입 = (조사수확량 + 미보상감수량) × min(기준가격, 수확기가격)
> = (1,000kg + 0) × 5,680원 = 5,680,000원

[참고]

연도	백태			
	상품	중품	평균값	
2016년	6,300	6,100	6,200	
2017년	6,300	6,000	6,150	최소값
2018년	7,200	6,800	7,000	
2019년	7,400	7,000	7,200	
2020년	7,600	7,100	7,350	최대값
2021년	6,400	6,200	6,300	

연도	서리태			
	상품	중품	평균값	
2016년	7,800	7,400	7,600	
2017년	8,400	8,200	8,300	
2018년	7,800	7,200	7,500	
2019년	7,500	6,900	7,200	최소값
2020년	8,600	8,200	8,400	최대값
2021년	8,400	8,200	8,300	

하나의 농지에 2개 이상 용도(또는 품종)의 콩이 식재된 경우에는 기준가격과 수확기가격을 해당용도(또는 품종)의 면적의 비율에 따라 가중 평균하여 산출한다.

07. 농작물재해보험 '벼'에 관한 내용이다. 다음 물음에 답하시오. (단, 보통약관과 특별약관 보험가입금액은 동일하며, 병해충 특약에 가입되어 있음) (15점)

○ 계약내용
　보험가입일 : 2022년 5월 22일
　품목 : 벼
　재배방식 : 친환경·직파재배
　가입수확량 : 4,500kg
　보통약관 기본 영업요율 : 12%
　특별약관 기본 영업요율 : 5%
　손해율에 따른 할인율 : -13%
　직파재배 농지 할증률 : 10%
　친환경재배 시 할증률 : 8%
○ 조사내용
　민간 RPC(양곡처리장) 지수 : 1.2
　농협 RPC 계약재배 수매가(원/kg)

연도	수매가	연도	수매가	연도	수매가
2016	1,300	2018	1,600	2020	2,000
2017	1,400	2019	1,800	2021	2,200

※ 계산 시 민간 RPC 지수는 농협 RPC 계약재배 수매가에 곱하여 산출할 것

물음 1) 보험가입금액의 계산과정과 값을 쓰시오. (5점)

[해설]

벼의 표준가격 : 2,200 + 2,000 + 1,800 + 1,600 + 1,400 = 9,000
9,000 ÷ 5 = 1,800
1,800 × 1.2 = 2,160원
따라서 벼의 보험가입금액 = 4,500kg × 2,160원 = 9,720,000원

물음 2) 수확감소보장 보통약관(주계약) 적용보험료의 계산과정과 값을 쓰시오. (천원단위 미만 절사) (5점)

> **해설**
>
> 수확감소보장 보통약관(주계약) 적용보험료
> 주계약 보험가입금액 × 지역별 기본 영업요율 × (1+손해율에 따른 할인·할증률) × (1+친환경 재배시 할증률) × (1+직파재배 농지할증률)
> = 9,720,000원 × 0.12 × (1−0.13) × (1 + 0.08) × (1 + 0.1) = 1,205,544.384
> = 1,205,000원(천원 단위 미만 절사)

물음 3) 병해충보장 특별약관 적용보험료의 계산과정과 값을 쓰시오. (천원 단위 미만 절사) (5점)

> **해설**
>
> 병해충보장 특별약관 적용보험료
> 특별약관 보험가입금액 × 지역별 기본 영업요율 × (1+손해율에 따른 할인·할증률) × (1+친환경 재배시 할증률) × (1+직파재배 농지 할증률)
> = 9,720,000원 × 0.05 × (1−0.13) × (1 + 0.08) × (1 + 0.1) = 502,310.16
> = 502,000원(천원 단위 미만 절사)

08. 다음은 '사과'의 적과전 종합위험방식 계약에 관한 사항이다. 다음 물음에 답하시오. (단, 주어진 조건 외 다른 조건은 고려하지 않음) (15점) 변형

구분	품목	보장 수준 (%)				
		60	70	80	85	90
국고보조율(%)	사과, 배, 단감, 떫은감	60	60	50	38	35

○ 품목 : 사과(적과전종합위험방식) ○ 가입금액 : 1,000만원(주계약)
○ 순보험요율 : 15% ○ 부가보험요율 : 2.5%
○ 할인·할증률 : 100% ○ 자기부담비율 : 20%형
○ 착과감소보험금 보장수준 : 70%형

물음 1) 영업보험료의 계산과정과 값을 쓰시오. (5점)

[해설]

영업보험료 = 순보험료 + 부가보험료 = 1,500,000원 + 250,000원 = 1,750,000원
※ 순보험료 = 10,000,000원 × 0.15 = 1,500,000원

물음 2) 부가보험료의 계산과정과 값을 쓰시오. (5점)

[해설]

부가보험료 = 10,000,000원 × 0.025 = 250,000원

물음 3) 농가부담보험료의 계산과정과 값을 쓰시오. (5점)

[해설]

농가부담보험료 = 1,500,000원 × (1 − 0.5) = 750,000원

09. 다음과 같은 '인삼'의 해가림시설이 있다. 다음 물음에 답하시오. (단, 주어진 조건 외에 다른 조건은 고려하지 않음) (15점)

> ○ 가입시기 : 2022년 6월
> ○ 농지 내 재료별(목재, 철재)로 구획되어 해가림시설이 설치되어 있음
> 해가림시설(목재)
>> ○ 시설년도 : 2015년 9월
>> ○ 면적 : 4,000㎡
>> ○ 단위면적당 시설비 : 30,000원/㎡
>> ※ 해가림시설 정상 사용 중
>
> 해가림시설(철재)
>> ○ 전체면적 : 6,000㎡
>> - 면적① : 4,500㎡ (시설년도 : 2017년 3월)
>> - 면적② : 1,500㎡ (시설년도 : 2019년 3월)
>> ○ 단위면적당 시설비 : 50,000원/㎡
>> ※ 해가림시설 정상 사용 중이며, 면적①, ②는 동일 농지에 설치

물음 1) 해가림시설(목재)의 보험가입금액의 계산과정과 값을 쓰시오. (5점)

[해설]

4,000㎡ × 30,000원 = 120,000,000원
보험가입금액 = 120,000,000원 × 0.3 = 36,000,000
※ 경과연수가 6년 9개월로 내용연수 6년을 경과하였으므로 수정잔가율(30%)을 적용한다.

물음 2) 해가림시설(철재)의 보험가입금액의 계산과정과 값을 쓰시오. (10점)

[해설]

보험가입금액 = (6,000㎡ × 50,000원) × (1 − 0.222) = 233,400,000원

10. 다음의 내용을 참고하여 물음에 답하시오. (단, 주어진 조건 외에 다른 조건은 고려하지 않음) (15점)

> 甲은 A보험회사의 가축재해보험(소)에 가입했다. 보험가입 기간 중 甲과 동일한 마을에 사는 乙 소유의 사냥개 3마리가 견사를 탈출하여 甲 소유의 축사에 있는 소 1마리를 물어 죽이는 사고가 발생했다. 조사결과 폐사한 소는 가축재해보험에 정상적으로 가입되어 있었다.
> A보험회사의 면·부책 : 부책
> 폐사한 소의 가입금액 : 500만원(자기부담금 20%)
> (수정사항 공지 : 폐사한 소의 가입금액 및 손해액 : 500만원(자기부담금 20%)
> 乙의 과실 : 100%

물음 1) A보험회사가 甲에게 지급할 보험금의 계산과정과 값을 쓰시오. (5점)

해설

500만원 × (1 - 0.2) = 400만원

물음 2) A보험회사의 ① 보험자대위의 대상(손해발생 책임자), ② 보험자대위의 구분(종류), ③ 대위금액을 쓰시오. (10점)

해설

① 보험자대위의 대상(손해발생 책임자) : 사냥개의 소유자인 乙에 대해 보험자대위권을 행사한다.
② 보험자대위의 구분(종류) : 사냥개는 乙의 도구에 불과하여 乙이 직접적인 손해배상을 부담하는 지위에 있으며 제3자에 의한 불법행위로 인한 손해배상 청구에 해당하므로 제3자에 대한 보험대위 즉, 청구권대위가 인정된다.
③ 대위금액 : 400만원
※ 시험문제 정정통보가 발생한 문제로 일부 시험실에서 정정사항 전달 미흡이 있었는바, 정답심사위원회에서 공정성 등을 고려하여 전원 정답 처리(15점) 결정

■ MEMO

MEMO

프라임

손해평가사 2차 1과목 [기출편]

초판인쇄	2023년 07월 05일
초판발행	2023년 07월 07일
편 저 자	홍덕기, 한용호
발 행 인	최창호
등 록	제2016-000065호
발 행 처	주식회사 좋은책
주 소	서울시 관악구 관악로12길 10, 3층
교재문의	TEL) 02-871-7720 / FAX) 02-871-7721
I S B N	979-11-6348-590-2[13320]

본서의 무단 전재복제 행위는 저작권법에 의거하여 5년 이하의 징역 또는 5천만원 이하의 벌금에 처하거나 이를 병과할 수 있습니다.

저자와의 협의하에 인지를 생략합니다.

정가 32,000원